司法試験&予備試験
論文5年過去問

再現答案から
出題趣旨を読み解く。

刑事訴訟法

は し が き

　本書は，平成27年から令和元年まで実施された司法試験の論文式試験のうち，刑事訴訟法科目の問題・出題趣旨・採点実感及びその再現答案と，同じく平成27年から令和元年まで実施された司法試験予備試験の論文式試験のうち，刑事訴訟法科目の問題・出題趣旨及びその再現答案を掲載・合冊した再現答案集です。

　論文式試験において「高い評価」を得るためには，「出題趣旨」が求める内容の答案を作成する必要があります。しかし，単に「出題趣旨」を読み込むだけでは，「出題趣旨」が求める内容の答案像を具体的にイメージするのは困難です。出題趣旨の記述量が少ない予備試験では特にそのように言えます。

　そこで，本書では，極めて高い順位の答案から，不合格順位の答案まで，バランス良く掲載するとともに，各再現答案にサイドコメントを多数掲載しました。サイドコメントは，主観的なコメントを極力排除し，「出題趣旨」から見て，客観的にどのような指摘が当該答案にできるかという基本方針を徹底したものとなっています。順位の異なる各再現答案を比較・検討し，各再現答案に付されたサイドコメントを読むことによって，**「出題趣旨」が求める内容の答案とはどのようなものなのかを具体的に知ることができます。**そして，再現答案から「出題趣旨」を読み解き，当該答案がどうして高く，又は低く評価されたのかを把握することによって，いわゆる「相場観」や「高い評価」を獲得するためのコツ・ヒントを得ることができるものと自負しております。

　本書をご活用して頂くことにより，皆様が司法試験・司法試験予備試験に合格なさることを心から祈念致します。

2020年4月吉日

株式会社　東京リーガルマインド
ＬＥＣ総合研究所　司法試験部

目次

【司法試験予備試験】

平成 27 年

平成 28 年

平成 29 年

平成 30 年

令和元年

司法試験

平成27年

[刑事系科目]

〔第2問〕（配点：100）

次の【事例】を読んで，後記〔**設問1**〕及び〔**設問2**〕に答えなさい。

【事　例】

1　平成27年2月4日午前10時頃，L県M市内のV（65歳の女性）方に電話がかかり，Vは，電話の相手から，「母さん，俺だよ。先物取引に手を出したら大損をしてしまった。それで，会社の金に手を付けてしまい，それが上司にばれてしまった。今日中にその穴埋めをしないと，警察に通報されて逮捕されてしまう。母さん，助けて。上司と電話を代わるよ。」と言われ，次の電話の相手からは，「息子さんの上司です。息子さんが我が社の金を使い込んでしまいました。金額は500万円です。このままでは警察に通報せざるを得ません。そうなると，息子さんはクビですし，横領罪で逮捕されます。ただ，今日中に穴埋めをしてもらえれば，私の一存で穏便に済ませることができます。息子さんの代わりに500万円を用意していただけますか。私の携帯電話の番号を教えるので，500万円を用意したら，私に電話を下さい。M駅前まで，私の部下を受取に行かせます。」と言われた。Vは，息子とその上司からの電話だと思い込み，電話の相手から求められるまま，500万円を用意してM駅前に持参することにした。

　　Vは，最寄りの銀行に赴き，窓口で自己名義の預金口座から現金500万円を払い戻そうとしたが，銀行員の通報により駆けつけた司法警察員Pらの説得を受け，直接息子と連絡を取った結果，何者かがVの息子に成り済ましてVから現金をだまし取ろうとしていることが判明した。

2　Pらは，Vを被害者とする詐欺未遂事件として捜査を開始し，犯人を検挙するため，Vには引き続きだまされているふりをしてもらい，犯人をM駅前に誘い出すことにした。

　　同日午後2時頃，M駅前に甲が現れ，Vから現金を受け取ろうとしたことから，あらかじめ付近に張り込んでいたPらは，甲を，Vに対する詐欺未遂の現行犯人として逮捕した。

3　甲は，「知らない男から，『謝礼を支払うので，自分の代わりに荷物を受け取ってほしい。』と頼まれたことから，これを引き受けたが，詐欺とは知らなかった。」と供述し，詐欺未遂の被疑事実を否認した。

　　甲は，同月6日，L地方検察庁検察官に送致されて引き続き勾留されたが，その後も同様の供述を続けて被疑事実を否認した。

　　逮捕時，甲は同人名義の携帯電話機を所持していたことから，その通話記録について捜査した結果，逮捕前に甲が乙と頻繁に通話をし，逮捕後も乙から頻繁に着信があったことが判明した。そこで，Pらは，乙が共犯者ではないかと疑い，乙について捜査した結果，乙が，L県N市内のFマンション5階501号室に一人で居住し，仕事はしておらず，最近は外出を控え，周囲を警戒していることが判明したことから，Pらは，一層その疑いを強めた。

　　そこで，Ｐらは，乙方の隣室であるＦマンション５０２号室が空室であったことから，同月１２日，同室を賃借して引渡しを受け，同室にＰらが待機して乙の動静を探ることにした。

4　同月１３日，Ｐが，Ｆマンション５０２号室ベランダに出た際，乙も，乙方ベランダに出て来て，携帯電話で通話を始めた。その声は，仕切り板を隔てたＰにも聞こえたことから，Ｐは，同５０２号室ベランダにおいて，①ＩＣレコーダを使用して，約３分間にわたり，この乙の会話を録音した。その際，「甲が逮捕されました。どうしますか。」という乙の声がＰにも聞こえ，同レコーダにも録音されたが，電話の相手の声は，Ｐには聞こえず，同レコーダにも録音されていなかった。

　　このように，乙が本件に関与し，他に共犯者がいることがうかがわれ，乙がこの者と連絡を取っていることから，Ｐらは，同５０２号室の居室の壁越しに乙方の居室内の音声を聞き取ろうとしたが，壁に耳を当てても音声は聞こえなかった。そこで，Ｐらは，隣室と接する壁の振動を増幅させて音声として聞き取り可能にする機器（以下「本件機器」という。）を使用することにし，本件機器を同５０２号室の居室の壁の表面に貼り付けると，本件機器を介して乙方の居室内の音声を鮮明に聞き取ることができた。そして，Ｐらは，同月１５日，②約１０時間にわたり，本件機器を介して乙方の居室内の音声を聞き取りつつ，本件機器に接続したＩＣレコーダにその音声を継続して録音した。しかし，このようにして聴取・録音された内容は，時折，乙が詐欺とはおよそ関係のない話をしているにすぎないものであったことから，これ以後，Ｐらは本件機器を使用しなかった。

5　甲は，司法警察員Ｑによる取調べを受けていたが，前記のとおり，否認を続けていた。Ｑは，同月１６日，Ｌ地方検察庁において，検察官Ｒと今後の捜査方針を打ち合わせた際，Ｒから，「この種の詐欺は上位者を処罰しなければ根絶できないが，今のままでは乙を逮捕することもできない。甲が見え透いた虚偽の弁解をやめ，素直に共犯者についても洗いざらいしゃべって自供し，改悛の情を示せば，本件は未遂に終わっていることから，起訴猶予処分にしてやってよい。甲に，そのことをよく分からせ，率直に真相を自供することを勧めるように。」と言われた。そこで，Ｑは，同日，甲を取り調べ，甲に対し，「共犯者は乙ではないのか。検察官は君が見え透いたうそを言っていると思っているが，改悛の情を示せば起訴猶予にしてやると言っているので，共犯者が誰かも含めて正直に話した方が良い。」と言って自白を促した。これを聞いて，甲は，自己が不起訴処分になることを期待して，Ｑに対し，「それなら本当のことを話します。詐欺であることは分かっていました。共犯者は乙です。乙から誘われ，昨年１２月頃から逮捕されるまで，同じような詐欺を繰り返しやりました。役割は決まっており，乙が相手に電話をかける役であり，私は現金を受け取る役でした。電話の声は，乙の一人二役でした。他に共犯者がいるかどうか，私には分かりません。昨年までは痴漢の示談金名目で１００万円を受け取っていましたが，今年になってから，現金を受け取る名目を変えるように乙から指示され，使い込んだ会社の金を穴埋

めする名目で５００万円を受け取るようになりました。詐欺の拠点は，M市内のGマンション１００３号室です。」と供述して自白した。

　　そこで，Pは，前記甲の自白に基づき，Vに対する詐欺未遂の被疑事実で乙の逮捕状，Gマンション１００３号室を捜索場所とする捜索差押許可状の発付を受け，同月１８日，乙を通常逮捕し，また，同１００３号室の捜索を実施したが，同室は既にもぬけの殻となっており，証拠物を押収することはできなかった。

　　乙は，同日，逮捕後の取調べにおいて，甲の供述内容を知らされなかったものの，甲が自白したと察して，「甲が自白したのでしょうから話します。私が電話をかけてVをだまし，甲に現金を受け取りに行かせました。しかし，甲が逮捕されてしまったので，Gマンション１００３号室から撤退しました。ほとぼりが冷めたら再開するつもりでしたので，詐欺で使った道具は，M市内のHマンション７０５号室に隠してあります。」と供述した。乙は，同月１９日，L地方検察庁検察官に送致されて引き続き勾留された。

6　Pは，前記乙の供述に基づき，Vに対する詐欺未遂の被疑事実でHマンション７０５号室を捜索場所とする捜索差押許可状の発付を受け，同月１９日，同室において，捜索差押えを実施した。

　　同室からは，架空人名義の携帯電話機，Vの住所・氏名・電話番号が掲載された名簿などのほか，次のような文書1通（以下「本件文書」という。）及びメモ紙1枚（以下「本件メモ」という。）が差し押さえられた。

　　本件文書の記載内容は，【資料1】のとおりであり，パソコンで作成されているが，右上の「０ＸＸ－ＸＸＸＸ－５６７８」という記載は手書き文字である。この手書き文字は，V方の電話番号と一致し，また，筆跡鑑定の結果，乙の筆跡であることが判明した。さらに，本件文書からは，丙の指紋が検出された。

　　本件メモの記載内容は，【資料2】のとおりであり，全ての記載が手書き文字である。これらの文字は，筆跡鑑定の結果，いずれも乙の筆跡であることが判明した。

7　このように，本件文書から丙の指紋が検出されたほか，乙が逮捕時に所持していた同人名義の携帯電話の通話記録について捜査した結果，Pが同月１３日にFマンション５０２号室のベランダで乙の会話を聴取・録音したのと同じ時刻に，乙が丙に電話をかけていることが判明した。そこで，Pは，これらに基づき，Vに対する詐欺未遂の被疑事実で丙の逮捕状の発付を受け，同月２１日，丙を通常逮捕した。

　　丙は，逮捕後の取調べにおいて，「全く身に覚えがない。」と供述し，同月２２日，L地方検察庁検察官に送致されて引き続き勾留されたが，その後も同様の供述を続けて一貫して被疑事実を否認した。

　　乙は，同月２３日，Rによる取調べにおいて，「私は，甲と一緒になってVから現金５００万円をだまし取ろうとしました。私が電話をかける役であり，甲が現金を受け取る役でした。昨年

１２月頃から同じような詐欺を繰り返しやりました。」と供述したものの，丙の関与については，「丙のことは一切話したくありません。」と供述し，本件文書については，「これは，だます方法のマニュアルです。このマニュアルに沿って電話で話して相手をだましていました。右上の手書き文字は，私がVに電話をかけた際に，その電話番号を記載したものです。このマニュアルは，私が作成したものではなく，他の人から渡されたものです。しかし，誰から渡されたかは話したくありません。このマニュアルに丙の指紋が付いていたようですが，丙のことは話したくありません。」と供述し，本件メモについては，「私が書いたものですが，何について書いたものかは話したくありません。」と供述した。そこで，Ｒは，これらの乙の供述を録取し，末尾に本件文書及び本件メモの各写しを添付して検察官調書１通（以下「本件検察官調書」という。）を作成し，乙の署名・指印を得た。なお，乙は，丙の関与並びに本件文書及び本件メモについて，その後も同様の供述を続けた。

8　Ｒは，甲については，延長された勾留期間の満了日である同月２５日，釈放して起訴猶予処分とし，乙及び丙については，乙の延長された勾留期間の満了日である同年３月１０日，両名を，甲，乙及び丙３名の共謀によるVに対する詐欺未遂の公訴事実でL地方裁判所に公判請求し，その後，乙と丙の弁論は分離されることになった。

9　同年４月１７日の丙の第１回公判において，丙は，「身に覚えがありません。」と陳述して公訴事実を否認し，丙の弁護人は，本件検察官調書について，「添付文書を含め，不同意ないし取調べに異議あり。」との証拠意見を述べたことから，Ｒは，丙と乙との共謀を立証するため，乙の証人尋問を請求するとともに，③本件文書及び本件メモについても証拠調べを請求した。丙の弁護人は，本件文書及び本件メモについて，「不同意ないし取調べに異議あり。」との証拠意見を述べた。

　同年５月８日の丙の第２回公判において，乙の証人尋問が実施され，乙は，丙の関与並びに本件文書及び本件メモについて，本件検察官調書の記載と同様の供述をした。

〔設問１〕　①及び②で行われたそれぞれの捜査の適法性について，具体的事実を摘示しつつ論じなさい。

〔設問2〕 ③で証拠調べ請求された本件文書及び本件メモのそれぞれの証拠能力について，証拠収集上の問題点を検討し，かつ，想定される具体的な要証事実を検討して論じなさい。

【資料1】

<table>
<tr><td colspan="2" align="right">０ＸＸ－ＸＸＸＸ－５６７８</td></tr>
<tr><td colspan="2" align="center">先物取引</td></tr>
<tr>
<td>息子</td>
<td>〔母さん／父さん〕，俺だよ。
先物取引に手を出したら大損をしてしまった。
それで，会社の金に手を付けてしまい，それが上司にばれてしまった。
今日中にその穴埋めをしないと，警察に通報されて逮捕されてしまう。
上司と電話を代わる。</td>
</tr>
<tr>
<td>上司</td>
<td>息子さんの上司です。
息子さんが我が社の金を使い込んでしまいました。
金額は５００万円です。
このままでは警察に通報せざるを得ません。
そうなると，息子さんはクビですし，横領罪で逮捕されます。
しかし，今日中に穴埋めをしてもらえれば，私の一存で穏便に済ませることができます。
息子さんの代わりに５００万円を用意してもらえますか。
私の携帯電話の番号を教えるので，５００万円を用意したら，私に電話をください。
〔　　　　〕まで，私の部下を受け取りに行かせます。</td>
</tr>
</table>

※　受取役は，警察に捕まった場合，「知らない男から，『謝礼を支払うので，自分の代わりに荷物を受け取ってほしい。』と頼まれて引き受けただけで，詐欺とは知らなかった。」と言い張ること。

【資料2】

```
1／5　丙からtel
チカンの示談金はもうからないのでやめる
先物取引で会社の金を使いこんだことにする
金額は５００万円
マニュアルは用意する
```

MEMO

出題趣旨

【刑事系科目】
〔第2問〕

　本問は，いわゆる「振り込め詐欺」グループによる詐欺未遂事件の捜査及び公判に関する事例を素材に，そこに生じる刑事手続法上の問題点，その解決に必要な法解釈，法適用に当たって重要な具体的事実の分析及び評価並びに結論に至る思考過程を論述させることにより，刑事訴訟法に関する基本的学識，法適用能力及び論理的思考力を試すものである。

　〔設問1〕は，被害者との現金受渡し場所に現れて現行犯人として逮捕された甲と携帯電話で頻繁に通話していた乙について，本件の共犯者ではないかとの疑いを強めた司法警察員Ｐが，空室となっていた乙方隣室のマンション居室を賃借し，同室において乙の動静を探っていたところ，同室ベランダに出た際，乙方ベランダに出て携帯電話で通話する乙の声が聞こえてきたことから，ＩＣレコーダを使用して，約3分間にわたり，この乙の会話を録音した【捜査①】，その後，隣室において，壁の振動を増幅させて音声を聞き取り可能にする本件機器を用いたところ，壁に耳を当てても聞こえなかった乙方居室内の音声を鮮明に聞き取ることができたことから，約10時間にわたり，本件機器を介して乙方の音声を聞き取りつつ，本件機器に接続したＩＣレコーダにその音声を録音した【捜査②】の各捜査に関し，その適法性を検討させる問題である。いわゆる強制処分と任意処分の区別，任意処分の限界について，その法的判断枠組みの理解と，具体的事実への適用能力を試すことを狙いとする。

　刑事訴訟法第197条第1項は，「捜査については，その目的を達するため必要な取調をすることができる。但し，強制の処分は，この法律に特別の定のある場合でなければ，これをすることができない。」と規定する。したがって，ある捜査活動がいわゆる強制処分に該当する場合，同法にそれを許す特別の根拠規定がある場合に限って許されることになり（強制処分法定主義），当該捜査活動が強制処分と位置付けられるか，任意処分と位置付けられるかによって，その法的規律の在り方が異なることになるため，両者の区別が問題となる。

　この点については，同条項ただし書の「強制の処分」の定義が法律上示されていないことから，その意義をどのように解するかが問題となるところ，旧来は，物理的な有形力の行使，法的義務付けの有無がメルクマールとされていたのに対し，現在では，権利・利益の侵害・制約に着目する見解が一般的である。最高裁判所は，警察官が，任意同行した被疑者に対し呼気検査に応じるように説得していた際に，退室しようとした被疑者の左手首を掴んで引き止めた行為の適否が問題となった事案において，「強制手段とは，有形力の行使を伴う手段を意味するものではなく，個人の意思を制圧し，身体，住居，財産等に制約を加えて強制的に捜査目的を実現する行為など，特別の根拠規定がなければ許容することが相当でない手段を意味する」と判示した（最決昭和51年3月16日刑集30巻2号187頁）。同決定の上記判示から抽出するならば，強制処分のメルクマールは，「個人の意思の制圧」と「身体・住居・財産等への制約」（代表的な権利・利益を例示したものと理解すれば，「権利・利益の制約」と言い替えることもできる。）とに求められることになる。本設問を検討するに当たっては，このような最高裁決定の判示にも留意しつつ，刑事訴訟法第197条第

1項の解釈として，強制処分と任意処分の区別に関する基準を明確化しておくことが求められる。

また，強制処分に至らない任意処分であっても，当然に適法とされるわけではなく，一定の許容される限界があり，その許容性の判断に当たっては，いわゆる「比例原則」から，具体的事案において，特定の捜査手段により対象者に生じる法益侵害の内容・程度と，捜査目的を達成するため当該捜査手段を用いる必要性との間の合理的権衡を吟味することになる。前記昭和51年最決も，強制手段に当たらない有形力の行使について，「何らかの法益を侵害し又は侵害するおそれがあるのであるから，状況のいかんを問わず常に許容されるものと解するのは相当でなく，必要性，緊急性なども考慮したうえ，具体的状況のもとで相当と認められる限度において許容される」と判示している。

以上のとおり，本設問の解答に当たっては，強制処分法定主義，任意処分に対する法的規制の趣旨を踏まえつつ，前記昭和51年最決の判示内容にも留意して，強制処分と任意処分の区別の基準や任意処分の限界の判断枠組みが検討・提示された上で，【捜査①】及び【捜査②】の各適法性について，設問の事例に現れた具体的事実がその判断枠組みにおいてどのような意味を持つのかを意識しながら，論理的に一貫した検討がなされる必要がある。

【捜査①】の適法性については，対象者が自室のベランダで行った会話を捜査機関が隣室のベランダで聴取・録音したという捜査について，強制処分に当たるか任意処分に当たるかを明らかにした上で，その区別を前提に，現行法の法的規律の在り方に従って適否を検討し，その結論を導く思考過程を論述することが求められる。

強制処分か任意処分かの区別については，前記最決の枠組みに従えば，まず，「個人の意思の制圧」の側面に関し，乙に認識されることなく秘密裏に聴取・録音したものであり，現実に乙の明示の意思に反し又はその意思を制圧した事実は認められない点をどのように考えるかが問題となるが，例えば，対象者が認識していないことから直ちに「意思の制圧」を否定し，強制処分に当たらず任意捜査だと結論付けることは，現行の刑事訴訟法において通信傍受が強制処分と位置付けられていること（同法第222条の2）に照らしても，短絡的であり，強制処分のメルクマールとしての「意思の制圧」の位置付けやその具体的内容の吟味を踏まえた検討が求められる。

次に，「権利・利益の制約」の側面に関しては，Pらが適法に賃借・引渡しを受けた居室のベランダにおいて聴取・録音がなされ，乙の「身体，住居，財産」そのものに対する侵害・制約は認められないことから，被制約利益の内容をどのように捉え，その重要性をどのように評価するのかについて，具体的検討を行うことが求められる。

そして，前記の区別につき，【捜査①】は任意処分であるとの結論に至った場合には，次の段階として，当該捜査が任意捜査として許容される限度のものか否かについて検討することになり，前記最決の判示も踏まえ，当該捜査手段により対象者に生じる法益侵害の内容・程度と，捜査目的を達成するため当該捜査手段を用いる必要性との間の合理的権衡を吟味しなければならない。当該捜査手段を用いる必要性を検討するに当たっては，対象となる犯罪の性質・重大性，捜査対象者に対する嫌疑の程度，当該捜査によって証拠を保全する必要性・緊急性に関わる具体的事情を適切に抽出・評価する必要がある。

他方，【捜査①】が強制処分であるとの結論に至った場合には，刑事訴訟法上の根拠規定が存在し，かつ，その定める要件を満たしていなければ，違法となる。【捜査①】のような捜査手段を直接定めた明文規定は存在しないことから，法定された既存の強制処分の類型に該当するか否かを検討し

た上で，適法性についての結論を導く必要があるが，この点では，電話傍受を「通信の秘密を侵害し，ひいては，個人のプライバシーを侵害する強制処分である」とした最決平成１１年１２月１６日（刑集５３巻９号１３２７頁）が，「電話傍受は，通話内容を聴覚により認識し，それを記録するという点で，五官の作用によって対象の存否，性質，状態，内容等を認識，保全する検証としての性質をも有するということができる」と判示したことも踏まえた検討が求められよう。

　【捜査②】の適法性についても，【捜査①】と同様の判断枠組みに従って，その適法性を検討すべきであるが，両者は，対象となった会話の行われた場所や聴取・録音の態様が異なっているから，この点を意識して論じる必要がある。

　すなわち，【捜査②】は，通常の人の聴覚では室外から聞き取ることのできない乙方居室内の音声を，本件機器を用いて増幅することにより隣室から聞き取り可能とした上で，これを約１０時間にわたり聴取・録音するというものであり，外部から聞き取られることのない個人の私生活領域内における会話等の音声を乙の承諾なくして聴取・録音しているものであることから，乙の「住居」に対する捜索から保護されるべき個人のプライバシーと基本的に同様の権利の侵害が認められ，その侵害の程度も重いと評価できる。【捜査②】が強制処分か任意処分かの区別を検討するに当たっては，この点に関する具体的事実を考慮しつつ，丁寧な検討と説得的な論述をなすことが求められる。

　次に，【捜査②】が強制処分であるとした場合，【捜査②】は，室外からは聞き取ることのできない居室内の会話を本件機器を用いて増幅することにより隣室から聞き取り可能とした上で聴取・録音するというものであるが，電話傍受についての前記平成１１年最決や，宅配便荷物に外部からエックス線を照射して内容物の射影を観察するという検査方法を検証としての性質を有する強制処分に当たるものとした最決平成２１年９月２８日（刑集６３巻７号８６８頁）などに鑑みると，【捜査②】についても，「検証」としての性質を有するものと見る余地があろう。他方，室内の会話を一定期間継続して無差別的に聴取・録音する点，事後通知や準抗告による不服申立ての手続が不可欠というべき性格の処分である点で，検証の枠を超えているとの見方もあり得よう（電話傍受に関する前記平成１１年最決の反対意見参照）。いずれの結論をとるにせよ，「検証」の強制処分としての意義・性質についての正確な理解を前提とした検討が必要となる。

　〔設問２〕前段は，否認し続ける甲につき検察官Ｒから「自白すれば起訴猶予にしてもよい。」旨言われていた司法警察員Ｑが，甲の取調べにおいて，甲に対し，検察官の前記不起訴約束を伝えた上，自白を勧告した結果，甲が，不起訴処分となることを期待して，乙の関与も含めて自白し，この甲の供述（自白）を疎明資料として乙の逮捕状が発付されて乙が逮捕され，逮捕後の乙の取調べにおいて乙が任意になした自白を疎明資料として発付された捜索差押許可状による捜索差押えの結果，本件文書及び本件メモが押収されたという事実関係において，本件文書及び本件メモについて，その証拠収集上の問題点から，証拠能力の検討を求めるものである。不起訴約束による甲の供述（自白）の獲得手続の問題点と，そこから派生して得られた証拠の証拠能力を問うことにより，自白法則，違法収集証拠排除法則等の刑事訴訟法の基本原則に対する理解と，これらを踏まえて具体的検討を行う法的思考力を試すものである。

　本問では，不起訴約束によってなされた甲の供述を基にその後の捜査手続が進行し，本件文書及び本件メモの押収に至ったものであることから，まず，起点となる甲の供述の獲得上の問題点について検討する必要がある。

　本問の事案において，甲の供述は，甲の自白として用いる場合には，典型的な不任意自白として，証拠能力が否定されると解される（最判昭和４１年７月１日刑集２０巻６号５３７頁参照）。不任意自白の証拠能力が否定される根拠については，見解が分かれており，従来からの伝統的な通説・実務の見解であるいわゆる任意性説（虚偽排除説ないし同説と人権擁護説との併用説）と，いわゆる違法排除説とが説かれている。不起訴約束による甲供述（自白）の獲得手続の問題点については，このような自白の証拠能力に関する見解が指摘する問題を意識しつつ，さらに，それが甲自身ではなく，乙に対する逮捕状請求の疎明資料として用いられることにも留意した検討・論述が求められる。

　甲供述（自白）の獲得手続に派生証拠の証拠能力に影響を及ぼしうるような違法が見いだされた場合（違法収集証拠である第１次証拠から派生して得られた第２次証拠について，いわゆる「毒樹の果実」として，その証拠能力が否定されることがあるのは，第１次証拠排除の趣旨を徹底するためであるとすれば，仮に，甲供述の獲得手続に甲供述自体の証拠能力を失わせるような違法・瑕疵が見いだされる場合であっても，甲供述の証拠能力が否定される趣旨いかんにより，それが当然に，派生証拠の証拠能力にまで影響を及ぼすとは限らない。例えば，虚偽排除の観点から証拠能力が否定される不任意自白の場合，自白を排除する趣旨が派生証拠の証拠能力にまで影響を及ぼすかについては議論の余地がある。），次に，派生証拠の証拠能力をどのような判断枠組みで考えるかが問題になる。この点については，最判昭和５３年９月７日（刑集３２巻６号１６７２頁）が一般論として採用する違法収集証拠排除法則を前提に，最高裁及び下級審による多数の裁判例が蓄積されているところ（代表的な判例としては，最判昭和６１年４月２５日刑集４０巻３号２１５頁，最判平成１５年２月１４日刑集５７巻２号１２１頁等が存在する。），本設問の解答に当たっても，それらを踏まえつつ，本問の具体的事例に即した検討・論述がなされることが望ましい。派生証拠の証拠能力の判断枠組みとしては，大別すると，先行手続の違法の後行手続への承継という枠組みのもと，先行手続と後行手続との間に一定の関係（前記昭和６１年最判によれば，同一目的，直接利用関係）が認められる場合には，先行手続の違法の有無，程度も考慮して後行手続の適法・違法を判断するという考え方と，そのような違法の承継というステップを踏むことなく，先行手続の違法の内容・程度と，先行手続と証拠（証拠収集手続）との関連性の程度とを総合して判断するという考え方とが見られる。前記昭和６１年最判は，前者の考え方によるものといえるのに対し，前記平成１５年最判については，後者の考え方に親和的であるとの見方もある。いずれの判断枠組みに従うにせよ，本問の具体的事例に即して，前記不起訴約束による甲の供述（自白）獲得手続の問題点についての検討を踏まえ，先行手続の違法性評価を行うことに加えて，その後介在する乙の任意性のある自白とこれを疎明資料とする裁判官による令状審査・発付が，違法手続と証拠との関連性の程度に与える影響をそれぞれ検討する必要があり，それらを踏まえ，また，前記昭和５３年最判の示す証拠排除の基準にも留意しつつ，結論を導くに至った思考過程を説得的に論述することが求められる。

　〔設問２〕後段は，本件文書及び本件メモのそれぞれについて，伝聞法則の適用の有無を問うものである。伝聞と非伝聞の区別の理解と，その具体的事実への適用能力を試すことを狙いとする。

　一般に，書面は，その記載内容の意味が問題となる供述証拠として用いられる場合と，その書面の存在・記載自体が証拠としての価値を持つ非供述証拠として用いられる場合との２つの場合があり，その証拠能力を考えるに当たっては，伝聞法則の適用の有無，すなわち，当該証拠が供述証拠に当たるのか否かを検討する必要があるところ，伝聞法則の適用を受ける供述証拠か否かについて

は，それによって何を証明しようとするのかという，要証事実ないし立証事項が何であるのかが問題となる。そこで，本件文書及び本件メモのそれぞれについて，丙の関与（丙と乙の共謀）を証明するというその証拠調べ請求の狙いに留意した上で，具体的な要証事実を正確に見定めるとともに，それをもとに伝聞・非伝聞の別，伝聞に当たる場合の伝聞例外該当の有無について的確な検討が求められる。

本件文書は，パソコンで作成されたものであり，その記載と実際になされた本件犯行態様とが一致し，右上には乙のものと認められる筆跡でV方の電話番号と一致する手書き文字が記載されている上，本件文書から丙の指紋が検出された。他方，本件メモは，すべての記載が乙のものと認められる筆跡による手書き文字で，その記載内容は，丙からの電話で通話した内容をメモしたことがうかがわれ，本件犯行態様とも整合するものであった。このような本件文書及び本件メモの具体的差異を意識しつつ，それぞれの書面について，想定される具体的な要証事実との関係で，そこに記載されている内容・事項の真実性を立証するために用いられるものか，それとも書面の存在や記載自体から内容の真実性とは別の事実を立証するために用いられるものかを検討し，伝聞証拠かどうかを判断することが必要となる。

前記検討の結果，伝聞証拠に当たる場合は，伝聞例外の要件を満たすかどうかを検討すべきことになる。その場合，想定される具体的な要証事実との関係で，当該書面に誰の意思内容が表示されていると見るのかを考えつつ，刑事訴訟法第３２１条第１項各号のいずれの書面に当たるかを検討した上で，結論を導くことが求められる。

採点実感等に関する意見

1　採点方針等

　本年の問題も，昨年までと同様，比較的長文の事例を設定し，その捜査及び公判の過程に現れた刑事手続法上の問題点について，問題の所在を的確に把握し，その法的解決に重要な具体的事実を抽出・分析した上で，これに的確な法解釈を経て導かれた法準則を適用して一定の結論を導き，その過程を筋道立てて説得的に論述することを求めている。法律実務家になるための基本的学識・法解釈適用能力・論理的思考力・論述能力等を試すことを狙いとするものである。

　出題の趣旨は，公表されているとおりである。

　〔設問１〕は，いわゆる「振り込め詐欺」グループによる詐欺未遂事件に関し，共犯者ではないかと疑われる乙の動静を探っていた司法警察員Ｐが，乙方マンション居室の隣室のベランダにおいて，乙方ベランダに出て携帯電話で通話を始めた乙の会話を約３分間にわたりＩＣレコーダで録音した【捜査①】，その後，Ｐらが，隣室において，壁の振動を増幅させて音声を聞き取り可能にする本件機器を用いて，壁に耳を当てても聞こえなかった乙方居室内の音声を約１０時間にわたり聞き取りつつ，ＩＣレコーダで録音した【捜査②】について，それぞれの適法性を問うものである。いわゆる強制処分と任意処分の区別，任意処分の限界について，法的判断枠組みを示した上で，設問の事例に現れた具体的事実がその判断枠組みの適用上いかなる意味を持つのかを意識しつつ，【捜査①】及び【捜査②】がそれぞれ強制処分なのか任意処分なのか，各処分が服する法的規律に照らし適法なのか違法なのか，論理的に一貫した検討がなされることを求めている。

　〔設問２〕前段は，不起訴約束によってなされた甲の供述（自白）を基に乙が逮捕され，逮捕後の取調べにおいて乙が任意になした自白を疎明資料として発付された捜索差押許可状による捜索差押えの結果，本件文書及び本件メモが押収されたという事実関係において，その証拠収集上の問題点から，本件文書及び本件メモの証拠能力を問うものである。本件文書及び本件メモが不起訴約束によって得られた甲の供述（自白）の派生証拠に当たることを踏まえ，甲の供述（自白）の獲得手続の問題点と，そこから派生して得られた証拠の証拠能力について，自白法則，違法収集証拠排除法則等の刑事訴訟法の基本原則に対する理解を踏まえた検討を行い，派生証拠の証拠能力が否定される趣旨及びその法的判断枠組みに照らし，設問の具体的事実関係に即した結論を導くことを求めている。

　〔設問２〕後段は，本件文書及び本件メモのそれぞれについて，伝聞法則の適用の有無という観点から証拠能力を問うものである。書面が伝聞証拠に当たるか否かは，それによって証明しようとする要証事実ないし立証事項が何であるのかと関連して決まるという基本的理解を前提に，本件文書及び本件メモのそれぞれについて，丙の関与（丙と乙との共謀）を立証するためには，いかなる事実を証明しようとすることになるのか，その要証事実ないし立証事項との関係で，書面の記載内容の真実性が問題となるのかどうかを具体的に検討し，伝聞法則が適用される場合には，さらに伝聞例外として証拠能力が認められるかどうかについても検討することを求めている。

　採点に当たっては，このような出題の趣旨に沿った論述が的確になされているかに留意した。

　前記各設問は，いずれも捜査及び公判に関し刑事訴訟法が定める制度・手続及びそれに関連する

判例の基本的な理解に関わるものであり，法科大学院において刑事手続に関する科目を修得した者であれば，本事例において何を論じるべきかは，おのずと把握できるはずである。〔設問１〕の【捜査①】及び【捜査②】は，会話の秘密録音と呼び得る捜査手法であるが，しばしば「秘密録音」という表題の下に通信傍受との対比で論じられることがあった会話の一方当事者が相手方に秘密で行う会話録音とは，話者と録音者の関係が異なる。また，〔設問２〕前段で問題となる派生証拠の証拠能力も，不起訴約束によって獲得した供述から派生した証拠の証拠力を問題とする点で，一般に「毒樹の果実」と呼ばれる，違法収集証拠である第１次証拠から派生して得られた第２次証拠の証拠能力という典型的な問題そのものではない。〔設問２〕後段で問題となる書面の伝聞証拠該当性については，問題文により与えられた立証趣旨を前提に検討するのではなく，いわば検察官の立場に身を置いて，当該事件における証拠請求の狙いを踏まえた具体的な要証事実を自ら考えた上で検討することを求めている。これらの点で「ひと捻り」のある出題であるが，いずれも，刑事訴訟法が定める制度・手続やそれらを支える基本原則，関連する判例の理解を前提に，それらを駆使しつつ，事案や問題の特殊性を踏まえた考察を求めるものであり，典型的「論点」に関する表層的・断片的な知識にとどまらない刑事訴訟法の底の深い理解と，それを基礎とした柔軟で実践的な考察力の有無を問うものである。

2 採点実感

　各考査委員からの意見を踏まえた感想を述べる。

　〔設問１〕については，【捜査①】及び【捜査②】の各適法性について，事例に即して法的問題を的確に捉え，強制処分と任意処分の区別，任意処分の限界に関して，刑事訴訟法第１９７条第１項の解釈問題であることを意識しつつ，基本的な判例の内容も踏まえてその判断枠組みを明確にした上で，それぞれの判断に関わる具体的事実を事例中から適切に抽出・整理して意味付けし，それを前記枠組みに当てはめて説得的に結論を導いた答案が見受けられた。

　また，〔設問２〕前段については，供述獲得手続の問題点と，派生証拠の証拠能力に与える影響について，刑事訴訟法上の原則を踏まえて問題点を正確に把握し，本事例に現れた具体的な事情を踏まえて検討を加え，結論を導くに至った思考過程を説得的に論じた答案が見受けられた。

　〔設問２〕後段についても，本件文書及び本件メモの各証拠能力について，伝聞証拠の意義に関する正確な理解を前提に，丙と乙との共謀を証明するために想定される具体的な要証事実を的確に示した上で，伝聞証拠かどうかを判断し，結論を導く答案が見受けられた。

　他方，抽象的な法原則・法概念やそれらの定義，関連する判例の表現を機械的に記述するのみで，具体的事実にこれらを適用することができていない答案や，そもそも基本的な法原則・法概念，判例の理解に誤りがあったり，具体的事実の抽出やその意味の分析が不十分・不適切であったりする答案も見受けられた。

　〔設問１〕においては，【捜査①】及び【捜査②】の各適法性を論じる前提として，各捜査が強制処分か任意処分かを検討する必要がある。強制処分と任意処分の区別の基準について，多くの答案が，「個人の意思を制圧し，身体，住居，財産等に制約を加え」るかどうかという最高裁判例（最決昭和５１年３月１６日刑集３０巻２号１８７頁）の示す基準や，「相手方の意思に反して，重要な権利・利益を制約する処分かどうか」という現在の有力な学説の示す基準を挙げて検討していた。もっとも，この問題は，刑事訴訟法第１９７条第１項ただし書の「強制の処分」の意義をどのよう

に解するかという解釈問題であるにもかかわらず，そのことが十分意識されていない答案，そのこととも関係して，強制処分であることと令状主義とを何らの説明も加えることなく直結させ，強制処分が服する法的規律について，法定主義と令状主義とを混同しているのではないかと見られる答案などが散見された。また，強制処分のメルクマールとして，「権利・利益の制約」に着目するとすればそれはなぜか，なぜ「重要な」権利・利益に限られるのか，なぜ「身体，住居，財産等」という判例の文言を「重要な権利・利益」と等置できるのか等の点について，十分な理由付けに欠ける答案が少なくなかった。例えば，「重要な」権利・利益とされる理由について，現在の有力な学説は，現に刑事訴訟法が定めている強制処分との対比（それらと同程度に厳格な要件・手続を定めて保護するに値するだけの権利・利益）や前記最高裁判例で被制約利益として例示されている「身体，住居，財産」が憲法第33条及び同法第35条が保障するような重要で価値が高いものであることなどから，単なる権利・利益の制約ではなく，一定の重要な権利・利益の制約を意味すると解するものであるが，このような点まで意識して論じられている答案は少なく，「真実発見と人権保障の調和」というような極めて抽象的な理由を示すにとどまるものが目立った。

　基準の当てはめに関しては，まず，前記最高裁判例の示す2つの要素のうち「意思の制圧」の側面につき，【捜査①】及び【捜査②】ともに対象者である乙に認識されることなく秘密裏に聴取・録音がなされていることから，現実に乙の明示の意思に反し又はその意思を制圧した事実は認められない点をどのように考えるかが問題となる。この点では，対象者が知らない間になされたこと，あるいは現実に意思を制圧した事実がないことを理由に，直ちに強制処分性を否定し，任意処分と結論付ける答案が少なからず見受けられた一方で，「意思の制圧」はないが重要な権利・利益を侵害・制約するので強制処分であるとするものなど，判例の理解を誤っているのではないかと疑われる答案も見受けられた。そのほか，特に具体的な検討をすることなく「意思の制圧」はあるとするものや，「意思の制圧」の側面について全く言及のないものなども見られた。

　次に，「身体，住居，財産等の制約」の側面については，【捜査①】と【捜査②】とでは対象となった会話の行われた場所や聴取・録音の態様が異なっていることを意識しつつ，「重要な権利・利益の制約」があるといえるか，被制約利益の内容及びその重要性を具体的に検討することが必要である。しかしながら，比較的多くの答案は，【捜査①】及び【捜査②】のいずれについても，被制約利益の内容としては抽象的に「プライバシーの利益」とするのみで，その具体的内容を踏み込んで明らかにすることなく，【捜査①】については，プライバシーの利益が放棄されており，重要な権利・利益の侵害・制約はないが，【捜査②】については，未だプライバシーの利益は放棄されていないから，重要な権利・利益の侵害・制約が認められるなどと結論付けるにとどまり，重要性の評価に関する検討も十分にはなされていなかった。被制約利益の具体的内容やその重要性に関する検討においては，憲法第35条により保障を受けるもの又はそれと同視し得るものと言えるかどうかという観点や，人の聴覚で聴取されることと，機械で録音されて記録されることとの違いといった視点からの検討がなされることも期待したが（後者の点では，公の場所における人の容ぼう等の写真撮影について，個人の私生活上の自由の一つとして「みだりに容ぼう等を撮影されない自由」が認められることを明らかにした上で，一定の場合にその許容性を認めた最大判昭和44年12月24日刑集23巻12号1625頁が参考となり得る），そのような検討がなされている答案は，残念ながら少数にとどまった。

　【捜査①】については，任意処分とした上で，当該捜査が任意捜査として許容される限度のもの

かを検討する答案が多数を占めたが，その許容性の判断においては，「必要性，緊急性なども考慮したうえ，具体的状況のもとで相当と認められる限度」（前記最決昭和５１年）かどうかが吟味されることになる。この判断は，いわゆる「比例原則」に基づくものであり，個別具体的事案において，当該捜査手段により対象者に生じる法益侵害の内容・程度と，捜査目的を達成するため当該手段を用いる必要性との合理的権衡を欠いていないか，両者の比較衡量によって行われるから，実際の判断に当たっては，設問の事例に現れた具体的事実がその判断枠組みにおいてどのような意味を持つのかを意識しながら，一方で，当該捜査手段によりどのような内容の法益がどの程度侵害されるのかを具体的に明らかにしつつ，他方で，対象となる犯罪の性質・重大性，捜査対象者に対する嫌疑の程度，当該捜査によって証拠を保全する必要性・緊急性に関わる具体的事情を適切に抽出して当該捜査手段を用いる必要性の程度を検討し，それらを総合して結論を導く必要がある。しかし，判断基準については，前記最高裁判例の判示に表れる「必要性」，「緊急性」，「相当性」というキーワードを平面的に羅列するにとどまり，「具体的状況のもとで相当と認められる」かどうかの判断構造の理解が十分とはいえない答案も見られた。また，判断基準への当てはめにおいても，被侵害法益の具体的内容を明示しないものや，いわゆる「振り込め詐欺」に対する取締りの一般的な必要性を挙げて捜査の必要性・緊急性を肯定し，それ以上，【捜査①】で会話を聴取・録音することのより具体的な必要性には検討が及んでいないものなど，具体的事情の抽出・評価が不十分であったり，判断基準に即した必要な分析・検討に欠けるような答案が比較的多数見受けられた。特に，本件の場合，「会話は直ちに録音して保全しなければ消失してしまうこと」が録音の必要性（「緊急性」）を基礎づける有力な一事情となり得るが，そのような点にまで注意を払って論じられていた答案は少数にとどまった。なお，【捜査①】について，強制処分か任意処分かを検討するに当たっては，「プライバシーの利益は放棄されており，重要な権利・利益の侵害はない」としつつ，任意捜査の許容限度を論じる段階では，「プライバシー権の侵害を伴う」などと論理的に矛盾するかのような記述をしている答案も見られた。

　【捜査②】については，強制処分であるとする答案が多数を占めたが，その結論を導くに当たっては，前記のとおり，被制約利益の具体的内容やその重要性の評価について，十分な検討が求められる。しかし，通常外部から探知されることのない私的領域内における会話を特別な機器を用いて増幅し，聴取・録音した【捜査②】により制約されるプライバシーの権利の内容・重要性について，例えば，憲法第３５条の規制が及び，強制処分であることも明らかな個人の「住居」内への立ち入り・捜索の場合と対比するなどして，説得的な論述ができている答案は少数にとどまった。【捜査②】についても，「意思の制圧」がないことから任意処分であるとする答案が存在したことは，前記のとおりである。また，当該捜査により対象者に生じる法益侵害の内容・程度を考慮して，任意処分としつつ，任意捜査としての許容限度を超えるものとして違法との結論を導くもの，任意処分としつつ，捜査の必要性を強調して適法とするものも見られたが，【捜査②】によって生じる法益侵害の重要性に関する評価・検討において不十分・不適切なものが多かったほか，後者の結論を導くものの中には，結論先行で素直なものの見方ができていないことを感じさせる答案，バランス感覚のずれを感じさせる答案も見受けられた。

　強制処分である場合，強制処分法定主義（刑訴法第１９７条第１項ただし書）からは，【捜査②】のような捜査手段を直接定めた明文規定は存在しないことから，法定の根拠規定を欠くため違法となるのではないかが問題となる。そして，法定の根拠規定の有無に関して，【捜査②】が強制処分

たる「検証」に当たるといえるかを検討し、「検証」に当たらないとすれば、根拠規定を欠くため違法となり、「検証」に当たるとすれば、本件では令状（検証許可状）を得ることなく行ったため違法となるとの結論が導かれることとなる。しかし、そのような検討を行った答案は限られており、単純に「令状なく行っているから違法」としたり、「強制処分だから違法」とするような答案が多く見受けられた。

　なお、本事例において、【捜査①】は、乙方ベランダにおいて携帯電話で通話中の乙の会話を聴取しつつICレコーダで録音したものであり、【捜査②】は、本件機器を用いて乙方室内における音声を聴取しつつ本件機器に接続したICレコーダに録音したものであって、電気通信の過程における通信当事者間の会話を傍受・録音したものではない。答案の中には、「犯罪捜査のための通信傍受に関する法律」に違反するものかどうかを検討したものも少数ながら見られたが、各捜査が同法の規定する通信傍受に該当しないことは明らかであるので、この点を論ずることは必要ない。また、本事例における録音を「いわゆる秘密録音である」と性格付けした上で、【捜査①】について、電話の通話の相手方の利益を考慮するものも見られた。このような答案は、本事例を、これまで「秘密録音」として論じられることが多かった、会話の一方当事者が相手方に無断で秘密裏にその会話を録音し、あるいはその一方の同意を得た第三者が相手方に秘密裏に会話を聴取・録音するという場合と誤解したものと思われるが、本事例の事実関係を正確に把握しそれに即した検討をすることができなかった例といえる。

　〔設問2〕前段については、前提として、「証拠収集上の問題点」の所在を正確に把握することが必要である。本事例は、不起訴約束によってなされた甲の供述（自白）を起点としてその後の捜査手続が進行し、本件文書及び本件メモの押収に至ったものであり、本件文書及び本件メモは、甲の供述（自白）から派生して得られた証拠に当たる。そのことを踏まえた上で、まず、不起訴約束による甲の供述は、甲の自白として用いる場合には、典型的な不任意自白として、自白法則により証拠能力が否定されるものであることにも照らしつつ、その供述獲得手続の問題点を論ずることが求められる。しかし、そもそも不起訴約束によってなされた自白の任意性を検討しなかったり、十分な検討を経ないまま任意性に問題がないとする答案も、少数ではあるが存在した。本事例は、「被疑者が、起訴不起訴の決定権をもつ検察官の、自白をすれば起訴猶予にする旨のことばを信じ、起訴猶予になることを期待してした自白は、任意性に疑いがあるものとして、証拠能力を欠くものと解するのが相当である。」と判示した著名な最高裁判例（最判昭和41年7月1日刑集20巻6号537頁）の事案とほぼ同様の事例であるから、当然、同判例を踏まえた問題点の検討・論述が求められる。仮に同判例を知らなかったとしても、起訴不起訴の決定権をもつ検察官が被疑者に対して自白をすれば起訴猶予にする旨約束することは、被疑者の心理状態に重大な影響をもたらす利益を提示するものであり、自白法則に対する基本的理解を有していれば、当然にこの点を問題として把握し、必要な検討を加えることは可能であったというべきである。これに対し、最高裁判例も存在する典型的な論点であるためか、他の問題点との分量のバランスを失する程度に詳細かつ多量の論述を行っている答案も少なからず見受けられたが、その中には、問題の所在・構造の正確な把握に基づきそれに即した論述ができているかという観点から見て、なぜこの問題を論ずるのかを意識しないまま機械的に論述を行っているだけの答案と共通する問題を感じさせるものも存在した。

　甲の供述について、甲の自白として用いる場合には、不任意自白として証拠能力が否定されるものであるとの前提に立ったとしても、そこから派生証拠の証拠能力を検討する筋道は様々に考えら

れる。しかし，大部分の答案は，甲の供述獲得手続を何らかの意味で違法とし（したがって，甲の供述を違法収集証拠とし），本件文書及び本件メモをそこから派生した証拠と位置付けて，その証拠能力を検討していた。その場合，不任意自白の証拠能力が否定される根拠についての諸見解を踏まえつつ，甲の供述（自白）獲得手続がどのような意味で違法といえるのかを明らかにする必要がある（なお，甲の供述は，甲に対して用いる場合には，不任意の自白であるが，乙に対する令状請求手続で用いる場合，乙との関係で見れば，第三者の供述であるから，自白法則が適用される自白ではないのではないかという問題もある。しかし，この点を問題にした答案は，ほとんどなかった。）。不任意自白の証拠能力が否定される根拠につき，いわゆる任意性説（虚偽排除説ないし同説と人権擁護説との併用説）の立場に立つ場合，本事例における甲の自白が不任意自白とされる理由は，類型的に虚偽のおそれが大きい点に求められることになろうが，そのことから，供述獲得手続に違法があるといえるかは検討を要する問題である。しかし，この点を意識的に取り上げ検討を試みた答案は少数であり，多くは，格別の説明のないまま，虚偽排除の観点から任意性が認められないこととそのような供述を獲得した手続が違法であることとを直結させ，「甲の自白は虚偽のおそれがあり，任意性が認められず，違法である。」などと論じるにとどまっていた。また，任意性説の立場に立ちつつ，甲に対する供述獲得手続は，甲の「黙秘権」ないしは「供述の自由」を（実質的に）侵害するものとして，違法であるとする答案や，不任意自白の証拠能力が否定される根拠について，いわゆる違法排除説の立場に立ちつつ，不起訴約束は供述獲得手段として違法であるとする答案も相当数見られたが，ここでも，不起訴約束による供述獲得がなぜ「黙秘権」や「供述の自由」の侵害と評価されあるいは違法と評価されるのかについて，具体的な検討ができていた答案は限られ，多くは，結論を示すにとどまっていた。

　なお，任意性説に立ち虚偽排除の観点を貫いた場合，派生証拠の証拠能力を否定する趣旨が，証拠収集手続の瑕疵により第1次証拠の証拠能力を否定する趣旨を徹底することにあるとすれば，正しい事実認定の確保の観点から，類型的に虚偽のおそれが大きい供述が排除されたとしても，そのことから当該供述の派生証拠の証拠能力にまで影響が及ぶ理由はないのではないかとの問題も生じ得る。しかし，このような方向で問題を検討した答案はあまり見られなかった。また，本事例では，甲の供述獲得は後の乙の逮捕及び取調べにつなげることを意図した側面も見られることから，虚偽排除の観点からでも，類型的に虚偽のおそれが大きい不任意の供述を逮捕状の疎明資料に用い得るか，また，そのようにして発付された逮捕状は有効かを問題とする余地などもあったと思われるが，そのような見地から検討した答案も少数にとどまった。

　次に，派生証拠の証拠能力については，関連する最高裁判例（最判昭和61年4月25日刑集40巻3号215頁，最判平成15年2月14日刑集57巻2号121頁等）をも踏まえ，先行手続と後行手続との間に一定の関係が認められる場合に，先行手続の違法の有無，程度も考慮しつつ先行手続の違法の後行手続への承継を判断するという考え方をとるにせよ，先行手続の違法の内容・程度と，先行手続と証拠（証拠収集手続）との関連性の程度とを総合して判断するという考え方をとるにせよ，適切な判断枠組みを示した上で，その枠組みに従い，先行手続に存在する違法の重大性，違法手続と証拠（又はその収集手続）との関連性の密接度や希釈要因となり得る事情について，設問の具体的事例に即した検討・論述を行う必要がある。この点，多くの答案は，前記最判昭和61年の示す「同一目的・直接利用関係」や，前記最判平成15年の示す「密接関連性」等の表現を用いつつ検討を加えていたが，その具体的意味内容や各判例の判示する判断枠組みにおける位置・

役割について，理解が十分でないと思われるものも少なくなかった。また，そもそも判断枠組みを示さないまま，具体的事情の検討に進んでいるものも存在した。

　本問では，甲の取調べ，乙の逮捕及び逮捕後の乙の取調べ，並びに，Ｈマンション７０５号室の捜索による本件文書及び本件メモの押収は，いずれも手続上は別個のものであって，甲供述，乙供述，本件文書及び本件メモの各証拠は，相互に関連するものとは直ちにいえないが，Ｐらは，甲の自白が得られたことによって初めて，乙を本件で逮捕して取り調べることが可能となったものであり，その逮捕後の身柄拘束中の取調べの際に乙が自白し，その自白に基づいて捜索差押許可状の発付を得たことにより，本件文書及び本件メモの発見押収に至ったものであるといった事情が存することから，相互に一定の関係性や関連性を認め得るということが可能となるものである。しかし，関連性の検討に当たり，このような点を十分に意識して論じられているといえる答案は少数にとどまり，当然のように関連性が認められることを前提としている答案や，逆に「甲の自白（の獲得手続）は違法であるが，乙の自白は任意になされているので，関連性がない。」と簡単に断じる答案なども，少なからず見受けられた。

　関連性の密接度の検討に当たっては，特に，希釈要因となり得る事情の検討が重要である。この点では，甲の供述獲得から本件文書及び本件メモの押収までの過程に，乙の任意性のある自白が介在している点とともに，前記最判平成１５年の判示を踏まえれば，二度の令状審査・発付（乙に対する逮捕状，Ｈマンション７０５号室に対する捜索差押許可状）が介在している点が問題となる。これらの点は，比較的多くの答案において何らか言及されていたが，関連性の希釈要因として文字どおり言及ないし摘示される程度の論述にとどまっているものが多く，これらの介在事情が派生証拠の証拠能力判断においてどのような意味を有するものかを掘り下げて検討・論述できていた答案は，少数にとどまった。

　なお，少数ながら，〔設問２〕前段について，いわゆる「反復自白」の問題として，検討・論述がなされている答案が見られたが，設問の事例に表れた具体的事実の把握を誤ったものというほかない。

　〔設問２〕後段については，本件文書及び本件メモの証拠能力に関し，伝聞法則の適用の有無が問題となることは，おおむね理解されていた。ただし，極めて少数ではあったが，想定される要証事実の検討のみに終始し，伝聞の問題を含めて本件文書及び本件メモの証拠能力に関して一切言及がなかった答案も見受けられた。また，本件文書については，伝聞証拠該当性を一切検討することなく，当初から非供述証拠として扱い，関連性の問題等を検討している答案も見受けられた。

　まず，本件文書及び本件メモのような書面が伝聞証拠に当たるか否かについては，要証事実との関係で書面の記載内容の真実性（書面に述べられたとおりの事実の存在）が問題となるか否かを検討する必要があるが，この点は，おおむね理解されていた。ただし，この点を含め伝聞証拠の定義を示すに当たり，内容の真実性の証明に用いられるのは「原供述」，信用性を吟味できないのも「原供述」，伝聞証拠として排除されるのは原供述を含む「公判供述」「書面」という関係が正確に表現できていない答案は殊の外多かった。内容の真実性が問題となるか否かについて，丙と乙との共謀を立証するための証拠として用いられる場合の具体的な要証事実を検討して当てはめる段階では，これを適切に行えた答案とそうでない答案とに大きく分かれた。具体的には，本件文書及び本件メモの体裁や記載内容，設問の事例の具体的事実関係を踏まえて，本件文書及び本件メモのそれぞれについて，丙と乙との共謀を立証するために，各証拠によってどのような事実を立証しようとする

のかを具体的に考察し，その事実を立証するためには，各書面に記載された記載内容が真実である
ことが問題となるかどうかを検討して，適切に結論を導いた答案が見られた一方で，抽象的に「丙
と乙との共謀」が要証事実であるとするのみで，それ以上具体的な検討を行わなかった結果，伝聞
証拠該当性についても十分な検討を尽くせなかった答案が見られた。また，「想定される具体的な
要証事実を検討して」とは，事例中に記載されている「丙と乙との共謀を立証するため」という検
察官の証拠調べ請求の狙いを前提に，本件文書及び本件メモを用いて，「丙と乙との共謀」の立証
に有用な（その間接事実となる）事実を証明しようとすれば，それぞれどのような事実が想定され
るかを検討せよとの意味であるが，それを誤解し，「丙と乙との共謀を立証するため」という検察
官の狙い自体を「立証趣旨」と見た上で，丙の公判における争点との関係で，このような立証趣旨
を掲げることの当否を検討するというほとんど意味のない作業に労を費やした答案が少なからず見
受けられた。

　本件文書については，比較的多数の答案が非伝聞との結論に至っていたが，その論述については，
本件文書の記載と実際になされた本件犯行態様とが一致すること及び本件文書から丙の指紋が検出
されたことといった設問の具体的事実関係を検討した上で，本件文書を犯行計画を記載した文書（い
わゆる犯行マニュアル）とし，その存在自体が謀議の存在及び丙の関与を推認させる事実となるた
め，その記載内容の真実性が問題となるものではないとして非伝聞との結論を適切に導くことがで
きたものから，本件文書は犯行マニュアルであるとするが，例えば，丙の指紋が付着していたこと
に言及がない等具体的な事実関係の検討が不十分なもの，丙と乙との共謀を立証するための具体的
な要証事実の検討を十分になさないまま，「本件文書は犯行マニュアルであるので，非伝聞である。」
と結論付けるものなど，多岐にわたった。

　次に，本件メモは，丙から乙に対して電話で一定の内容の指示がなされた事実を，乙が知覚，記
憶し，それをメモの形で表現，叙述したものである。本件メモを丙と乙との共謀を立証するために
用いる場合には，本件メモのとおり，丙から乙に対してそこに記載されたような指示がなされたこ
とが要証事実となり，本件メモは，記載内容の真実性の証明に用いられることとなるから，乙の供
述書の性質を有する書面として，伝聞証拠に当たることになる（要証事実を推認するには，乙の知
覚，記憶，表現，叙述に誤りがないかが問題となる。）。しかし，答案では，これを非伝聞とするも
のが予想外に多く見受けられた。中でも比較的多く見られたのは，本件メモについて，いわゆる「心
理状態を立証するものである」として非伝聞証拠とするものである。しかし，乙が作成した本件メ
モに叙述された心理状態は，乙の心理状態（意図・計画）でしかなく，本事例の丙の公判において
立証されなければならないのは，丙の関与（そのための丙と乙との共謀）であるから，心理状態の
供述を記載した書面を記載内容どおりの心理状態の証明に用いる場合，非伝聞として扱うことがで
きるとしても，丙の関与を立証する上で，乙の心理状態を立証することにどのような意味があるか
が問題となり，それがないとすれば，そのような事実を要証事実として本件メモを非伝聞とするこ
とは許されないことになる。上記のような答案は，要証事実との関係を意識した検討がなされたか，
疑問を感じさせる例である。非伝聞とする理由付けは，他にも様々に見られたが，例えば，「本件
メモは，乙が丙との電話で聞いた内容をそのまま書き取ったものであるから，知覚・記憶・表現・
叙述の過程に誤りが混入するおそれが認められない」ということを理由に挙げて非伝聞とするもの
のように，そもそも伝聞法則及び伝聞証拠の意義の正確な理解を欠いているのではないかと疑わせ
るものも見られた。

本件メモが伝聞証拠に該当する場合，伝聞例外の要件を満たすかどうかを検討すべきことになるが，伝聞証拠に該当することから直ちに証拠能力が認められないとする答案も僅かながら見受けられた。本問では，丙から乙に対し本件メモに記載されたような指示がなされたことを要証事実とする場合，本件メモは，被告人（丙）以外の者（乙）の供述書となることから，刑事訴訟法第321条第1項第3号の書面となり，伝聞例外の要件としては，①供述不能，②証拠の不可欠性，③絶対的特信情況が必要となるが，この点を適切に検討できていた答案は，思いの外少なかった。その他には，刑事訴訟法第323条各号の書面に該当するかを検討していた答案や，本件メモ中の丙の発言部分を問題として同法第322条や同法第324条の適用を検討する答案，本件メモの写しが検察官調書に添付されていることから同法第321条第1項第2号の適用を検討する答案などが見受けられた。

答案全体の印象としては，個別の論点ごとの論述をいわば切り貼りしたのみで，全体の論理的整合性を意識できていないものや，なぜその問題を取り上げ論じるのかについての意識が不十分で，検討・論述が一通りあっても表面的なものが少なくなかったが，中には，限られた時間の中で，問題点を的確に捉え，これに応えつつ簡潔にまとめられている答案も見られた。また，問題文の読み間違いに起因するものと思われる誤った事実関係を前提に論述している答案が少なからず見受けられた。その背景には，とにかく知っている論点を探してそれに飛びつくというような答案作成姿勢が影響を及ぼしているのではないかが懸念された。

なお，本年も，複数の考査委員から，容易に判読できない文字で記載された答案が相当数あったとの指摘があったことを付言する。

3 答案の評価

「優秀の水準」にあると認められる答案とは，〔設問1〕については，事例中の各捜査の適法性について，いかなる法的問題があるかを明確に意識し，強制処分と任意処分の区別，任意処分の限界について，法律の条文とその趣旨，基本的な判例の正確な理解を踏まえつつ，的確な法解釈論を展開して基準を示した上で，【捜査①】及び【捜査②】のそれぞれについて，個々の事例中に現れた具体的事実を踏まえつつ，強制処分と任意処分の区別については，各捜査によって制約される権利・利益の内容・重要性を明らかにして，また，任意処分の限界については，被制約利益の把握を前提に，そのような捜査を行う必要性をさらに具体的に明らかにして，上記基準を適用し，結論を導くことができた答案であり，〔設問2〕については，設問前段では，問題の所在・構造を的確に把握した上で，甲の供述（自白）獲得手続の問題点について，自白法則の解釈にも照らしつつ検討を加え，さらに，判例の理解を踏まえつつ，派生証拠の証拠能力の判断枠組みを示した上で，特に関連性の希釈要因について，具体的事例に即して提示・検討し，結論を導いた答案，設問後段では，伝聞法則の正確な理解を前提に，本件文書及び本件メモのそれぞれについて，「丙と乙との共謀を立証する」ために用いる場合の要証事実を具体的に検討・提示した上で，伝聞か非伝聞か，伝聞であれば伝聞例外に当たるかを検討できた答案である。しかし，このように，出題の趣旨に沿った十分な論述がなされている答案は，僅かであった。

「良好の水準」に達していると認められる答案とは，〔設問1〕については，各捜査の適法性を検討するに当たって検討をすべき問題点に関し，判例を踏まえた法解釈を行い，一定の基準を示すことはできていたが，必要な理由付けに不十分な点が見られたり，事例の具体的事実を踏まえた検討

は一応できてはいたが，【捜査①】及び【捜査②】のそれぞれにより制約される権利・利益の把握，その重要性の評価，任意処分の限界において考慮される捜査の必要性に関わる事情の把握等において，ポイントとなる事実の抽出や踏み込んだ分析にやや物足りなさが残るような答案であり，〔設問2〕については，それぞれの問題について，証拠法の基本原則に対する基本的理解を前提とした一応の論述がされているものの，設問前段では，甲の供述（自白）獲得手続の問題点の検討，判例をも踏まえた派生証拠の証拠能力の判断枠組みの提示，関連性の希釈要因の提示・検討のいずれかに不十分さも残るような答案，設問後段では，伝聞・非伝聞の検討は一応できているが，伝聞例外の検討に不十分さを残したり，具体的な要証事実の捉え方ないし表現に不十分さを残すような答案である。

「一応の水準」に達していると認められる答案とは，〔設問1〕については，一応の法的基準は示されているものの，問題の位置付けや結論に至る過程が十分明らかにされていなかったり，【捜査①】及び【捜査②】のそれぞれにより制約される権利・利益の把握が抽象的で，重要性の評価の理由付けが不十分であったり，任意処分の限界において考慮される捜査の必要性に関わる事情として事案の重大性や嫌疑の程度等を機械的に挙げるにとどまるものなど，具体的事実の抽出や当てはめに不十分な点があったり，法解釈について十分に論じられていない点がある等の問題はあるものの，事例に対し一応の結論は導き出すことができていた答案であり，〔設問2〕については，それぞれの問題について，一応の論述がなされているものの，例えば，設問前段では，不起訴約束により得られた自白が不任意自白とされる理由を十分に検討することなく，甲の自白の任意性を否定した上，そこから直ちに取調べも違法であるとしたり，派生証拠の証拠能力の十分な判断枠組みを提示しないまま，乙の自白に任意性が認められること等希釈要因の一部を挙げて，関連性が弱いと結論付けるなど，結論を導くに至る検討に不十分さが目立つものであり，設問後段では，本件文書，本件メモの伝聞・非伝聞について，一応の結論は導かれているものの，「具体的な要証事実を検討して」の意味が十分に理解されていないとうかがえるものや，本件文書については，具体的事例を踏まえて，非伝聞との結論が導けているが，本件メモについては，具体的な要証事実の検討が不十分なまま，心理状態を立証するものであるなどとして，非伝聞との結論を導くなど，設問の要求あるいは事案に照らし，検討の不十分な点も目立つような答案である。

「不良の水準」にとどまると認められる答案とは，上記の水準に及ばない不良なものをいう。例えば，刑事訴訟法上の基本的な原則の意味を理解することなく機械的に暗記し，これを断片的に記述しているだけの答案や，関係条文・法原則を踏まえた法解釈を論述・展開することなく，単なる印象によって結論を導くかのような答案等，法律学に関する基本的学識と能力の欠如が露呈しているものである。例を挙げれば，〔設問1〕では，強制処分と任意処分の区別につき，判例の示す規範を挙げつつ，【捜査①】及び【捜査②】のいずれについても，被処分者の知らない間に行われていることを理由に，「意思の制圧」がないとして任意処分と結論付けた上，抽象的な捜査の必要性を過度に強調して適法と結論付けるような答案，〔設問2〕では，設問前段につき，甲の供述獲得手続に何らの問題もないとするような答案，設問後段につき，本件文書及び本件メモについて，いずれも具体的要証事実を挙げて伝聞証拠該当性を検討することなく，非伝聞証拠とするような答案がこれに当たる。

4　法科大学院教育に求めるもの

　このような結果を踏まえると，今後の法科大学院教育においては，従前の採点実感においても指摘されてきたとおり，刑事手続を構成する各制度の趣旨・目的を基本から深くかつ正確に理解すること，重要かつ基本的な判例法理を，その射程距離を含めて正確に理解すること，これらの制度や判例法理を具体的事例に当てはめ適用できる能力を身に付けること，論理的で筋道立てた分かりやすい文章を記述する能力を培うことが強く要請される。特に，法適用に関しては，生の事例に含まれた個々の事情あるいはその複合が法規範の適用においてどのような意味を持つのかを意識的に分析・検討し，それに従って事実関係を整理できる能力の涵養が求められる。また，実務教育との有機的連携の下，通常の捜査・公判の過程を俯瞰し，刑事手続の各局面において，各当事者がどのような活動を行い，それがどのように積み重なって手続が進んでいくのか，刑事手続上の基本原則や制度がその過程の中のどのような局面で働くのか等，刑事手続を動態として理解しておくことの重要性を強調しておきたい。

第一　設問1

1　①で行われた捜査の適法性について

(1)　かかる捜査は発言を録音された乙のプライバシーを侵害する「強制の処分」（刑事訴訟法，以下略，197条1項）であり，無令状でなされた本件捜査は違法なのではないか。

　ア　そもそも，強制処分法定主義の趣旨は，国民の権利利益を侵害する捜査手法については国民自身が国会を通じて決すべきであるという点にある。したがって，「強制の処分」とは，国民の権利利益を侵害するおそれのある捜査手法をいうと解するべきである。もっとも，強制処分は令状主義（憲法35条）のもと，厳格な手続的規制に服するのであるから，かかる厳格な規制をおくにふさわしい，重大な権利利益侵害のおそれがある手法に限るべきである。

　　　したがって，「強制の処分」とは，被処分者の意思を制圧し，身体，住居，財産等の重要な権利利益を侵害するおそれのある捜査手法をいうと解する。具体的には，侵害される法益や期待権の性質，要保護性等を考慮する。

　イ　本件では，マンションのベランダで通話する乙の声を録音するという手法を用いている。通話時の声は通話の相手方以外に聞かれることは本来想定されておらず，プライバシーを侵害するおそれのある手法であることは否定できない。

　　　もっとも，通話場所はベランダであり外である。隣室のベランダとは空間的に連続しており，少なくとも隣室のベランダにいる住人に聞かれること自体は受忍すべき状況であるといえる。耳を立てる等しなくても聞こえる音量だったのであり，要保護性は大きいとはいえない。

　　　他方で，録音という形で半永久的に音声が保存される点でプライバシー侵害が大きいとも考えられる。しかし，他者に聞かれること自体は受忍すべきである以上，当該音声の録音であってもプライバシー侵害の程度が大きく異なるとはいいがたい。

　　　また，録音されたのは乙の音声だけであり，通話相手の音声は含まれていない。プライバシー侵害の程度はこの意味においても大きなものではない。また，録音の時間は3分程度であり，プライバシー侵害の程度は大きなものではない。

　　　以上の事実から，本件捜査手法は被処分者乙の重要な権利利益を侵害するとまではいえない。

　ウ　よって，本件捜査手法は「強制の処分」とはいえない。よって，無令状で行ったことから直ちに違法となることはない。

(2)ア　もっとも，「強制の処分」ではない捜査手法であっても，被処分者の権利利益侵害が生ずるおそれは否定できない。そこで，比例原則に服するべきである。

　　　したがって，具体的状況のもと，当該捜査手法を行う必要性および緊急性が認められ，相当と認められる方法・態様であるといえる場合に限り許容されると解する。

　イ　本件では，Vを被害者とした詐欺未遂事件が発生し，甲が逮捕されている。しかし，甲は単なる出し子にすぎず，主犯格が存在することが疑われている。甲の携帯には乙との通話履歴が多く存在し，甲逮捕後も乙からの着信履歴があった。かかる状況において，乙が本件詐欺事

● 強制処分法定主義・令状主義の趣旨に遡って，「強制の処分」の意義を論理的・説得的に解釈している。

● 「強制の処分」（197 I 但書）の意義について，判例（最決昭51.3.16／百選［第10版］〔1〕）を踏まえており，出題趣旨に沿う。

● 出題趣旨によると，対象者である乙に認識されていない聴取・録音が「意思の制圧」に当たり得るのかについて，「意思の制圧」の具体的内容の吟味を踏まえた検討が求められていたが，本答案では，この観点からの検討はされていない。

● 出題趣旨によると，「権利・利益の制約」として，被制約利益の内容および重要性についての具体的検討が求められていた。本答案では，プライバシー侵害の重大性について，通話の性質，通話の場所，通話の音量，録音という方法，録音時間の長さ等を指摘しながら具体的に検討しており，出題趣旨に合致する。

● 「比例原則」というキーワードを明示している。

● 任意処分の限界について，判例（最決昭51.3.16／百選［第10版］〔1〕）を踏まえた規範が定立されており，出題趣旨に合致する。

件の主犯格である疑いが生じていたといえる。そこで、乙を調査する必要があるが、乙は自宅にこもりきりで仕事もしていないので外出を期待できず、乙から話を聞くことは困難な状況にあったといえる。証拠収集は難航していたといえる。そのような状況で、隣室に部屋を借りて乙の動静を観察していたところ、乙がベランダで周囲に聞こえる音量で通話を始めたのである。証拠収集のため、乙の音声を記録する必要があったといえる。Pの予期しない出来事であったためメモの用意はできず、また録音しなければ忘れてしまうおそれもあったから、録音の必要性は高かったといえる。

また、甲逮捕後も乙からの着信があったにもかかわらず甲が応答できなかったことから、乙は甲の逮捕を疑い逃亡や罪証隠滅に出るおそれも高かったといえる。したがって、本件の機会を逃せば証拠収集は困難となることが予想され、本件捜査を行う緊急性があった。乙の発言を聞き逃したり記憶が薄れたりするおそれもあり、録音の緊急性は高かったといえる。

その一方で、乙はベランダという比較的開放性の高い空間において話し始めたのであり、室内での会話のような秘匿性の高い発言とはいえない。Pも自然に聞こえてくる音声を録音したにすぎず、その態様は穏当であったといえる。録音の時間も3分程度にすぎない。

よって、必要性、緊急性の高さに照らせば、本件捜査手法は相当な限度であったといえる。

ウ　よって、本件捜査手法は任意捜査として適法である。

(3)　①で行われた捜査手法に違法な点はない。

2　②で行われた捜査の適法性について

(1)　①と同様に、乙のプライバシーを侵害する「強制の処分」なのではないかが問題となる。

本件では、乙の自宅内部の音声を録音している。自宅内での発言等は通常他者に聞かれることは想定されておらず、聞かれることを受忍すべき場所ともいえない。また、録音対象は乙の生活音すべてであり、犯罪事実にかかわらない音声も多く含まれているといえる。これは通常他者に聞かれたくないと考える音声といえる。

また、本件機器を用いて増幅した音声を録音している。これは隣室においても通常聞こえてくることのない音声であり、プライバシーとしての要保護性は大きいといえる。

また、①の捜査手法と異なり、本件では10時間にわたり録音を継続している。これは人の一日の活動時間の大半である。これにより、乙の行動が相当程度把握されることになってしまいかねない。

このような事実に照らせば、本件捜査手法は被処分者たる乙の意思を制圧し、重大なプライバシー侵害を伴うものであり、「強制の処分」といえる。

(2)　よって、無令状でなされた本件捜査は違法である。検証令状等必要な令状発付を受けるべきであった。

第二　設問2

1　本件文書及び本件メモは、甲の自白に関連して収集されている。そこで、まず甲の自白収集過程の問題点について検討する必要がある。その上で、本件メモ及び本件文書の証拠能力に与える影響を検討する必要がある。

(1)　甲の供述は「自白」にあたり、319条1項の適用を受ける。本件自白

● 秘匿性の低さ、録音時間の短さなどの法益侵害の程度について検討するとともに、捜査の必要性についても嫌疑の程度、証拠保全の必要性など漏れなく事情を拾い、逐一評価を加えている。

● 出題趣旨によると、【捜査①】と【捜査②】では、①会話の行われた場所や②聴取・録音の態様が異なることを意識して論じることが求められていたところ、本答案では、①、②の両面から検討できており、出題趣旨に合致する。もっとも、捜査①と同様、「意思の制圧」に関する検討がない。

● 自宅内であること、居室内の音声による振動を増幅する機器を用いていること、約10時間にわたり録音していること等、重要な事実を摘示した上で的確に評価を加えられている。

● 出題趣旨によると、「検証」の強制処分としての意義・性質についての正確な理解を前提とした上で、【捜査②】が「検証」としての性質を有するか否かについての検討が求められていた。

は検察官Rの約束により誘発されたと考えることができ，その「任意」性に問題がある。

ア　319条が不任意自白を排除するのは，任意でない自白には虚偽が混入するおそれがあり，誤判を招くおそれがあるからである。したがって，「任意でない」とは，類型的に虚偽であるおそれがある状況でなされた自白をいうと解する。採取手続の違法性を問題とする見解もあるが，証拠排除すべき違法の程度が不明確であり妥当でない。

本件のような約束による自白においては，約束者の権限・利益の内容・影響力等を総合考慮して判断する。

イ　本件では，起訴，不起訴の決定権を持つ検察官が自白すれば起訴猶予にする旨約束するものである。逮捕・勾留され長期間身柄拘束された甲にとって，起訴猶予による釈放の利益は大きい。起訴猶予を得るため，虚偽であっても自白しようと考えても仕方ないといえる。実際に，甲はその利益を得るため自白をしている。

したがって，甲の自白は「任意でない」自白といえ，証拠能力が否定される。

(2)　では，本件文書および本件メモの証拠能力にいかなる影響を及ぼすか。319条の趣旨からすれば，不任意自白の派生証拠の証拠能力を直ちに否定すべきことにはならない。

もっとも，証拠収集手続に違法のある証拠を利用することは，国民の司法への信用を害する上，将来の違法捜査を誘発する。他方で，軽微な違法でも証拠排除して犯人を逸すれば，逆に信用を害する。そこで，適正手続に反する重大な違法があり，かつ証拠排除が将来の違法捜査抑止のため

● 反対説に言及しているが，本試験における時間的な制約と必須検討事項との関係を考慮すると，必ずしも必要な論述とはいえない。

● 起訴猶予が供述に与える影響について，起訴猶予による釈放の利益の大きさを指摘して，具体的に検討できている。判例（最判昭41.7.1／百選［第10版］〔70〕）を踏まえた検討・論述ができればさらに良かった。

● 「虚偽排除の観点から証拠能力が否定される不任意自白の場合，自白を排除する趣旨が派生証拠の証拠能力にまで影響を及ぼすかについては議論の余地がある」との出題趣旨の指摘を踏まえた論述がなされている。

相当であるときは，証拠能力を否定すべきである。このことは，自白採取過程にもあてはまる。そして，違法収集証拠と関連性ある証拠も排除しなければその趣旨は達成できない。そこで，密接な関連性ある証拠の証拠能力も否定すべきである。

本件では，検察官Rの利益誘導という適正手続の観点から望ましくない手段が用いられたといえる。しかし，実際に甲は起訴猶予となっており，その違法の程度は重大とまではいえない。また，乙については利益誘導を受けておらず，甲の自白と乙の自白の関連性は強いものではない。本件文書及びメモは，司法審査を経て発付された令状捜査の結果発見されており，乙の自白が資料になっているとはいえ，関連性は小さいといえる。

以上より，甲の自白採取過程の問題が本件文書・メモの証拠能力を否定することはない。

2　本件文書およびメモの証拠能力が認められるには，関連性が認められる必要がある。

(1)　本件文書の証拠能力

ア　本件文書は作成者の供述証拠であり，「公判廷における供述に代わる書面」といえ，伝聞証拠として証拠能力が否定されるのではないか（320条1項）。

伝聞法則の趣旨は，供述証拠は人の知覚，記憶，叙述の過程を経るところ，その各過程に誤りが混入するおそれがあるのに反対尋問等によりそのチェックができない点にある。したがって，伝聞証拠とは，公判廷外供述を内容とする供述証拠のうち，要証事実との関係で内容の真実性が問題となるもののみをいうと解する。

● 実際に起訴猶予となった事実が，違法の重大性を否定する方向に働く事実として用いられている。

● 出題趣旨によると，派生証拠の証拠能力を検討するに当たって，①先行手続の違法性評価，②乙の任意性のある自白の介在，③これを疎明資料とする裁判官による令状審査・発付の介在について検討することが求められていた。本答案では，当てはめにおいて，まさに①②③の事実を必要十分に検討しており，出題趣旨に完全に合致する。以上に加え，甲の自白には本件文書及び本件メモが差し押さえられたHマンションについての情報が一切含まれていなかったこと等も評価できると，さらに良かった。

本件では，乙丙の共謀を立証するため本件文書が取り調べられている。本件文書は事前の犯行計画が記載された文書といえるが，本件文書の内容の真実性を要証事実としても共謀を立証することはできない。

よって，本件文書は伝聞証拠にはあたらない。

イ　そこで，本件文書の内容と存在を要証事実として関連性が認められないか。この場合，内容の真実性は問題にならないので，伝聞法則の適用はない。

本件文書は詐欺の犯行計画を記載したものといえる。そして，Vを被害者とした記載どおりの犯罪が行われ，甲および乙が逮捕されている。本件文書の右上には乙の筆跡も残されていることから，本件文書は本件詐欺事件に使われた犯行計画文書といえる。そして，本件詐欺事件では，乙のほかに共犯者の存在が乙の供述から明らかになっている。本件文書には丙の指紋が残されていたことから，本件文書の内容および存在を証明することで乙丙の共謀を推認することができるといえる。なぜなら，本件文書のような犯行計画文書を共犯者以外の者が触れることは通常考えられないからである。

以上より，本件文書の内容および存在を要証事実として乙丙の共謀立証の間接事実とすることができ，本件文書には関連性が認められる。

ウ　よって，本件文書の証拠能力が認められる。

(2)　本件メモの証拠能力

ア　本件メモは乙が作成者であることが明らかになっている。そこで，乙の公判廷における供述に代わる書面として伝聞法則が適用されるのではないか。要証事実との関係で内容の真実性が問題になる。

本件メモを乙の心理状態の供述として利用することが考えられる。この場合，要証事実は本件メモの内容の真実性となり，伝聞法則が適用されるとも考えられる。しかし，心理状態の供述は知覚，記憶の過程が欠け，誤り混入のおそれは小さい。また，明文の規定がないので，伝聞証拠とすれば証拠能力が認められる場合はきわめて限定されてしまう。したがって，伝聞法則の適用はないと考える。

もっとも，関連性は別途検討する必要がある。乙丙の共謀立証にあたっては，乙の心理状態のみを立証しても意味を成さない。乙丙間でひとつの犯罪意思が共有された事実があれば，その犯罪意思と乙の心理状態が同一であると推認できるが，本件はそのような事情はない。また，乙丙の謀議の際に作成された事実があれば，本件メモは共謀の手段そのものであり関連性が認められるが，本件ではそのような事情もない。

よって，関連性は否定される。

イ　次に，本件メモは，乙が丙から聞き取った犯罪計画を記載した書面として利用することが考えられる。この場合，要証事実は内容の真実性となり，伝聞証拠となる。

そこで，３２１条１項３号の適用が問題となるが，乙が供述不能といえる事情までではない。また，本件文書がある以上，証拠として不可欠ともいえない。乙のメモ作成過程も明らかでなく，特信性にも問題がある。

よって，本件メモの証拠能力は認められない。

(3)　以上より，本件文書の証拠能力は認められるが，本件メモの証拠能力は否定される。

以　上

● 要証事実は謀議の存在及び丙の関与である。本答案は，「本件文書の内容と存在を要証事実として……」と論述しているが，これは，「謀議の存在及び丙の関与」を要証事実とする場合，本件文書の内容と存在自体が証拠になる，という趣旨の論述と理解できる。

● 本件文書の記載と実際になされた本件犯行態様とが一致すること，本件文書に乙の筆跡と丙の指紋が残されていることに言及するのみならず，丙の指紋が本件文書に付着していることの具体的な意味（「本件文書のような犯行計画文書を共犯者以外の者が触れることは通常考えられない」）まで論述することができている。

● 本件メモを「乙の心理状態」を立証するための証拠として用いれば，確かに非伝聞証拠と考えることもできるが，本答案も次段落において論述しているとおり，丙の関与を立証するに当たり，「乙の心理状態のみを立証しても意味を成さない」から，結局，本件メモを「乙の心理状態」を立証する非伝聞証拠として用いることは許されない。

● 本答案は，「要証事実は内容の真実性となり，伝聞証拠となる。」と述べているが，これは，本答案も述べているとおり，本件メモの要証事実を「乙が丙から聞き取った犯罪計画」の存在と捉えた場合，本件メモはその内容の真実性が問題になるという趣旨の論述と解される。

第1　設問1

1　捜査①について

(1)　まず，本件捜査①が「強制の処分」（197条1項ただし書）にあたらないか検討をする。

ア　「強制の処分」とは，個人の意思を制圧し，身体・住居・財産等に制約を加えて強制的に捜査目的を実現する行為など，特別の根拠規定がなければ許容することが相当でないものをいうが，人権保障の観点からすれば，被処分者が権利侵害を認識し得ない場合でも，かかる侵害から保護を図る必要がある。

　　　そこで，被処分者が権利侵害を認識し得ない場合でも，合理的に推認される意思に反し，重要な権利に制約を加え，その制約が個人の意思の制圧に比肩する程度に至っており，特別の根拠規定がなければ許容することが相当でないものであるときは，「強制の処分」にあたると解する。

イ　本件捜査①は，ベランダでの乙の会話を録音したものである。ベランダは，各居室の外に設けられたもので，仕切り板によって居室ごとに一応の区切りがされており，居住者の私的空間の一部といえ，そこでの会話は一般に他の者に聞かれることを想定していない。したがって，捜査①は，合理的に推認される乙の意思に反し，私的空間での会話を他人に聞かれないというプライバシーに対する侵害を伴うものである。

　　　しかし，ベランダでの会話は，隣や直上直下など，近接する部屋のベランダから容易に聞こえるものであることからすれば，捜査①によ

るプライバシーの侵害は，乙の意思を制圧する程のものとまではいえず，「強制の処分」にはあたらない。

(2)　では，任意捜査として適法か。

ア　この点，捜査比例の原則から，任意捜査として適法であるためには，捜査の必要性に見合った相当なものであることが必要である。そして，捜査①のように，発言者の許可を得ずに無断で行うICレコーダによる録音は，発言が機械的正確に記録され，音声データとして半永久的に保存でき，しかも，このような音声データは，パソコン等の電子機器を用いることによって様々な利用ができ，インターネット等によって容易に拡散することができることからすれば，みだりに他の者に会話を聞かれないという発言者のプライバシーを著しく害するおそれがある。そのため，捜査①が任意捜査として適法であるといえるためには，①嫌疑の程度，被疑事実の重大性，録音データの証拠価値及び取得の必要性等に照らし，録音をすることが真に止むを得ないと認められ，かつ，②その方法が相当であることが必要と解する。

イ　本件では，Vに対する詐欺未遂の現行犯人として甲が逮捕され，甲の供述によれば，甲に現金の受け取りを依頼した男がおり，他に，主犯格の共犯者の存在が疑われたところ，甲の所持していた携帯電話の通話記録によれば，逮捕前に乙と頻繁に通話していたこと，逮捕後も乙から頻繁に着信があったことが明らかとなり，乙が上記共犯者である疑いが生じていた。さらに，乙は，最近は外出を控え，周囲を警戒しており，かかる嫌疑は一層強まっている。このような乙の被疑事実は，近年著しく被害が増加し社会問題となっている，いわゆる「オレ

● 「強制の処分」（197 I 但書）の意義について，判例（最決昭51.3.16／百選［第10版］〔1〕）の規範を正しく論述できており，出題趣旨に沿う。

● 出題趣旨によれば，捜査①は乙に認識されず秘密裏に録音されたものであるから，現実に乙の明示の意思に反し又はその意思を制圧した事実は認められない点をどのように考えるかが問題とされていた。本答案は，この点を見越して，「被処分者が権利侵害を認識し得ない場合」について検討しており，その限りで出題趣旨に合致した論述となっている。

● 任意処分の限界についても，判例を意識した規範定立や理由付けを行えるとより説得的であった。

● 本問事案の特殊性（ICレコーダを用いた録音により，乙の会話が音声データとして半永久的に保存されてしまうこと）に照らして規範を修正しようとする姿勢は良いが，出題趣旨によれば，一般的な任意処分の限界についての規範（必要性，緊急性，具体的状況のもとでの相当性）を定立し，上記特殊事情をこの規範の中で具体的に検討することが求められていたように思われる。

オレ詐欺」に関するものであり，重大な犯罪である。そして，上記通話記録以外に乙に関する有力な証拠はなく，乙は警戒を強めて外出を控えており，他の証拠の取得が困難であったことからすれば，本件事件に関する乙の発言を録音したデータは，乙の関与を立証する証拠として重大な価値を有し，その取得が必要不可欠である。以上に照らせば，ベランダでの乙の会話をICレコーダで録音することは，真に止むを得ないと認められる（①充足）。

また，本件録音は乙が会話を終えるまでの３分間に限られていること，会話相手の発言は聞こえず，録音もされておらず，嫌疑のある乙の発言のみが録音されていること等からすれば，乙の捜査のために必要最小限のものであり，相当なものである（②充足）。
ウ よって，捜査①は，任意捜査として適法である。
2 捜査②について
(1) 捜査②は「強制の処分」にあたらないか。前述の判断基準に基づき検討をする。

捜査②は，乙居室内の音声を本件機器を通じてICレコーダで録音するものである。居室内は，外界と隔絶された私的空間であり，ベランダでの会話と異なって，居室内の会話は居室外の他者によって聞かれることは想定されず，より高度のプライバシーの保障を受ける。たしかに，マンションでは各部屋が隣接しており，一定の音量があれば，壁越しに隣の住人に聞こえるおそれがあるが，人が壁に耳を当てても聞くことができない音声は，隣室の住人に聞かれることは全く想定されておらず，これを機械を用いて聞き取り可能にすることは，重大なプライバシーの

侵害を伴う。しかも，これをICレコーダで録音することは，他の者に聞かれることが全く想定されていない居室内の音声を機械的正確に記録し，前述のように，意図しないところで利用・拡散されるおそれがある。さらに，本件では，被疑事実と関連性のある音声であるかを問わず，約１０時間に渡り継続して録音を続けている。

以上に照らせば，捜査②は，合理的に推認される乙の意思に反し，隣室の者ですら聞かれることが想定されていない居室内の音声を可聴化し，機械的正確に記録するもので，重大なプライバシー権に制約を加え，その侵害は，乙の意思を制圧するのに比肩する程度に至っており，特別の根拠規定がなければ許容することが相当でないため，「強制の処分」にあたる。
(2) そして，捜査②は，五官の内，聴覚を用いて居室内の音声を感得する強制処分であり，検証としての性質を有するから，検証令状を要する（２１８条１項前段）。しかし，本件では令状は発付されていないため，２１８条１項前段に違反し，違法である。
第2 設問2
1 まず，本件文書及び本件メモが，いわゆる違法収集証拠排除法則により証拠能力を欠かないか検討する。
(1) 違法収集証拠排除法則は，明文にはないものの，適正手続の保障（憲法３１条），司法の廉潔性の保持，将来の違法捜査抑制の見地から，認められるものと解する。

具体的には，人権保障と真実発見の調和の観点から，①証拠の収集過程に重大な違法があり，②これを証拠として許容することが将来にお

● 具体的に事実関係を摘示し，適切な評価を加えることができている。

● 捜査①との違いを摘示することができており，「対象となった会話の行われた場所や聴取・録音の態様」の違いを考慮すべきとする出題趣旨と合致している。

● 捜査②により制約される乙のプライバシーの権利の重要性については，強制処分であることの明らかな個人の「住居」内への立ち入り・捜索の場合（憲法35条）と対比して検討できると，さらに説得力が増す論述となった。また，本答案の次段落で述べられている「合理的に推認される乙の意思」の内容についても，具体的に論述できると良かった。

● 「検証」の強制処分としての意義・性質についての正確な理解を前提とした上で，【捜査②】が「検証」としての性質を有することを論じており，出題趣旨に合致する。

る違法捜査抑制の見地から相当でないと認められる場合には，当該違法捜査によって得られた証拠の証拠能力が認められないものと解する。そして，違法な捜査から派生して取得された証拠については，要件②につき，違法な捜査と密接な関連性を有するために，証拠として許容することが将来における違法捜査抑制の見地から相当でないと認められるかによって判断するものと解する。

(2) 本件ではまず，Qが甲に対し，「改悛の意を示せば起訴猶予にしてやる」等と発言をして取調べを行ったことが，いわゆる約束による自白を求める取調べとして違法ではないかが問題となる。

ア この点，憲法３８条が黙秘権を保障し，これを受けて，法が黙秘権の保障を実質化させるために３１９条を定めた趣旨からすれば，約束の内容，主体，提示の方法に照らし，被疑者に不利な内容の供述を誘発させるような心理的影響を与えて取調べを行った場合には，黙秘権を侵害する取調べとして違法であると解する。

イ 本件でQは，甲に対し，「検察官は……改悛の意を示せば起訴猶予にしてやると言っているので，共犯者が誰かも含めて正直に話した方が良い。」と述べている。これは，共犯者が誰であるか等の甲に不利益な内容の供述と引き換えに，起訴猶予という，被疑者甲がもっとも利害関係を有する内容の約束をするものといえる。また，実際に起訴の有無につき権限を有する検察官が述べていると告げており，しかも，「起訴猶予にしてやる」という具体的な提示をしている。これらからすれば，Qは，甲に対し，共犯者が誰かといった，甲に不利益な内容の供述を誘発させる心理的影響を与えて取調べを行っており，か

かる取調べは甲の黙秘権を侵害するものとして違法である。

(3) では，本件文書等は違法収集証拠排除法則により証拠能力を欠くか。

ア 上記の取調べにおける違法は，甲の黙秘権を侵害するもので，重大な違法にあたる（①充足）。

イ そして，かかる取調べにより得られた自白を疎明資料として乙の逮捕状が発付され，これに基づいて逮捕された乙が，逮捕後にした供述に基づき捜索差押許可状が発付され，これによって本件文書等が差押えられている。以上からすれば，本件文書等は，上記甲の取調べに起因して差し押さえられたといえ，その取得について，上記取調べ上の違法との関連性を否定することはできない。

もっとも，乙は，甲の供述内容を知らされておらず，甲の自白の内容をしらないまま，自発的に供述を行っており，上記の違法な甲の取調べと本件文書等の関連性は密接なものとまではいえず，証拠として許容することが将来の違法捜査抑制の見地からみて相当でないとはいえない。

ウ したがって，本件文書等は，違法収集証拠排除法則によって証拠能力を欠かない。

2 次に，丙の弁護人が不同意と述べていることから，３２７条の適用はなく，３２０条１項により証拠能力を欠かないか検討する。

(1) 本件文書について

ア まず，３２０条１項の趣旨は，供述証拠は，その取得の各過程で誤りが混入するおそれがあることから，反対尋問による真実性の審査を経ないものについて，原則として証拠能力を否定することで，誤判を防ぐことにあると解される。

● 出題趣旨によれば，派生証拠の証拠能力の判断枠組みについては，①先行手続と後行手続との間に一定の関係（同一目的，直接利用関係）が認められるかどうかという考え方と，②先行手続の違法の内容・程度と先行手続と証拠（証拠収集手続）との関連性の程度とを総合して判断するという考え方がある。本答案は，②に近い考え方が示されている。

● 起訴猶予が甲の自白に与える影響について，具体的に検討できている。

● 派生証拠の証拠能力については，上記コメントのとおり，２つの判断枠組みが考えられるが，いずれにしても，①先行手続に存在する違法の重大性，②違法手続と証拠（又はその収集手続）との関連性の密接度や希釈要因となり得る事情について，本問の事例に即して具体的に検討する必要がある。この点，本答案は，甲の自白が得られたことに起因して，本件文書・本件メモにたどりついていることを摘示し，一定の関連性を認めている点で，評価できる。また，本問では特に「希釈要因」となり得る事情に係る検討が重要となるところ，本答案は，その事情の１つとして，乙の自白が自発的に行われていることを摘示し，関連性の密接性を否定している点で，評価できる。これに加えて，２度の令状審査・発付が介在している点も希釈要因になると論述できれば良かった。

　　かかる趣旨から，３２０条１項により伝聞法則の適用を受ける「書面」・「供述」とは，要証事実との関係で，その供述内容の真実性が問題となるものを意味するものと解する。
イ　本件文書は，乙によれば，詐欺のマニュアルとして使用していたとしており，その内容をみても，「先物取引に手を出したら大損をしてしまった」，「息子さんの代わりに５００万円を用意してもらえますか」等，実際にＶに対してされた電話の内容と合致しており，本件詐欺事件の手口と一致しているため，本件詐欺事件の犯罪計画を記したものと認められる。そして，乙はかかる本件書類に基づいて詐欺を行ったと供述していること，乙の筆跡で電話番号が記載されていることから，乙がかかる文書を閲覧することによって本件計画を認識していたことが推認できる。さらに，乙の供述によれば，本件文書は他の人から渡されたものとされ，かつ，本件文書には丙の指紋が顕出されていることからすれば，本件文書は乙が取得する前に丙が所持し，丙が書面に記載された犯罪計画を認識していたことを推認し得る。
　　以上からすれば，本件文書の内容と存在を立証することによって，乙・丙の犯罪計画に対する認識及び意思の連絡を推認し得るといえ，共謀を認定し得る。したがって，丙・乙の共謀を立証するためには，本件文書の要証事実は本件文書の存在及び内容で足り，非供述証拠となり，３２０条１項による伝聞法則の適用はなく，証拠能力が認められる。
(2)　本件メモについて
ア　本件メモは，「私が書いたものです」との乙の供述があり，乙の筆

跡であることが判明している。また，「丙からｔｅｌ」との記載からすれば，電話で丙が述べた内容を乙が書き留めたもので，乙の供述を内容とするものといえる。
　　そして，「先物取引で会社の金を使い込んだ」，「５００万円」等の記載は，Ｖに対する詐欺事件の手口と一致している。このことからすれば，丙が乙に対して電話でメモ記載の内容を述べた，という乙の供述が真実であれば，丙は犯罪事実を認識し，丙乙間で意思の連絡を推認することができる。したがって，本件メモの要証事実は，丙が乙に対し，電話で，メモ記載の内容の発言をしたことである。そうすると，丙が本当に乙に対してかかる発言をしたのか，乙の供述内容の真実性が問題となり，３２０条の「供述書」にあたり，原則として証拠能力を欠く。
イ　もっとも，３２１条１項３号により，証拠能力が認められないか。
　　まず，本件メモは被告人以外の乙が作成した「供述書」にあたる（３２１条１項柱書）。
　　また，乙は，一貫して丙の関与について黙秘しており，丙が事件に関与したことを推認させる有力な証拠も見つかっていないことからすれば，本件メモは，乙丙間の共謀を推認させるものとして，丙の「犯罪事実の存否の証明に欠くことができないもの」といえる。
　　そして，本件メモは，乙の嫌疑が発覚する前に，乙が自発的に作成したものであるから，絶対的信用情況も認められる。
　　よって，３２１条１項３号にあたり，証拠能力が認められる。
以　上

● 本答案は，本件文書の記載と実際になされた本件犯行態様とが一致することから，本件文書は本件詐欺事件の犯罪計画を記したものであると認定した上で，本件文書には乙の筆跡で電話番号が記載されていること，丙の指紋が顕出されたこととその具体的な意味（本件文書を丙が所持し，丙が犯罪計画を認識していたこと）を論述し，本件文書の存在及びその内容を立証することで，「乙・丙の犯罪計画に対する認識及び意思の連絡」（謀議の存在及び丙の関与）という要証事実を推認できるとして，本件文書は非伝聞となるとの結論を適切に導くことができている。

● 本件メモの作成状況等，すなわち，出題趣旨にいう「本件メモは，すべての記載が乙のものと認められる筆跡による手書き文字で，その記載内容は，丙からの電話で通話した内容をメモしたことがうかがわれ，本件犯行態様とも整合するものであった」こと等を踏まえて丁寧に論述できており，説得的な論述になっている。

● 本件メモの要証事実を的確に指摘できている。

● 本件メモを被告人以外の者の供述書としている点も，正解である。

● ３２１条１項３号の該当性を検討している点は出題趣旨と合致しているが，供述不能要件の検討を忘れている。

第1　設問1
1　捜査①について
(1)　強制処分該当性
　　　捜査①は強制処分に該当し，強制処分法定主義（刑事訴訟法（以下省略）１９７条１項但書），令状主義（２１８条，憲法３５条）に反し許されないのではないか，検討する。
　　　強制処分の意義については，物理的強制力を伴うものと解すると狭きにすぎ，単なる権利侵害行為とすると広きにすぎるから，個人の意思を制圧し，重要な権利を侵害する処分を意味すると解すべきである。
　　　捜査①は，乙の会話を隣の家のベランダで聞き，それを録音したものである。まず，Pは乙の会話を無断で録音しており，ベランダでの会話は聞かれることは想定しているかもしれないが，録音されることまでは想定されないので，乙の意思に反し，その意思を制圧するものといえる。もっとも，ベランダでの会話は他の者に聞かれる可能性が高く，Pが録音したのも自然に聞こえてきた範囲内にとどまり，電話の相手方の声まで録音するものではないから，プライバシーとしての要保護性が高いとはいえず，さらに録音時間も３分と比較的短いのであるから，重要な権利侵害があるとはいえない。
　　　よって，強制処分に該当しない。
(2)　任意処分の限界
　　　もっとも，強制処分に該当しなくても，何らかの権利を侵害するおそれがあるから，捜査比例の原則より必要性・緊急性を考慮し，

具体的状況のもとで相当と認められる限度で適法となる。
　　　本件では，振り込め詐欺事件であり組織的背景が疑われる重大事件であり，捜査の必要性が高い。そして，振り込め詐欺は放っておくと被害者がどんどん増えるから，早急に検挙する緊急性がある。また，相当性については，ベランダというある程度開かれた場所で録音したに過ぎず，相手方の声まで録音するものではなく，録音時間も３分と短時間というのであるから，プライバシー侵害の程度が小さく，相当性を満たす。
　　　よって，任意処分の限界を超えない。
(3)　したがって，捜査①は適法である。
2　捜査②について
(1)　強制処分該当性
　　　捜査②は，壁の振動を増幅させる機器を用いて，乙の居室内での会話を録音するものであるが，これは強制処分に該当するか。
　　　まず，Pは乙の居室内での会話を録音しており，居室内の会話はベランダとは異なり，他人に聞かれることを全く想定していないといえるから，それを録音する行為は乙の意思を制圧するものである。
　　　そして，Pは本件機器を用いて，乙方の隣の部屋で本来は聞くことのできない居室内の会話を録音しているのであるから，プライバシーとしての要保護性が高く，その時間も１０時間とある程度長時間にわたっていることからすれば，捜査②は重要な権利を侵害するものであるといえる。

● 　強制処分の意義を論じるに当たっては，端的に強制処分法定主義や令状主義の趣旨を論述して，判例の規範を正確に提示すれば足りる。反対説の批判が直ちに自己の見解を理由付けるとは限らない。

● 　捜査①は秘密裏に行われたものであることから，乙の明示の意思に反し，又はその意思を制圧した事実が認められない点につき，考慮する必要があった。

● 　任意処分の限界について，判例（最決昭51.3.16／百選［第10版］〔1〕）を踏まえた規範が定立されており，出題趣旨に合致する。

● 　出題趣旨によれば，捜査の必要性については，嫌疑の程度，証拠保全の必要性など多角的な視点から事情を適切に抽出・評価することが求められていた。なお，「振り込め詐欺は放っておくと被害者がどんどん増えるから，早急に検挙する緊急性がある」との論述があるが，このような一般的な緊急性を論じるのではなく，本問の事案に即した具体的な緊急性を認定しなければ，適切に緊急性の要件を検討したとはいえない。

● 　録音している音声が捜査①と異なり，被疑事実と関係ないものも多く含まれていることを考慮すべきであった。

よって，捜査②は強制処分に該当する。
(2) したがって，捜査②は強制処分法定主義，令状主義に反し，違法
である。
第2　設問2
1　証拠収集上の問題
(1) 違法収集証拠排除法則
本件文書・本件メモは，違法収集証拠として証拠能力が否定され
ないか，検討する。
ア　排除法則
違法に収集された証拠は，証拠としての価値は異ならないはず
であるが，司法の廉潔性の観点からすれば，証拠の採取手続に重
大な違法があり，それを証拠として許容することが将来の違法捜
査抑止の観点から相当でない場合には，その証拠能力を否定すべ
きである。
イ　甲の自白について
甲の自白は，甲を起訴猶予にする代わりに共犯者について供述
させたというものであり，そのような約束による自白は，虚偽自
白を招くおそれがあり，また捜査官が被疑者を誘惑して捜査官の
意図した供述をさせるおそれがあるものであるから，捜査手法と
して相当ではなく，これには重大な違法があるといえ，また証拠
として許容すれば上記のような危険な証拠を将来も作出する危険
があるから，排除相当性が認められる。
よって，甲の自白は違法収集証拠として証拠能力が否定され

る。
ウ　本件文書・本件メモについて
もっとも，本件文書・メモは乙の供述・令状に基づく捜索を経
て採取されており，それ自体は適法と考えられるから，上記の違
法が承継して本件文書・メモの証拠能力が否定されるか。
この点，違法な手続と密接に関連する手続により得られた証拠
の証拠能力を否定しなければ，司法の廉潔性を貫徹できないか
ら，そのような証拠も排除すべきである。具体的には，両手続が
同一目的であり，後行手続が先行手続の状態を直接利用してされ
たかにより判断される。
まず，両手続は同一の詐欺未遂被疑事件の捜査を目的としてお
り，同一目的といえる。
もっとも，甲が自白した時点では1003号室は引き払われて
おり，甲の自白は本件文書等の発見に寄与しておらず，また乙が
供述した際には甲が自白したことを知らずに独立に供述してお
り，乙の供述のみに基づき705号室を捜索し，本件文書・メモ
を発見しているのであるから，直接利用しているとはいえない。
よって，違法性は承継されず，この点では証拠能力は否定され
ない。
(2) 自白法則（319条1項）
ア　甲の自白について
甲の自白が自白法則により証拠能力が否定されるか。
自白法則の趣旨は，任意性のない自白は虚偽であるおそれが高

● 出題趣旨によると，【捜査②】が「検証」としての性質を有するか否かについての検討が求められていたが，本答案ではこの点の検討を落としてしまっている。

● 本答案は，「約束による自白」と論述しているため，一見すると自白法則の問題を論じているように読めるが，そうではなく，違法収集証拠排除法則の検討において，自白採取過程に重大な違法があるか否かを検討し，そこから派生する本件文書・本件メモの証拠能力の排除相当性を検討するという流れとなっている。

● 派生証拠の証拠能力の判断枠組みについて，出題趣旨も挙げる「同一目的，直接利用関係」という基準を用いて判断する旨明確に示されている。

● 出題趣旨によれば，派生証拠の証拠能力を検討するに当たっては，①先行手続の違法性評価，②乙の任意性のある自白の介在，③これを疎明資料とする裁判官による令状審査・発付の介在について検討することが求められていた。本答案では，③の検討が欠けている。

● 上記「(1) 違法収集証拠排除法則」では，自白採取過程の違法性について，捜査手法の相当性という観点から検討していたのに対して，ここで

く，また供述の自由を侵害するものであるから，その証拠能力を否定することにある。とすると，「任意性に疑いがある」とは，虚偽であるおそれがあるか，及び供述の自由を侵害したかにより判断される。

　本件では，起訴猶予にするという約束により甲は自白しているから，甲は虚偽でも自白をするインセンティブが高く，また共犯者についての自白であるから，責任転嫁という固有の虚偽の危険がある。また，甲は逮捕されてから自白をするまで１３日間一貫して否認しており，本来は供述したくなかったと推認されるから，供述の自由を侵害したといえる。

　よって，甲の自白は自白法則により証拠能力が否定される。

イ　本件文書・メモについて

　もっとも，本件文書・メモは上記のとおり，乙の供述と適法な捜索により採取されており，証拠能力が否定されないのではないか。

　この点，違法な証拠に密接関連性のある証拠の証拠能力は否定すべきであるが，本件では，本件文書・メモは乙の供述のみに基づき，甲の自白とは独立に発見されているから，密接関連性があるとはいえない。

　よって，本件文書・メモは，この点では証拠能力が否定されない。

2　伝聞法則（３２０条１項）

(1)　伝聞証拠の意義

　伝聞法則の趣旨は，供述証拠は知覚・記憶・叙述の各過程で誤りが混入しやすく，反対尋問等で真実性を吟味する必要があるが，伝聞証拠はそのような真実性の吟味ができないので，そのような信用性に乏しい証拠を禁止し，事実認定の誤りを防ぐことにある。

　とすると，伝聞証拠とは，公判廷外の供述であって，その内容の真実性を証明するために用いられる証拠をいう。

(2)　本件メモ

　本件メモの立証趣旨は丙と乙との共謀であるが，これは伝聞証拠に該当するか。

　この点，メモが共謀時に作成されたものであることが判明している場合には，メモは共謀の一部であるから，メモの存在自体から共謀の存在及び内容を推認することができる。

　本件では，本件メモの筆跡は乙のものであるから，乙と何者かの間で犯行の共謀がなされたことが推認される。また，捜査①の電話の録音の際は，乙は丙と電話をしていたことが判明しており，その際には「甲が逮捕されました，どうしますか」というように丙が本件に関与しており，丙が乙より上級の者であることを推認させる会話をしている。とすると，本件は当初丙が計画し，乙と共謀をしたことが推認される。

　よって，本件メモは乙と丙との共謀の際に作成されたものであることがわかるから，「丙からｔｅｌ」の部分の信用性を前提としなくても，メモ自体から乙丙間の共謀の存在及び内容を立証することができ，非伝聞証拠である。

● は，甲の自白の証拠能力を自白法則の観点から論じており，上記「(1)違法収集証拠排除法則」に係る論述と矛盾するものではない。もっとも，設問2は「本件文書及び本件メモのそれぞれの証拠能力について」論じさせる問題なので，派生証拠である本件文書・メモの証拠能力に関する検討（本答案の「(1)　違法収集証拠排除法則」）と離れて，甲の自白の証拠能力のみを単独で検討する必要性は乏しいと思われる。

● 本答案では，自白法則の趣旨について任意性説の立場に立っている。この点，出題趣旨によれば，「虚偽排除の観点から証拠能力が否定される不任意自白の場合，自白を排除する趣旨が派生証拠の証拠能力にまで影響を及ぼすかについては議論の余地がある」との指摘がある。しかし，本答案は，任意性説に立っているにもかかわらず，特段の説明もなく，不任意自白が派生証拠の証拠能力に対して影響を及ぼし得るとの前提に立つ論述となっている。

● 伝聞証拠か否かは「要証事実」との関係で相対的に判断するという点について，触れられていない。

● 本件メモを非伝聞として用いるのは困難である。本件メモの要証事実は，再現答案②のように，端的に「丙から乙に対して，メモに記載されたような指示がなされたこと」とした上で，これを立証するためには本件メモの内容の真実性が問題となる，という論述の流れが想定されていたと考えられる。

ＬＥＣ東京リーガルマインド　司法試験＆予備試験　論文5年過去問　再現答案から出題趣旨を読み解く。刑事訴訟法

(3) 本件文書

　乙の供述によれば、本件文書は犯行のマニュアルを記載したものであるが、これは伝聞証拠に該当するか。本件文書についても、これが共謀時に作成されたものであることが判明していれば、文書自体から共謀の内容を立証することができるので、その点を検討する。

　乙の供述によれば、本件文書は何者かが乙に渡したものであり、犯行計画における上級の者から渡されたことが推認される。そして、現時点で犯行に関与したことが判明しているのは甲丙のみであり、甲は末端の者と考えられるから、乙に文書を渡したのは丙と推認される。また、本件文書からは丙の指紋が検出されており、犯行計画にかかわる文書を乙が全く関係のない者に見せるはずがないから、この点でも丙が乙に本件文書を渡したことが推認される。

　そして、本件文書の内容は、振り込め詐欺の台本のようなものであり、本件詐欺事件と一致している。

　よって、本件文書は丙が乙に犯行計画を詳細に話すために用いられたものと推認されるから、文書自体から共謀の内容を立証することができ、内容の真実性が問題とならないから、非伝聞証拠となる。

(4) よって、本件文書・本件メモの証拠能力は否定されない。

以　上

● 本件文書に丙の指紋が顕出されていること、その記載内容と本件犯行態様が一致することを踏まえた論述に加え、乙丙の関係、本件犯行の背景事情等を考察した上で、本件文書が非伝聞証拠となるとの結論を論理的に導いており、出題趣旨に合致する論述となっている。

第1　設問1
1　①について
(1)　ＩＣレコーダーへの録音は，無令状で行われた強制処分として違法ではないか。
　ア　「強制の処分」（197条1項但書）とは，法が厳格な要件に服させることを予定している処分であることから，相手方の意思に反して，重要な権利・利益を制約する処分と限定して解する。
　　本件においては，ベランダでの携帯電話の会話をＩＣレコーダーに録音されることは，乙の推定的意思に反するといえる。では，録音行為は，乙が自分の会話を他人にみだりに聞かれないという意味でのプライバシーを制約するものであるか。たしかに，ベランダは他人が立ち入ることができないものであり，他人に会話が聞かれることを予定していないとも思える。しかし，ベランダは仕切りで仕切られているとはいえ，上下左右に住む住民がベランダに出ている場合は，会話が聞こえてしまうこともある。かかるベランダで会話をすること自体，会話内容を聞かれ，録音される可能性があることを受忍しているものであるといえる。よって，本件において，乙のプライバシーの要保護性は低く，重要な権利利益の制約とまでは評価できない。よって，強制の処分にはあたらない。
　イ　よって，無令状で行われたとしても，違法とならない。
(2)　もっとも，任意捜査の限界を超えて違法ではないか。
　ア　任意捜査であるとしても，乙のプライバシーを侵害するおそれ

があるため，その必要性，緊急性を考慮した上，具体的状況において相当な範囲でなされる必要がある。乙の被疑事実である詐欺未遂については，法定刑の重い犯罪であり，これを捜査するべく録音をする必要性は高い。また，早期に解決するべき緊急性もある。さらに，本件では結局相手方の声も録音されていないことからすると，相当な範囲内で行われたといえる。
　イ　よって，違法ではない。
(3)　したがって，適法である。
2　②について
(1)　ＩＣレコーダーによる録音は，無令状で行われた強制処分として違法か。
　ア　「強制の処分」該当性については，前記の基準で判断する。
　イ　たしかに，隣同士の部屋であれば，大きな会話をすればそれが隣の住民に聞こえてしまうことがある。しかし，本件でＰらが行っているのは，隣室と接する壁の振動を増幅させて音声として聞き取り可能にする機器を使用することで，小さな声での会話の録音のみならず，乙が生活する上で生じる音声を全て鮮明に聞き取ることが可能となる捜査である。かかる捜査は，乙の居室内での行動を把握するものであり，みだりに生活を覗かれないという意味でのプライバシーを大きく侵害する。すなわち，本件における乙のプライバシーの要保護性は高く，これを制約することは重要な権利利益の制約にあたる。そして，かかる録音については，乙の推定的意思に反する。

● 強制処分法定主義・令状主義の趣旨に遡って論述できると，さらに説得的な論述となった。

● 乙の推定的意思に反する理由が述べられていない。

● 権利を制約される乙のプライバシー保護への期待という点からしか評価できておらず，録音時間，録音内容といった捜査①の具体的な態様について，考慮されていない。また，「ベランダで会話をすること自体，……録音される可能性があることを受忍している」というのは，強引な評価である。

● 出題趣旨によると，【捜査①】の必要性を検討するに当たっては，①対象となる犯罪の性質・重大性，②捜査対象者に対する嫌疑の程度，③証拠保全の必要性・緊急性に関わる具体的事情を適切に抽出・評価することが求められていた。本答案では，①③についてはごく簡単に触れられているが，②については全く検討されていない。また，①については，単に法定刑の重さだけでなく，被害額500万円の詐欺未遂事件であること，「振り込め詐欺」という一般的に検挙が困難な性質の犯罪であること等も指摘できると良かった。②についても，「早期に解決するべき緊急性」という抽象的な指摘ではなく，本問の事案に即した具体的な検討が求められていた。

● 捜査②についても，乙のプライバシー保護への期待という点からしか評価できていない。また，乙の推定的意思に反する理由がここでも述べられていない。

よって，「強制の処分」にあたる。

(2) そして，本件録音は性質上，検証にあたる以上，検証令状をとって行われる必要がある。そうであるのに，無令状で行われていることから，違法である。

第2 設問2

1 毒樹の果実

(1) 甲の自白が３１９条１項にいう不任意自白にあたり，その後の乙の自白が反復自白として任意性が否定される結果として，乙の自白に基づいて得られた文書及びメモの証拠能力は，いわゆる毒樹の果実として証拠能力が否定されないか。

ア まず，甲の自白は３１９条の不任意自白であるか。

(ア) 「自白」とは，自己の犯罪事実の全部またはその主要部分を認める被告人の供述をいう。本件で，甲は自己の被疑事実である詐欺未遂の主要部分を認めているため，「自白」にあたる。

(イ) では，「任意」性があるか。そもそも，３１９条１項の根拠は，虚偽の自白がなされることによる誤判防止及び黙秘権を中心とする人権擁護の観点にある。そのため，「任意」性を欠く自白とは，虚偽の内容を誘発するおそれのある状況下での自白や，供述の自由を侵害して得た自白をいうと解する。本件では，甲の自白がＱを通した検察官Ｒによる利益提示をきっかけとして行われており，これが虚偽を誘発するおそれのある状況下でなされたか否かが問題となる。

本件で，Ｒは起訴猶予権限を有する（２４８条）者であり，この者が「起訴猶予にする」ことを利益として自白を促すことは，かかる利益を得るために虚偽の自白をするおそれが高いといえる。もっとも，実際にＲの言葉を伝えたのは起訴猶予権限のないＱであり，検察官Ｒではない。そのため，法律に詳しい者であれば，起訴猶予の利益を信じず，虚偽の誘発をする心理状態にはならないとも思える。しかし，Ｑはそれまでは起訴猶予の話を一切していないが，Ｒに言われたことをきっかけとして，検察官の言葉として甲に伝えている。かかる状況からして，甲としては検察官の言葉として起訴猶予の利益について認識しているといえる。かかる状況においては，甲としては検察官から起訴猶予の利益を得るために虚偽の自白をする心理状況にあるといえ，虚偽を誘発する状況下にあったといえる。かかる状況下で甲は自白をしている以上，不任意でなされたといえる。

(ウ) よって，甲の自白に証拠能力はない。

イ では，甲の自白に引き続く乙の自白にも任意性が認められないといえるか。

(ア) まず，乙の自白も犯罪の主要部分を認めるものであり，「自白」にあたる。

(イ) では，任意性があるか。すなわち，虚偽を誘発しうる心理状況が継続しているといえるか。

まず，同一人の反復自白であれば虚偽を誘発しうる心理状

● 捜査②が「検証」に当たる理由が論じられていない。少なくとも，検証の意義を示す必要があったものと思われる。

● 本件文書・メモの証拠能力を検討するに当たっては，まず，甲の自白の獲得手続に違法が認められるか，認められる場合にはその違法が派生証拠である本件文書・メモの証拠能力にどのような影響を及ぼすか，という思考過程を経る。この点，出題趣旨にもあるように，甲の自白の獲得手続に瑕疵（約束による自白）があったとしても，不任意自白を排除する趣旨いかんによっては，その瑕疵が当然に派生証拠の証拠能力に影響を及ぼすとは限らない。しかし，本答案は，任意性説に立っているにもかかわらず，上記の点を意識することなく，単純に甲の自白が不任意自白に当たるかどうかを検討しており，出題趣旨に反する論述といえる。また，「乙の自白が反復自白として……」との問題提起がなされているが，甲と乙は別人であり，反復自白の問題（不任意自白がなされた後，再度，同一人による同趣旨の自白（反復自白）がされた場合における後者の自白の証拠能力の問題）とはならない。さらにいえば，設問2前段で問題となる派生証拠の証拠能力は，約束による自白から派生した証拠の証拠能力を問題とする点で，「毒樹の果実」の典型的な問題（違法収集証拠である第１次証拠から派生して得られた第２次証拠の証拠能力の問題）そのものではない。

● 上記コメントのとおり，乙の自白はいわゆる反復自白の問題ではない。本答案は，共犯同士の場合にも反復自白の問題となりうるとしているが，その理由も明らかではない。また，本問の事案では，乙は甲の供述内容を知らず，甲が自白したと察して，いわば勝手に自白しているの

況の自白が認められる場合があるが、これは共犯同士の場合でも認められる場合がある。そこで、他方の共犯が不任意自白をした場合の、虚偽を誘発しうる心理状態が継続している場合に一方の共犯も自白をした場合であれば、任意性を否定して良いと解する。

　本件において、乙は甲の供述内容を知らされていないことから、甲が虚偽を誘発しうる心理状況が継続していたとはいえない。よって、任意性は反復自白として否定されることはない。よって、反復自白は成立しない。

(2)　したがって、乙の自白は不任意自白ではない以上、毒樹の果実に本件文書とメモはあたらない。したがって、この点で証拠能力が否定されることはない。

2　伝聞証拠該当性

(1)　では、本件文書及びメモは伝聞証拠として３２０条１項により証拠能力が否定されないか。公判期日外の供述は、知覚、記憶、表現、叙述の各過程に誤りが混入する危険性があるにも関わらず、反対尋問や公判廷における供述態度の観察などによる信用性の吟味がない。そこで、①公判期日外における供述を内容とする証拠で、②その内容の真実性が問題となるものは、伝聞証拠として証拠能力が否定される（３２０条１項）。伝聞証拠に該当するかは要証事実との関係で相対的に決せられる。

(2)　本件文書は乙の筆跡で書かれたものであり、丙の指紋がある。この文書は供述証拠としての利用ではなく、証拠物として利用し、要

証事実を乙丙間の詐欺の意思連絡の前提としての「乙と丙が面識を有していたこと」を推認するものであると考えて初めて証拠として意味を持つ。このような利用をする限り、伝聞証拠の定義には該当しない（①、②否定）。よって、証拠能力は認められる。

(3)　本件メモは、乙のVに対する詐欺罪の犯意を推認する間接事実として用いることで初めて意味を持つ。すなわち、供述証拠として利用し（①）、要証事実を「乙が先物取引関係の詐欺を行う動機」として利用する場合は内容自体の真実性は問題がない（②否定）。よって、伝聞証拠にあたらない。したがって、証拠能力は認められる。

3　以上より、証拠能力は認められる。

以　上

であり、乙の自白に任意性が認められることは明らかであるから、本答案のような思考過程を経ること自体に問題がある。

● 　上記コメントのとおり、本答案では問題のある思考過程を経てしまったことにより、本問で検討することが求められていた派生証拠の証拠能力の問題について、全く検討されなかった。

● 　伝聞・非伝聞の区別基準を適切に論述することができている。

● 　本件文書の外形的な事実だけでなく、記載されている内容が本件詐欺未遂事件の態様と一致していることなどの事実も摘示して、評価すべきであった。

● 　「乙と丙が面識を有していたこと」を立証しても、乙丙間の共謀を推認する力としてはないに等しい。

● 　検察官Ｒは、本件メモを乙丙間の共謀を立証するために証拠調べ請求しているのであるから、乙の犯意を推認しても意味がない。そもそも、乙は自己の犯罪を認めている。

平成28年

[刑事系科目]

〔第2問〕（配点：１００）

次の【事例】を読んで，後記〔設問１〕から〔設問４〕に答えなさい。

【事　例】

1　司法警察員Ｐ及びＱは，平成２７年７月１日午前１０時４５分，「Ｇ県Ｈ市内の路上に停車中の自動車内に，大声で叫ぶ不審な男がいる。」との住民からの通報を受け，同日午前１０時５５分，通報のあった路上にパトカーで臨場したところ，停車中の自動車の運転席に甲を認め（以下，同自動車を「甲車」という。），その後方にパトカーを停車させた。甲は，エンジンの空吹かしを繰り返して発進せず，全開の運転席窓から大声で意味不明な言葉を発していた。Ｐが甲に対し，「どうしましたか。」と声を掛けると，甲は，「何でもねえよ。」と答えた。Ｐは，甲から運転免許証の提示を受け，Ｑに対し，甲の犯歴を照会するよう指示した。

2　甲には，目の焦点が合わず異常な量の汗を流すなど，覚せい剤使用者特有の様子が見られた。また，同日午前１１時，甲には，覚せい剤取締法違反の有罪判決を受けた前科がある旨の無線連絡があった。そこで，Ｐは，甲につき，覚せい剤の使用及び所持の疑いを抱いた。

Ｐは，甲から尿の提出を受ける必要があると考え，Ｑを甲車助手席側路上に立たせ，自らは甲車運転席側路上に立ち，甲に対し，「違法薬物を使っていないかを確認するので，Ｈ警察署で尿を出してください。」と言った。甲は，「行きたくねえ。」と言い，甲車を降りてＨ警察署とは反対方向に歩き出し，２，３メートル進んだが，Ｐは，「どこに行くのですか。」と言って甲の前に立ち，進路を塞いだ。すると，甲は，「仕方ねえ。」と言い，甲車運転席に戻った。その直後，Ｐは，甲の左肘内側に赤色の真新しい注射痕を認めて，覚せい剤使用等の疑いを強め，「その注射痕は何ですか。Ｈ警察署で尿を出してください。」と言ったが，甲は，「行きたくねえ。献血の注射痕だ。」と言った。

Ｐは，Ｈ警察署に連絡を取り，応援警察官４名を臨場させるよう求め，同４名は，同日午前１１時１５分に２台のパトカーで到着した。Ｐは，これらのパトカーをＰらが乗って来たパトカーの後方に停車させた上，同４名をそのままパトカー内で待機させた。甲は，同日午前１１時２０分及び午前１１時２５分の２度にわたり甲車を降りて歩き出し，２，３メートル進んだが，その都度Ｐは，「どこに行くのですか。Ｈ警察署で尿を出してください。」と言って甲の前に立ち，進路を塞いだ。その都度甲は，「警察に行くくらいなら，ここにいる。」と言い，甲車運転席に戻った。その後，甲は，甲車助手席上のバッグからたばこを取り出したが，その際，Ｐは，同バッグ内に注射器を認めた。そこで，Ｐが甲に対し，「その注射器は何ですか。見せてください。」と言うと，甲は，「献血に使った注射器だ。見せられない。」と言った。Ｐは，同注射器の存在や甲の不自然な言動から，覚せい剤使用等の疑いを一層強め，甲車の捜索差押許可状及び

甲の尿を差し押さえるべき物とする捜索差押許可状を請求することとした。

3 Pは，同日午前11時30分，Qに対し，前記各許可状を請求するよう指示し，Pらが乗って来たパトカーでH警察署に向かわせ，甲に対し，「今から，採尿と車内を捜索する令状を請求する。令状が出るまで，ここで待っていてくれ。」と言ったが，甲は，「嫌だ。」と言った。

Pは，応援警察官が乗って来た2台のパトカーを，甲車の前後各1メートルの位置に，甲車を挟むようにして停車させ，甲車が容易に移動できないようにした上，前記応援警察官4名を甲車周囲に立たせ，自らは甲車運転席側路上に立った。その後，甲は，甲車を降りて歩き出し，2，3メートル進んだが，Pは，甲の前に立ち，「待ちなさい。」と言って両手を広げて進路を塞ぎ，甲がPの体に接触すると，足を踏ん張り，それ以上甲が前に進めないように制止した。すると，甲は，「仕方ねえな。」と言いながら甲車運転席に戻った。

甲は，同日午後零時30分，甲車運転席で，携帯電話を用いて弁護士Rと連絡を取り，「警察に囲まれている。どうしたらいいんだ。」などと，30分間通話した。甲は，同日午後1時，「弁護士から帰っていいと言われたので，帰るぞ。」と言い，甲車を降りて歩き出し，2，3メートル進んだ。Pは，甲の前に立ち，「待ちなさい。」と言って両手を広げて進路を塞ぎ，甲がPの体に接触すると，足を踏ん張り，それ以上甲が前に進めないように制止し，更に胸部及び腹部を前方に突き出しながら，甲の体を甲車運転席前まで押し戻し，「座っていなさい。」と言った。すると，甲は，「車から降りられねえのか。」と言いながら，甲車運転席に座った。その後，甲は，甲車運転席で電話をかけたりしていたが，同日午後4時，再度，甲車を降りて歩き出し，2，3メートル進んだ。Pは，両手を広げて甲の進路を塞ぎ，甲がPの体に接触すると，胸部及び腹部を前方に突き出しながら，甲の体を甲車運転席前まで押し戻し，「座っていなさい。」と言った。甲は，「帰れねえのか。」と言いながら甲車運転席に座った。

一方，Qは，H警察署で，前記各許可状を請求する準備を行った後，I簡易裁判所裁判官に対し前記各許可状を請求し，その発付を受け，同日午後4時30分，甲車が止まっていた前記場所に到着した。なお，この間，交通渋滞のため，通常より1時間多くの時間を要した。Pは，Qからすぐに前記各許可状を受け取り，甲立会の下，甲車の捜索を開始した。

4 Pは，前記注射器1本を押収するとともに，甲車助手席上のバッグ内からビニール袋に入った約0.2グラムの覚せい剤1袋を発見して押収し，甲を覚せい剤所持の被疑事実で現行犯逮捕した。甲は，H警察署において，任意に尿を提出し，後日，覚せい剤の成分が検出された。また，改めて行った前科照会の結果，甲には，平成25年4月，覚せい剤取締法違反（使用及び所持）により，懲役1年6月（3年間執行猶予）の有罪判決を受けた前科があることが分かった。

5 甲は，逮捕後の弁解録取手続において，「バッグ内の覚せい剤は，誰かが勝手に入れたものだ。」と弁解して被疑事実を否認した。甲は，平成27年7月3日午前9時30分，I地方検察庁検察官に送致され，検察官Sは，同日午前9時45分から弁解録取手続を開始した。甲はまだ

弁護士とは接見しておらず，甲の弁護人選任届も提出されていなかった。弁護士Tは，同日午前9時50分，Sに電話し，甲を取調室に残して別室で応対したSに対し，「私は，甲の妻から依頼を受け，甲の弁護人になろうと考えている。今日の午前10時30分から，H警察署で，甲と接見したい。」と言った。Sは，弁解録取手続終了まで更に約30分を要し，I地方検察庁からH警察署まで自動車で約30分を要することから，Tに，「今，弁解録取の手続中です。接見は，午前11時からにしていただきたい。」と伝えた（①）。Tは，「仕方ないですね。しかし，午前11時には，必ず接見させてください。」と言った。

　Sによる弁解録取手続において，甲は，前記同様の弁解をして否認し，同手続は，同日午前10時20分に終了したが，その直後，甲は，「実は，お話ししたいことがあります。ただ，今度有罪判決を受けたら刑務所行きですよね。」と言った。Sは，甲が自白しようか迷っていると察し，この機会に自白を得たいと考えた。そこで，同日午前10時25分，Sは，甲を取調室に残し，別室で，Tに電話をかけ，Tに，「これから取調べを行うことにしました。午後零時には取調べを終えますので，接見は，午後零時30分以降に変更していただきたい。」と伝えた（②）。Tは，「予定どおり接見したい。」と主張して譲らなかったが，Sは，電話を切って取調室に戻り，取調べを開始した。その取調べにおいて，甲は，「平成27年6月28日，知り合いの乙方で，乙から覚せい剤2袋を2万円で買い，1袋分を注射器で使用し，残りを持っていた。」旨，覚せい剤所持の事実のほか，その入手状況及び覚せい剤使用の事実についても自白し，甲の自白調書が作成された。取調中，Tは，当初の予定どおり接見できるよう求めてSに電話をかけたが，Sは，電話に出なかった。甲は，同年7月3日午後零時30分，H警察署に戻り，Tは，すぐに甲と接見した。

　Sは，その後，必要な捜査を遂げ，甲を覚せい剤取締法違反（使用及び所持）によりI地方裁判所に公判請求した。

6　Pは，前記甲供述等に基づき，甲に対する覚せい剤譲渡の被疑事実で，乙を通常逮捕した。乙は，「甲に風邪薬をあげたことはあるが，覚せい剤など見たこともない。甲に覚せい剤を売ったとされる平成27年6月28日，私は，終日，外出していて自宅にはいなかった。」旨弁解して被疑事実を否認した。乙は，I地方検察庁検察官に送致され，Sは，必要な捜査を遂げ，乙を「平成27年6月28日，G県H市○町○番の乙方で，甲に覚せい剤約0.4グラムを代金2万円で譲り渡した。」との公訴事実により，I地方裁判所に公判請求した。

7　乙に対する覚せい剤取締法違反被告事件は，事件の争点及び証拠を整理する必要があるとして，公判前整理手続に付された。乙及びその弁護人Uは，同手続において，当初，前記弁解と同様の主張をしたが，裁判所から，「アリバイ主張について可能な限り具体的に明らかにされたい。」との求釈明を受け，「平成27年6月28日は，終日，丙方にいた。その場所は，J県内であるが，それ以外覚えていない。『丙』が本名かは分からない。丙方で何をしていたかは覚えていな

い。」旨釈明した。その結果，本件争点については，「(1) 平成27年6月28日に，乙方において，乙が甲に覚せい剤を譲り渡したか。(2) その際，乙に，覚せい剤であるとの認識があったか。」と整理され，甲の証人尋問及び被告人質問等が実施されることが決まった。

8 第1回公判期日において，乙及びUは，公訴事実を否認し，公判前整理手続でしたのと同様の主張をした。

また，同期日に実施された甲の証人尋問において，甲は，【資料】のとおり証言した。

9 第2回公判期日に実施された被告人質問において，乙は，Uの質問に対し，「平成27年6月28日は，J県M市△町△番の戊方にいました。」と供述した。Uからの「丙方ではなく，戊方にいたのですか。」との質問に対し，乙は，「前回の公判期日後，戊から手紙が届き，丙方ではなく，戊方でテレビを見ていたことを思い出しました。」と供述した。そこで，Uは，乙に対し，「あなたが当日戊方にいたことに関し，これから詳しく聞いていきます。まず，戊方で見ていたテレビ番組は何ですか。」と質問した (④)。これに対し，Sは，「弁護人の質問は，公判前整理手続において主張されていない事実に関するものであり，制限されるべきである。」と述べて異議を申し立てた。

〔設問1〕 【事例】中の2及び3に記載されている司法警察員Pらが甲を留め置いた措置の適法性について，具体的事実を摘示しつつ論じなさい。

〔設問2〕 検察官Sによる下線部①及び②の各措置の適法性について，具体的事実を摘示しつつ論じなさい。

〔設問3〕 【資料】に記載されている下線部③の証言の証拠能力について，想定される要証事実を検討して論じなさい。

〔設問4〕 被告人乙が戊方にいたことを前提とする弁護人Uの下線部④の質問及びこれに対する乙の供述を，刑事訴訟法第295条第1項により制限することができるか。公判前整理手続の経過及び結果並びに乙が公判期日で供述しようとした内容を考慮しつつ論じなさい。

(参照条文) 覚せい剤取締法

第19条 左の各号に掲げる場合の外は，何人も，覚せい剤を使用してはならない。

　　　　(以下略)

第41条の2 覚せい剤を，みだりに，所持し，譲り渡し，又は譲り受けた者 (略) は，10年以下の懲役に処する。

　　　　(以下略)

第41条の3 次の各号の一に該当する者は，10年以下の懲役に処する。

一　第１９条（使用の禁止）の規定に違反した者

　　　　（以下略）

【資料】

検察官：あなたが平成２７年７月１日に所持していた覚せい剤は，どのように入手したものですか。

甲　　：平成２７年６月２８日に，知り合いの乙から，乙の自宅で，２万円で買いました。

検察官：どのようないきさつで，乙から覚せい剤を買うことになったのですか。

甲　　：乙から，電話で，「いい薬があるけど，買わないか。」と言われたからです。「いい薬」と言われ，覚せい剤だとピンときました。それで乙の自宅に行ったのです。

検察官：あなたが覚せい剤を買ったとき，乙は，何と言っていましたか。

甲　　：乙は，覚せい剤だとは言っていませんでした。しかし，乙は，私にビニール袋に入った覚せい剤を２袋渡して，「帰るときは，Ｋ通りから帰るなよ。あそこは警察がよく検問をしているから，遠回りでもＬ通りから帰れよ。お前が捕まったら，俺も刑務所行きだから気を付けろよ。」（③）と言いました。

弁護人：異議があります。ただ今の甲の証言は，伝聞証拠です。

　　　　（以下略）

【刑事系科目】

〔第２問〕

　本問は，覚せい剤取締法違反事件の捜査及び公判に関する事例を素材に，刑事手続法上の問題点，その解決に必要な法解釈，法適用に当たって重要な具体的事実の分析及び評価並びに結論に至る思考過程を論述させることにより，刑事訴訟法に関する基本的学識，法適用能力及び論理的思考力を試すものである。

　〔設問１〕は，甲による覚せい剤使用及び所持の疑いを抱いた司法警察員Ｐらが，Ｈ警察署で甲から尿の提出を受ける必要があると考え，同署への任意同行を拒む甲に対し，説得を続けながら，３０分にわたり，その進路を塞ぐなどして甲を留め置き，その後，甲の覚せい剤使用等の嫌疑が一層強まった下，甲車の捜索差押許可状及び甲の尿を差し押さえるべき物とする捜索差押許可状の請求準備から甲車の捜索を開始するまで，甲に対し，その進路を塞いだり，胸部及び腹部を突き出しながら甲の体を甲車運転席前まで押し戻すなどし，５時間にわたり，甲を留め置いた措置に関し，その適法性を検討させる問題であり，いわゆる強制処分と任意処分の区別，任意処分の限界について，その法的判断枠組みの理解と，具体的事実への適用能力を試すことを狙いとする。

　強制処分と任意処分の区別に関し，最高裁判所は，「強制手段とは，有形力の行使を伴う手段を意味するものではなく，個人の意思を制圧し，身体，住居，財産等に制約を加えて強制的に捜査目的を実現する行為など，特別の根拠規定がなければ許容することが相当でない手段を意味する」と判示しており（最三決昭和５１年３月１６日刑集３０巻２号１８７頁），同決定に留意しつつ，強制処分と任意処分の区別に関する判断枠組みを明確化する必要がある。

　そして，Ｐらの措置（その全部又は一部）が強制処分に至っておらず，任意処分にとどまる場合においては，任意処分として許容され得る限界についての検討が必要であるが，同決定は，強制処分に当たらない有形力の行使の適否が問題となった事案において，「強制手段にあたらない有形力の行使であっても，何らかの法益を侵害し又は侵害するおそれがあるのであるから，状況のいかんを問わず常に許容されるものと解するのは相当でなく，必要性，緊急性などをも考慮したうえ，具体的状況のもとで相当と認められる限度において許容されるものと解すべきである。」と判示しているから，ここでも同決定に留意しつつ，任意処分の限界（任意処分の相当性）の判断枠組みを明らかにしておく必要がある。

　その上で，本設問の事例に現れた具体的事実が，その判断枠組みにおいてどのような意味を持つのかを意識しながら，Ｐらの措置の適法性を検討する必要がある。

　強制処分と任意処分の区別に関しては，Ｐが甲の前に立ち，進路を塞いだ事実，パトカーで甲車を挟んだ事実，Ｐが両手を広げて甲の進路を塞ぎ，甲がＰの体に接触すると，足を踏ん張り，前に進めないよう制止した事実，更には胸部及び腹部を前方に突き出しながら，甲の体を甲車運転席まで押し戻した事実等を具体的に指摘し，甲の態度にも着目しつつ，それらが甲の意思を制圧するに至っていないか，甲の行動の自由を侵害していないかといった観点から評価することが求められる。

　そして，前記の点につき，強制処分に至っていないとの結論に至った場合には，任意処分として

の相当性について検討することとなるし，また，いずれかの段階から強制処分に至っているとの結論に至った場合であっても，それまでのＰらの措置について，任意処分としての相当性を検討することとなる。任意処分の相当性として，特定の捜査手段により対象者に生じる法益侵害の内容・程度と，特定の捜査目的を達成するため当該捜査手段を用いる必要との間の合理的権衡（いわゆる「比例原則」）が求められるとすると，甲に対する覚せい剤使用等の嫌疑が次第に高まり，また，【事例】３に至ると，Ｐらが甲の尿を差し押さえるべき物とする捜索差押許可状等の請求準備を行っているところ，このような嫌疑の高まり等に応じ，当該捜査手段を用いる必要の程度が変化すれば，相当と認められ得る留め置きの態様も変化することとなるから，そのような判断構造を踏まえ，具体的事実を摘示しつつ，相当性を適切に評価することが求められる。

　なお，留め置き措置の適法性に関し，「留め置きの任意捜査としての適法性を判断するに当たっては，本件留め置きが，純粋に任意捜査として行われている段階と，強制採尿令状の執行に向けて行われた段階とからなっていることに留意する必要があり，両者を一括して判断するのは相当でないと解される。」とする裁判例があり（東京高裁平成２１年７月１日判決判タ１３１４号３０２頁等），このような考え方に従って論述することも可能であろうが，もとより同裁判例の考え方に従うことを求めるものではない。

　〔設問２〕は，接見指定の可否・限界を問うものであり，接見指定に関する刑事訴訟法第３９条第３項本文の解釈及び初回接見であることを踏まえた同項ただし書の解釈並びに具体的事実に対する適用能力を試すものである。

　本設問では，まず，「捜査のため必要があるとき」という文言の解釈について，「接見等を認めると取調べの中断等により捜査に顕著な支障が生ずる場合に限られ，右要件が具備され，接見等の日時等の指定をする場合には，捜査機関は，弁護人等と協議してできる限り速やかな接見等のための日時等を指定し，被疑者が弁護人等と防御の準備をすることができるような措置を採らなければならないものと解すべきである。そして，弁護人等から接見等の申出を受けた時に，捜査機関が現に被疑者を取調べ中である場合や実況見分，検証等に立ち会わせている場合，また，間近い時に右取調べ等をする確実な予定があって，弁護人等の申出に沿った接見等を認めたのでは，右取調べ等が予定どおり開始できなくなるおそれがある場合などは，原則として右にいう取調べの中断等により捜査に顕著な支障が生ずる場合に当たると解すべきである。」と判示した最高裁判所平成１１年３月２４日大法廷判決（民集５３巻３号５１４頁）を踏まえつつ，自説を論ずる必要がある。

　その上で，各接見指定において，接見指定を行ったのが，刑事訴訟法上要求されている弁解録取手続中であること（下線部①），甲の自白を得たいとして取調べを実施しようとする段階であること（下線部②）を踏まえ，具体的な当てはめを行う必要がある。

　次に，刑事訴訟法第３９条第３項ただし書では，接見指定の要件が認められる場合であっても，「その指定は，被疑者が防禦の準備をする権利を不当に制限するようなものであってはならない。」とされている。本設問において，甲は，いまだ弁護人となろうとする者との接見の機会がなく，弁護士Ｔによる接見は，初回接見となる予定であった。この点に関し，最高裁判所は，「弁護人となろうとする者と被疑者との逮捕直後の初回の接見は，身体を拘束された被疑者にとっては，弁護人の選任を目的とし，かつ，今後捜査機関の取調べを受けるに当たっての助言を得るための最初の機会であって，直ちに弁護人に依頼する権利を与えられなければ抑留又は拘禁されないとする憲法上の保障の出発点を成すものであるから，これを速やかに行うことが被疑者の防御の準備のために特に

重要である。」とし，初回接見の申出を受けた捜査機関としては，「接見指定の要件が具備された場合でも，その指定に当たっては，弁護人となろうとする者と協議して，即時又は近接した時点での接見を認めても接見の時間を指定すれば捜査に顕著な支障が生じるのを避けることが可能かどうかを検討し，これが可能なときは，（中略）即時又は近接した時点での接見を認めるようにすべきであり，このような場合に，被疑者の取調べを理由として右時点での接見を拒否するような指定をし，被疑者と弁護人となろうとする者との初回の接見の機会を遅らせることは，被疑者が防御の準備をする権利を不当に制限するものといわなければならない。」（最三判平成１２年６月１３日民集５４巻５号１６３５頁）と判示している。同判決とそこに示唆された「被疑者が防禦の準備をする権利を不当に制限する」かどうかの判断構造に留意しつつ，各下線部における接見指定の適法性について，具体的な当てはめを行う必要がある。

　〔設問３〕は，乙の供述を内容とする証言について，伝聞法則の適用の有無を問うものである。

　ある供述が伝聞法則の適用を受けるか否かについては，要証事実をどのように捉えるかによって異なるものであり，【事例】７に記載された本件の争点及び証人尋問の内容を参考に，具体的な要証事実を正確に検討する必要がある。公判前整理手続の結果，本件の争点については，①平成２７年６月２８日に，乙方において，乙が甲に覚せい剤を譲り渡したか，②その際，乙に，覚せい剤であるとの認識があったかの２点であると整理されているところ，証人尋問の内容に照らせば，本設問において問題となっているのは②に関することがうかがわれる。そこで，このことを前提に，具体的な要証事実を検討した上，乙の発言内容の真実性が問題となっているかどうかを論じ，伝聞供述に該当するかの結論を導くこととなる。

　〔設問４〕は，公判前整理手続で明示された主張に関し，その内容を一部異にする被告人質問を制限することの可否について問うことによって，公判前整理手続の意義及び趣旨の理解並びにそれを具体的場面において適用し問題解決を導く思考力を試すものである。

　本設問に関連し，公判前整理手続で明示されたアリバイ主張に関し，その内容を更に具体化する被告人質問等を刑事訴訟法第２９５条第１項により制限することの可否について判示した最高裁判所決定がある(最二決平成２７年５月２５日刑集６９巻４号６３６頁)。本設問の解答に当たっては，同決定を踏まえた論述まで求めるものではないが，被告人及び弁護人には，公判前整理手続終了後における主張制限の規定が置かれておらず，新たな主張に沿った被告人の供述を当然に制限することはできないことに留意しつつ，公判前整理手続の趣旨に遡り，被告人質問を制限できる場合に関する自説を論じた上，本設問における公判前整理手続の経過及び結果並びに乙が公判期日で供述しようとした内容を抽出・指摘しながら，当てはめを行う必要がある。

採点実感等に関する意見

1　採点方針等

　本年の問題も，昨年までと同様に比較的長文の事例を設定し，その捜査，公判前整理手続及び公判の過程に現れた刑事手続上の問題点について，問題の所在を的確に把握し，その法的解決に重要な具体的事実を抽出・分析した上で，これに的確な法解釈を経て導かれた法準則を適用して一定の結論を導き，その過程を筋道立てて説得的に論述することを求めており，法律実務家になるための学識・法解釈適用能力・論理的思考力・論述能力等を試すものである。

　出題の趣旨は，公表されているとおりである。

　〔設問1〕は，司法警察員Pらが，被疑者甲の異常な言動を認めて職務質問を行ったところ，甲に覚せい剤使用者特有の様子が見られた上，覚せい剤取締法違反の前科も判明したことから，覚せい剤使用及び所持の疑いを抱き，警察署への任意同行及び尿提出を求め，30分間にわたり，甲をその場に留め置き，その後，甲の腕の注射痕及びバッグ内の注射器を認め，甲の覚せい剤使用等の疑いを強め，甲車の捜索差押許可状及び甲の尿を差し押さえるべき物とする捜索差押許可状を請求する準備に着手し，甲に対する有形力の行使を伴いながら，5時間にわたり，甲をその場に留め置いた措置について，適法性を問うものである。いわゆる強制処分と任意処分の区別，任意処分の限界について，その法的判断枠組みを示した上，捜査が進展していくことを意識しながら，具体的事実に同枠組みを適用して結論を導くことを求めている。

　〔設問2〕は，接見指定の可否・限界を問うものであり，接見指定に関する刑事訴訟法第39条第3項本文の解釈及び初回接見であることを踏まえた同項ただし書の解釈を行った上，各下線部における検察官Sによる接見指定について，接見指定を行ったのが，刑事訴訟法上要求されている弁解録取手続中であること（下線部①），甲の自白を得たいとして取調べを実施しようとする段階であること（下線部②）を踏まえつつ，具体的な当てはめを行い，接見指定が許される場合に当たるか，許される場合に当たるとして指定した内容が適切か，結論を導くことを求めている。

　〔設問3〕は，乙の供述を内容とする甲の証言について，伝聞法則の適用の有無という観点から証拠能力を問うものである。甲の証言が伝聞法則の適用を受けるか否かは，それによって証明しようとする要証事実が何であるかとの関連で決まるとの基本的理解を前提に，甲の証言から，甲が覚せい剤を譲り渡された際に，乙に覚せい剤であるとの認識があったことを立証するためには，いかなる推論過程をたどることになるのか，その推論過程において，乙の供述内容の真実性が問題となるのかを具体的に検討することが求められる。

　〔設問4〕は，公判前整理手続で明示された主張との関係で，その内容を一部異にする被告人質問を制限することの可否を問うものである。被告人及び弁護人には，公判前整理手続終了後における主張制限の規定が置かれておらず，新たな主張に沿った被告人の供述を当然に制限することはできないことに留意しつつ，公判前整理手続の趣旨に遡り，被告人質問を制限できるとすればどのような場合か，法的基準を立てた上で，本件の具体的事実を当てはめ，結論を導き出すことが求められる。

　採点に当たっては，このような出題の趣旨に沿った論述が的確になされているかに留意した。

前記各設問は，いずれも捜査，公判前整理手続及び公判に関し刑事訴訟法が定める制度・手続及び重要判例の基本的な理解に関わるものであり，法科大学院において刑事手続に関する科目を履修した者であれば，本事例において何を論じるべきかは，おのずと把握できるはずである。〔設問１〕に関し，「留め置きの任意捜査としての適法性を判断するに当たっては，本件留め置きが，純粋に任意捜査として行われている段階と，強制採尿令状の執行に向けて行われた段階とからなっていることに留意する必要があり，両者を一括して判断するのは相当でないと解される。」とする裁判例があるが（東京高裁平成２１年７月１日判決判タ１３１４号３０２頁等），本設問は，必ずしも同裁判例の考え方に準拠した解答を求めるものではないから，同裁判例を知らなかったとしても，法科大学院の授業で取り上げられる強制処分と任意処分の区別及び任意捜査の限界に関する基本的な問題点を理解していれば，これを基に十分な解答が可能であろう。また，〔設問４〕については，公判前整理手続で明示されたアリバイ主張に関し，その内容を更に具体化する被告人質問等を刑事訴訟法第２９５条第１項により制限することの可否について判示した最高裁決定があるところ（最二決平成２７年５月２５日刑集６９巻４号６３６頁），本設問も，同決定の理解を問う趣旨のものではなく，設問に現れた事実関係を適切に分析した上で，公判前整理手続の趣旨に立ち返った論述を求める趣旨のものであって，最新判例に関する知識よりも，むしろ刑事訴訟法に関する基本的な理解を基礎とした柔軟で実践的な考察力の有無を問うものである。

2　採点実感

　各考査委員からの意見を踏まえた感想を述べる。

　〔設問１〕については，Ｐらによる留め置き措置の適法性について，事例に即して法的問題を的確に捉え，強制処分と任意処分の区別，任意処分の限界に関して，刑事訴訟法第１９７条第１項の解釈問題であることを意識しつつ，基本的な判例の内容も踏まえてその判断枠組みを明確にした上，捜査の進展により，嫌疑の高まりや留め置きの目的の変容が生じていることにも留意して，具体的事実を事例中から適切に抽出・整理して意味付けし，それを前記枠組みに当てはめて説得的に結論を導いた答案が見受けられた。

　〔設問２〕については，接見指定の可否・限界について，刑事訴訟法第３９条第３項本文及びただし書に関する解釈問題であることを意識し，基本的な判例法理の理解を踏まえつつ，接見指定を行った際の捜査状況とその違い等に留意しながら，各下線部における措置の適法性について論じた答案が見受けられた。

　〔設問３〕については，乙の供述を内容とする甲の証言について，伝聞法則の意義を論じ，同法則の適用を受けるのが原供述の供述内容の真実性が問題となっている場合であることを的確に示した上，公判前整理手続の結果やそれまでの証人尋問の内容を踏まえ，本設問における要証事実が，真実「Ｋ通りで警察がよく検問をしていること」等ではなく，乙がそのような発言をしたこと自体であり，さらに，その発言自体から，乙が甲に渡した物について，覚せい剤と認識していたことを証明しようとしているという推論過程の構造を正しく論じ，本設問では原供述の供述内容の真実性が問題となっているのではないことを明らかにした上で，下線部③の証言を非伝聞とし，証拠能力に関する結論を導き出す答案が見受けられた。

　〔設問４〕については，被告人及び弁護人の主張制限に関する条文が置かれていないことと公判前整理手続の趣旨を正しく示し，本設問の具体的事情を検討した上で，質問を許すことが公判前整

LEC東京リーガルマインド　司法試験&予備試験　論文5年過去問　再現答案から出題趣旨を読み解く。刑事訴訟法

理手続の趣旨を損なう結果とならないかという観点から，結論を導いている答案が見受けられた。

　他方，抽象的な法原則や判例の表現を暗記してそれを機械的に記述するのみで，具体的事実にこれを適用することができていない答案や，そもそも具体的事実の抽出が不十分であったり，その意味の分析が不十分・不適切であったりする答案も見受けられた。

　〔設問１〕においては，甲に関し，Ｐが覚せい剤取締法違反の具体的嫌疑を抱き，その後にはＱに指示して捜索差押許可状の請求に及んでおり，職務質問から捜査に移行していることを具体的に指摘する答案が見受けられた一方で，終始職務質問の限界に関する問題としてのみ論ずる答案も見受けられた。

　Ｐらによる各留め置き措置については，強制処分か任意処分かを検討する必要があるところ，多くの答案は，「個人の意思を制圧し，身体，住居，財産等に制約を加え」るかどうかという最高裁判例（最三決昭和５１年３月１６日刑集３０巻２号１８７頁）の示す基準や，「相手方の意思に反して，重要な権利・利益を制約する処分かどうか」という現在の有力な学説の示す基準を挙げて検討していた。このような基準を示すに際し適切な理由付けがなされている答案が見受けられる一方で，結論のみを示す答案も少なくなかった。

　また，Ｐらによる各留め置き措置が強制処分に至っていないとの結論に至った場合には，任意処分としての相当性を検討することとなるし，あるいは，いずれかの段階から強制処分に至っているとした場合にも，それまでのＰらの措置について，任意処分としての相当性を検討することになるが，特に後者の場合，強制処分に当たるとするのみで，それ以前の段階の任意処分としての相当性について論じられていない答案が見受けられた。

　判断基準への当てはめのうち，強制処分該当性に関しては，前記最高裁判例の示す基準を理解し，制約を受ける利益を適切に指摘しながら事実関係を具体的に抽出する答案が見受けられた。その一方で，具体的事実を漫然と羅列して結論を導いた答案も少なくなく，更には前記最高裁判例の示す基準を挙げつつ，捜査の必要性が高いことを強調して適法とする答案，後に捜索差押許可状が適法に発付されていることや緊急逮捕が可能な状況にあったことを挙げて適法とする答案など，刑事訴訟法の理解にやや疑問を感じさせる答案も一部見受けられた。

　任意処分の限界に関しては，「必要性，緊急性なども考慮したうえ，具体的状況のもとで相当と認められる限度」（前記最決昭和５１年）かどうかが吟味されるところ，いわゆる捜査比例の原則を正確に理解した上，捜査の進展に伴い，捜査の必要性が高まっていく事情を時系列に沿って具体的に摘示し，更には捜索差押許可状の請求を行った以降の留め置きを任意処分として捉える場合には，留め置きの目的が変容していることなども具体的に指摘し，各事実の持つ重みを意識しつつ当てはめを行っている答案が見受けられた。その一方で，嫌疑の高まりを指摘するものの，それがなぜ留め置きの必要性と結び付くかについて，必ずしも説得的な論述ができていない答案が少なくなかった。また，必要性，緊急性及び相当性というキーワードを挙げ，それぞれに関連する事実を平面的に羅列するのみで，「具体的状況のもとで相当と認められる」かどうかの判断構造の理解が十分とはいえない答案や，必要性，緊急性を考慮した比較考量を行っているものの，それぞれの事実が持つ重みを十分検討することなく，自らの結論に都合の良い事実のみを取り上げる答案も見られた。

　〔設問２〕においては，「捜査のため必要があるとき」に関し，「接見等を認めると取調べの中断等により捜査に顕著な支障が生ずる場合に限られ〔る〕」（最大判平成１１年３月２４日民集５３巻

平成28年・司法

３号５１４頁）とする最高裁判例の基準を適切に挙げ，その意味を更に明らかにした上で，接見指定を行ったのが，刑事訴訟法上要求されている弁解録取手続中であること，甲の自白を得たいとして取調べを実施しようとしている段階であることの持つ意味を明確にしている答案が見受けられた。その一方で，「捜査のため必要があるとき」の解釈に関する論述が不十分である答案も一部見受けられた。

　続いて，刑事訴訟法第３９条第３項ただし書の「被疑者が防禦の準備をする権利を不当に制限する」かどうかに関し，接見指定の要件が認められる場合における弁護人との間の調整規定であることを理解した上，特に初回接見の重要性について，弁護人の選任や今後取調べを受けるに当たって助言を得る最初の機会であることを示唆した最高裁判例（最三判平成１２年６月１３日民集５４巻５号１６３５頁）に触れながら，各下線部ごとに検察官による指定方法の適否について具体的に論じた答案が見受けられた。その一方で，刑事訴訟法第３９条第３項本文とただし書の条文構造を正確に理解せず，接見指定の要件の問題と同要件が充足された場合の指定の内容に関する問題の区別が曖昧な答案が見受けられたほか，少数ではあるものの，本件について，検察官とすれば，秘密交通権が十分に保障されない態様の短時間の接見（面会接見）であってもよいかどうか，弁護人に意向を尋ねるべきであると論じた答案も見受けられたが（最三判平成１７年４月１９日民集５９巻３号５６３頁参照），本設問が直接問うものではない。

　なお，下線部①については，「捜査のため必要があるとき」の議論のみをし，下線部②については，「被疑者が防禦の準備をする権利を不当に制限する」かどうかの議論のみをする答案が少なくなかった。しかし，下線部①についても，接見指定の内容についての検討は必要であろうし，下線部②についても，接見指定の要件が認められるかについての検討は必要になるであろう。

　〔設問３〕においては，要証事実に関し，甲の証言から乙による発言の存在を証明し，その乙の発言自体から，乙が甲に渡した物について，覚せい剤との認識があったことが推認できる旨，いわば二段階の認定過程をたどることを明らかにした上で，説得的な論述がされた答案も少数ではあるが見受けられた。また，多くの答案では，伝聞法則の意義，同法則の適用場面について，基本的な論述ができていた。その一方で，下線部③の要証事実について，乙から甲に対する覚せい剤譲渡の有無としたり，乙による発言自体としつつ内容の真実性が問題となるとする答案も少なくなかった。このうち前者にあっては，公判前整理手続の結果，本件の争点が，㋐平成２７年６月２８日に，乙方において，乙が甲に覚せい剤を譲り渡したか，㋑その際，乙に，覚せい剤であるとの認識があったかの２点と整理されているところ，下線部③がどちらの争点に関連するものであるのか，判断を誤ったものと思われる。また，後者にあっては，伝聞・非伝聞の区別でしばしば用いられる供述内容の「真実性」という言葉の意義について，正確な理解ができていないのではないかとも思われる。ところで，本設問において，乙が「お前が捕まったら俺も刑務所行きだから気を付けろよ。」と発言した部分について，乙の心理状態に関する供述であるとの見方をする答案も少なくなかった。そのような見方自体は，十分あり得るものであり評価できるが，一方で，このような見方をする答案の多くは，特段の理由付けもなく，心理状態に関する供述であるから非伝聞供述と結論付けていた。このような心理状態に関する供述は，供述内容である心理状態の真実性が証明の対象である点では伝聞供述と異なるところがない一方，知覚・記憶保持の要素が欠けている点で通常の供述過程とは異なっており，乙の供述を心理状態に関する供述とした場合には，これを直ちに非伝聞供述と見てよいかについては必要な論述を行うべきであろう。逆に，同じ発言部分については，内容の真実性

が問題となるとし，直ちに伝聞供述に当たるとし，伝聞例外要件への該当性を検討する答案も見られた。この場合にも，心理状態の供述として非伝聞供述と扱う余地がないか，検討が必要であるといえる。

〔設問4〕においては，被告人及び弁護人には，公判前整理手続終了後における主張制限の規定が置かれておらず，新たな主張に沿った被告人の供述を当然に制限することはできないことを指摘した上で，充実した公判の審理を継続的，計画的かつ迅速に行うため，事件の争点及び証拠を整理するための手続である公判前整理手続の趣旨を示し，被告人質問を制限できる場合について自らの規範を定立できていた答案が少数ではあるが見受けられた。その上で，当てはめについては，乙のアリバイに関する主張自体は公判前整理手続の時点から一貫しており，被告人の供述を制限することはできないとする答案や，一方で，犯行当日にいた場所の変更は，争点を根本的に変更させるものであり，被告人の供述を制限することはできるとする答案も見受けられた。一方で，公判前整理手続での主張と証人尋問における被告人供述が重複しており重複陳述に当たるとする答案が少なからず見受けられたところ，これは，公判前整理手続と証拠調べ手続の違いを正確に理解していないことが原因ではないかと思われる。また，公判前整理手続において，アリバイが争点となっていないとした上で当てはめを行う答案も少数ではあるが見受けられたところ，これは，公判前整理手続における争点整理の意義を正確に理解していないことが原因ではないかと思われる。なお，本設問に関連し，公判前整理手続で明示されたアリバイ主張に関し，その内容を更に具体化する被告人質問等を刑事訴訟法第295条第1項により制限することの可否について判示した最高裁決定があるところ（最二決平成27年5月25日刑集69巻4号636頁），同決定を知った上で本設問を論じたと思われる答案はほとんど見受けられなかった。もとより，本設問は，このような直近判例の知識を問うものではないし，仮に直近判例を知っていたとしても，本設問に即した検討がなされていなければ十分な評価は得られないであろう。

なお，全体を通じ，条文・判例の引用に際し，例えば「捜査のため必要が・・・」など，中点を複数記載して省略する答案が少なからず見受けられたが，条文等のどの部分までを引用しているのかが不明確であったり，どの文言の解釈をしているのか適切に示されない結果となっている例もあり，労を惜しまず，必要部分は正確に引用すべきであるとの指摘があった。

3 答案の評価

「優秀の水準」にあると認められる答案とは，〔設問1〕については，留め置き措置の適法性について，いかなる法的問題があるかを明確に意識し，強制処分と任意処分の区別，任意処分の限界について，法律の条文とその趣旨，基本的な判例の正確な理解を踏まえつつ，的確な法解釈論を展開した上で，具体的事実を踏まえつつ結論を導き出している答案であり，強制処分と任意処分の区別については，制約を受ける利益を適切に指摘し，また，任意処分の限界については，いわゆる捜査比例の原則の正しい理解を示しつつ，嫌疑の程度や留め置きの目的が変容していることにも注意を払いつつ，個々の事実が持つ意味の重さを丁寧に分析している答案であり，〔設問2〕については，接見指定に関する刑事訴訟法第39条第3項本文の解釈及び初回接見であることを踏まえた同項ただし書の解釈について，最高裁判例に対する理解を適切に論じ，具体的事例への適用を正しく論じられている答案であり，〔設問3〕については，伝聞法則の意義及び適用場面についての理解を示した上，要証事実に関し，二段階の認定過程をたどる場合であることを適切に分析し，当てはめを

行っている答案であり，〔設問4〕については，被告人及び弁護人には，公判前整理手続終了後における主張制限の規定が置かれておらず，新たな主張に沿った被告人の供述を当然に制限できない旨の指摘を行い，公判前整理手続の趣旨を示した上，本設問の事例における争点を正しく把握し，具体的事情を分析しながら結論を導き出している答案であるが，このように，出題の趣旨に沿った十分な論述がなされている答案は僅かであった。

「良好の基準」にあると認められる答案とは，〔設問1〕については，法解釈について想定される全ての問題点に関し一定の見解を示した上で，事例から具体的事実を一応抽出し，いわゆる捜査比例の原則の理解については正しく理解を示していたが，更に踏み込んで，強制処分と任意処分の区別に関し，制約を受ける利益の指摘が抽象的であったり，任意捜査の限界に関し，捜査比例の原則の理解は示せているものの，個々の事実が持つ重さの分析に不十分な点や物足りなさが残るような答案であり，〔設問2〕については，それぞれの問題点について論じられているが，基本的な判例の理解や事実の抽出に関し不十分な点や物足りなさが残るような答案であり，〔設問3〕については，伝聞法則の意義及び適用場面についての理解を示し，正しく結論を導き出しているが，要証事実が必ずしも明確に指摘できていないなどの物足りなさが残るような答案であり，〔設問4〕については，公判前整理手続の趣旨を示し，争点を正しく把握した上で論じられてはいるが，当てはめに際し，具体的事情の分析が不十分であったり，抽象的な検討のみで結論を導き出しているような答案である。

「一応の水準」に達していると認められる答案とは，〔設問1〕については，法解釈について一応の見解は示されているものの，具体的事実の抽出が不十分であったり，必要性，緊急性及び相当性に関連する事実を羅列するだけで具体的当てはめが不十分であるか，法解釈について十分に論じられていないものの，事例中から必要な具体的事実を抽出して一応の結論を導き出すことができていたような答案であり，〔設問2〕については，基本的な判例の理解等に不十分さが目立ったり，下線部①については，「捜査のため必要があるとき」の議論のみをし，下線部②については，「被疑者が防禦の準備をする権利を不当に制限する」かどうかの議論のみをするなど問題点の検討が不十分といえるような答案であり，〔設問3〕については，伝聞法則の意義及び適用場面についての理解を示し，一応の結論を導き出しているものの，要証事実に関する検討が極めて不十分であるような答案であり，〔設問4〕については，公判前整理手続の趣旨について触れた上，一応の結論を導き出しているが，具体的事情の分析等がほとんどできていないような答案である。

「不良の水準」にとどまると認められる答案とは，前記の水準に及ばない不良なものをいう。例えば，刑事訴訟法上の基本的な原則の意味を理解することなく機械的に暗記し，これを断片的に記述しているだけの答案や，関係条文・法原則を踏まえた法解釈を論述・展開することなく，単なる印象によって結論を導くかのような答案等，法律学に関する基本的学識と能力の欠如が露呈しているものである。例を挙げれば，〔設問1〕では，実質的には捜査の必要性のみを事実として抽出して適法とするような答案，〔設問2〕では，刑事訴訟法第39条第3項ただし書の解釈について全く触れられていないような答案，〔設問3〕では，伝聞法則の意義及び適用場面についての記述自体が不十分であったり，要証事実の理解に誤りがあるため，何らの悩みもないまま結論を導いているような答案，〔設問4〕では，公判前整理手続の趣旨に全く触れず，法律論を展開しないまま結論を導いているような答案や，そもそも公判前整理手続の趣旨・内容やそれと証拠調べ手続の違いを全く理解していないといわざるを得ないような答案がこれに当たる。

4　法科大学院教育に求めるもの

　　このような結果を踏まえると，今後の法科大学院教育においては，従前の採点実感においても指摘されてきたとおり，刑事手続を構成する各制度の趣旨・目的を基本から深くかつ正確に理解すること，重要かつ基本的な判例法理を，その射程距離を含めて正確に理解すること，これらの制度や判例法理の具体的事例に当てはめ適用できる能力を身に付けること，論理的で筋道立てた分かりやすい文章を記述する能力を培うことが強く要請される。特に，法適用に関しては，生の事実に含まれた個々の事情あるいはその複合が法規範の適用においてどのような意味を持つのかを意識的に分析・検討し，それに従って事実関係を整理できる能力の涵養が求められる。また，実務教育との有機的連携の下，通常の捜査・公判の過程を俯瞰し，刑事手続の各局面において，各当事者がどのような活動を行い，それがどのように積み重なって手続が進んでいくのか，刑事手続上の基本原則や制度がその過程の中のどのような局面で働くのか等，刑事手続を動態として理解しておくことの重要性を強調しておきたい。

第1　設問1

1　本件留め置きが，実質逮捕として，「強制の処分」（197条1項但書）にあたる場合には，逮捕令状の発付を受けてない以上，令状主義（憲法33条，199条1項）に反し違法となる。そこで，本件留め置きの強制処分性を検討する。

⑴　この点，強制処分法定主義・令状主義の趣旨は，捜査の迅速性等の利益を犠牲にしてもなお保護すべき重要な権利・利益を侵害する捜査につき，立法的・司法的コントロールを及ぼそうという点にある。そうだとすれば，「強制の処分」とは，相手方の意思に反し，重要な権利・利益を侵害する処分をいうと解するべきである。

　　そして，逮捕が強制処分とされるのは，それが被疑者の重要な移動の自由を奪うからである。そこで，実質逮捕として強制処分にあたるかは，留め置きの時間，態様，被処分者の移動の意思の有無等を考慮して，重要な移動の自由を侵害したといえるかという観点から判断すべきである。

⑵　本件留め置きは，午前11時30分からの令状請求を指示した段階の前後においてその性質を異にするといえ，これを分けて検討すべきである。

　　まず，令状請求前を検討するに，留め置きの時間は職務質問を開始してから約30分と短時間である。また，応援警察官4名が臨場しているものの，いずれもパトカー内で待機しており，甲に圧力を加えるようなことはなされていない。さらに，応援パトカーはＰらのパトカーの後方に止めており，甲車を発進させること

は何ら妨げられていない。また，甲が車を降りて歩き出した時もＰは前に立ちふさがっているものの，直接の有形力の行使はない。かかる態様からすれば行動の自由の制約は緩やかである。また，甲は「ここにいる」と述べるだけで，移動の意思を明確に示してない。そうすると，かかる段階で甲の重要な移動の自由が侵害されたということはできない。

　　次に，令状請求指示後につき検討すると，その時間はＱが令状を受けて現場に戻るまでの5時間という長時間に渡る。また，Ｐは，応援パトカーを甲車の前後各1メートルの位置に挟むように停車させており，甲車による移動を事実上不可能にしている。さらに，甲が「帰るぞ。」と言って歩きだしたときも，これを制止するのみならず，胸部及び腹部を前方に突き出しながら，甲の体を甲車運転席前まで押し戻し，「座っていなさい。」と言っており，午後4時頃にも再度同じ対応をとっている。そうすると，Ｐらは甲をして，車という特定の空間からの移動を不可能にしていると評価できる。また，請求前と異なり，甲は「帰る」と，移動の意思をはっきりと示している。そうだとすれば，請求後においては，甲の重要な移動の自由が，強度に制約されていたというべきで，実質逮捕にあたるというべきである。

⑶　したがって，令状請求後の留め置き行為は，逮捕令状なくなされた強制処分として，令状主義に反し違法である。

2　もっとも，前述のように，令状請求前後の留め置きは，職務質問に付随するという行政警察活動から，捜査に明確に移行したと評価でき

● 　出題趣旨によれば，甲を留め置いた措置の適法性に関して，強制処分と任意処分の区別が問題となるところ，本答案は，本件留め置きに関して強制処分該当性を論じることができており，適切である。

● 　強制処分と任意処分の区別について，丁寧に理由を述べつつ，判例（最決昭51.3.16／百選［第10版］〔1〕）を踏まえた判断枠組みを示すことができており，出題趣旨に合致する。

● 　出題趣旨によれば，留め置き措置に関して，①「純粋に任意捜査として行われている段階」と②「強制採尿令状の執行に向けて行われた段階」に分けて検討する考え方（東京高判平21.7.1参照）がありうるところ，本答案は，令状請求を指示した前後の段階を分けて検討している点で，実質的にこの考え方に沿うものといえる。

● 　出題趣旨によれば，強制処分該当性の判断について，①Ｐが甲の前に立ち，進路を塞いだ事実，②パトカーで甲車を挟んだ事実，③Ｐが両手を広げて甲の進路を塞ぎ，甲がＰの体に接触すると，足を踏ん張り，前に進めないよう制止した事実，④胸部及び腹部を前方に突き出しながら，甲の体を甲車運転席まで押し戻した事実等を具体的に指摘しつつ，⑤甲の態度にも着目しつつ，評価することが求められていた。本答案は，①〜⑤の事実を端的に指摘しつつ，移動の自由を侵害しないかという観点から適切な評価を加えており，出題趣旨に合致した論述である。

● 　本答案は，令状請求指示以前の本件留め置きに関して，「任意処分の

る点で，別個の行為と捉えることができる。そこで，いまだ強制処分と評価できない令状請求前の留め置きが任意処分の限界を超え違法でないかを，別途検討する。当該留め置きは，甲の移動の自由を一定程度侵害するため，警察比例の原則（１９７条１項前段参照）に鑑み，必要性・緊急性の下で，相当と認められる範囲にとどまる場合には，適法となる。

本件で，甲には目の焦点が合わないなど，覚せい剤使用者特有の様子が存在し，また覚せい剤取締法違反の前科を有している。さらに，甲の左肘内側に赤色の真新しい注射痕が存在する。そうすると，甲には，覚せい剤自己使用の嫌疑が存在するといえ，採尿手続に移行するために甲を現場に留め置く必要性が認められる。また，採尿によって覚せい剤が顕出される期間は限られているため，留め置きをなす緊急性も存在する。

他方で，留め置きの態様は，歩き出す甲の前に立ち，進路を塞ぐというものにすぎず，何ら有形力は行使されていないし，時間も３０分と短時間のものである。そうだとすれば，本件留め置きは相当なものである。

以上より，令状請求前における留め置きは，任意処分の限界を超えず，適法である。

第２　設問２

１　本件各措置は，接見指定（３９条３項）としてなされたものである。

(1)　接見指定は，「捜査のため必要があるとき」に限りなしうるとさ

れているところ，このように接見指定を限定するのは，接見交通権（３９条１項）が，被告人，被疑者の弁護人選任権（憲法３７条）という憲法上の権利の保障を実質化し，自己の防御の利益を確保する重要な権利だからである。

そこで，「捜査のため必要があるとき」とは，かかる重要な権利の犠牲を正当化できる場合，すなわち，接見を認めることで捜査に顕著な支障を生じる場合に限られるものと解するべきで，具体的には現に取調べ等をなし，または間近にこれが予定されている場合を指す。

(2)　さらに，接見指定は，「防御の準備をする権利を不当に制限するようなものであってはならない」（同条３項但書）とされる。特に，いわゆる初回接見については，外部との連絡手段が遮断されている被疑者にとって，自己の防御の利益を確保する重要な手段といえるので，むやみに制限してはならない。かかる観点から，初回接見については，弁護人と十分協議した上，できる限り早い段階で接見交通をなしうるよう配慮を尽くす必要があり，かかる配慮を欠いた場合には，「防御の準備をする権利を不当に制限」したものとして，違法となるものと解する。

以上を前提に，本件各措置を検討する。

(3)　措置①について

ア　まず，Ｔが接見を申し立てた午前９時５０分には，現に甲に対する弁解録取手続の最中であり，Ｔが希望する午前１０時３０分からのＨ警察署での接見を実現するためには，移動の所要

限界について」論じることができている点で，出題趣旨に合致する。

● 任意処分の限界の判断枠組みについて，判例（最決昭51.3.16／百選［第10版］〔1〕）に沿って明確化できている。

● 任意処分の限界を検討するに当たって，具体的な事実を摘示・評価し，妥当な結論を導いている。

● 39条３項本文の「捜査のため必要があるとき」という文言の解釈について，理由を述べた上で，判例（最大判平11.3.24／百選［第10版］〔33〕）を踏まえて自説を論述しており，出題趣旨に合致した適切な論述であるといえる。

● 39条３項ただし書（「防禦の準備をする権利を不当に制限」）の解釈について，初回接見が予定されている場合に関する判例（最判平12.6.13／百選［第10版］〔34〕）を意識しつつ，ただ規範を提示するのではなく，きちんと理由も示しており，出題趣旨に沿った説得的な論述となっている。

● 措置①が「捜査のため必要があるとき」（39Ⅲ本文）に当たることについて，具体的事実を摘示した上で

時間を考慮すると，弁解録取手続を中断する必要がある。そうすると，接見指定をしなければ，捜査に顕著な支障が生じるといえ，「捜査のため必要があるとき」にあたる。

イ　そして，指定した日時が午前１１時と上記所要時間を考慮して，接見を認めうる最短の時間であること，Ｔも「仕方ないですね。」とこれを許容していることからすれば，「防御の準備をする権利を不当に制限」するとはいえない。

ウ　以上より，措置①は，接見指定として適法である。

(4)　措置②について

ア　まず，甲は「実は，お話したいことがあります。」と自白をほのめかすような発言をしており，弁解録取手続の終了に引き続き，取調べを行う必要が生じている。実際にＳが接見指定をなしたのも，自白を得たいと考えたからである。そうすると，本件では間近に甲の取調べが予定されているといえ，「捜査のため必要があるとき」にあたる。

イ　もっとも，本件接見交通は，甲にとって初回接見にあたる。にもかかわらず，ＳはＴに対し「接見は，午後零時３０分以降に変更していただきたい。」と一方的に伝えたのみで，電話を切り，その後のＴの電話にも出ていない。そうすると，ＳはＴとの間でできるだけ早く接見をなしうるよう協議をなしたとは評価できない。また，これに先立って自ら午前１１時に接見指定を行った以上，変更が可能につき配慮を尽くすべきだったといえるのに，これを尽くしたとはいえない。したがって，上記

接見指定は，甲の「防御の準備をする権利を不当に制限する」ものといえる。

ウ　以上より，措置②は３９条３項但書に反し，違法である。

第３　設問３

１　本件証言は，「公判期日外における」乙の「供述を内容とする」ものである。そこで，伝聞証拠として証拠能力が否定されないか（３２０条１項）が問題となる。

２　この点，伝聞法則の趣旨は，供述証拠が知覚・記憶・表現・叙述の過程を経て生成されるため，各過程に誤りの介在するおそれがあり，反対尋問等によってその真実性を担保する必要があるにもかかわらず，これをなしえないため，誤判防止の観点から，その証拠能力を否定するという点にある。そうだとすれば，伝聞証拠にあたるのは，原供述の真実性を担保する必要がある場合，すなわち要証事実との関係で，原供述内容の真実性が問題となる場合をいうものと解するべきである。

３　これを本件につきみると，本件公訴事実は，甲への覚せい剤の譲渡であり，これが認められるためには，譲渡の事実のみならず，それが覚せい剤であることを認識していたことが必要である。本件で乙は，取調べにおいて「甲に風邪薬をあげたことはあるが，覚せい剤など見たこともない。」と弁解しており，かかる覚せい剤の認識を否認している。実際に本件公判前整理手続の結果，覚せい剤の認識の有無が争点(2)となっている。

そして，甲の証言に現れた乙の原供述は，Ｋ通りは「警察がよく検

適切な評価がなされている。ここでは，再現答案②のように，弁解聴取（録取）手続が刑事訴訟法上要求される手続（205Ⅰ参照）であることを指摘できると，さらに説得的な論述となった。

● 措置②が「捜査のため必要があるとき」に当たることについて，具体的事実を摘示した上，自らが定立した規範に対応した適切な当てはめがなされている。

● 措置②が「防禦の準備をする権利を不当に制限」することについて，具体的事実を摘示した上で，弁護人との協議，配慮がなされたか否かという観点から評価を加えており，適切に当てはめがなされている。

● 伝聞証拠か否かは，「要証事実」との関係で判断されることについて，伝聞法則の趣旨から端的に論述されている。

● 出題趣旨によれば，下線部③の証言が，本件の争点の１つである乙の覚せい剤の認識の有無に関するものであることを前提に，具体的な要証事実を検討した上で，乙の発言内容の真実性が問題となっているかどうかを論じることが求められている。本答案では，公判前整理手続の結果

問をしているから，遠回りでもL通りから帰れよ。」と警察との接触を避けたい意思を窺わせるもので，また，「お前が捕まったら，俺も刑務所行きだから」と，警察と接触すると逮捕に至る可能性があることの認識を示している。そうすると，かかる乙の供述からは，甲に渡した物が逮捕に繋がるような禁制品であること，すなわち覚せい剤であることを認識していたものと合理的に推認することができる。

そうだとすると，乙の原供述は，その存在自体が，上記争点(2)の，覚せい剤であることの乙の認識を推認することができ，したがって，甲の証言の要証事実は，乙の当該供述の存在ということができる。そうすると，本件では原供述の内容の真実性が問題となるとはいえない。

4 以上より，本件甲の証言は伝聞証拠にあたらず，証拠能力は認められる。

第4 設問4

1 295条1項は，訴訟関係人のする「尋問」が「相当でないとき」に，これを制限することを許容している。その趣旨は，迅速かつ充実した証拠調べを実現するために，これを阻害するような尋問の排除を許容する点にある。そして，公判前整理手続は，争点，証拠整理を通じて審理の充実化，迅速化を図る趣旨の制度であり，前記尋問制限の趣旨と軌を一にする。そうだとすれば，公判前整理手続において整理された争点と異なる尋問を行うことは，「相当でないとき」にあたるというべきである。

他方で，同項は「訴訟関係人の本質的な権利を害」する場合には，

● に着目しつつ，下線部③の甲の証言から何を推認することができるかについて論理的に検討を加え，乙の原供述の存在自体から乙の覚せい剤の認識を推認できるとしている点で，出題趣旨に沿う適切な論述といえる。

● 要証事実は「乙の当該供述の存在」ではなく，「乙に覚せい剤であるとの認識があったこと」である。

● 「公判前整理手続の趣旨」を正しく論述した上で，「被告人質問を制限できる場合に関する自説」を論じている点で，出題趣旨に沿う論述といえる。なお，「公判前整理手続終了後における主張制限の規定が置かれておらず，新たな主張に沿った被告人の供述を当然に制限することはできない」という点を指摘できると良かった。

尋問制限をなしえないと規定する。その趣旨は，被告人の防御の利益を，審理の迅速性，充実性という利益よりも優先させる点にある。そこで，当該尋問事項の内容が，被告人の防御をなす上で重要なものといえる場合には，例外的に尋問制限は許されないものと解する。

2 本件につきみると，確かに，公判前整理手続において，裁判所からアリバイ主張の具体化の求釈明を受け，乙及び弁護人Uは，「平成27年6月28日は，終日，丙方にいた。」と釈明している。その結果として，「乙方において」覚せい剤の授受があったかが争点として整理されており，犯行当日の被告人の所在地，特に釈明の内容である「丙方にいた」か否かが争点化されているものと評価できる。そうすると，「戊方にいた」かというUの尋問は，「相当でない」ものといえる。

しかし，覚せい剤の授受自体を否定している本件では，アリバイの主張は，防御活動の上で非常に重要な意義を有する。したがって，「戊方にいた」という乙の供述内容は，被告人の防御上重要なものといえる。

3 以上より，本件尋問を制限することは，被告人の「本質的な権利を害」し許されない。

以 上

● 本答案で定立された規範は，判例（最決平27.5.25／百選［第10版］〔57〕）の規範とは異なるものであるが，出題趣旨は，「同決定を踏まえた論述まで求めるものではない」としており，趣旨に基づいて論理的に一貫した妥当な規範を定立することができれば，本答案のように十分に高い評価が与えられたものと考えられる。

● 判例（最決平27.5.25／百選［第10版］〔57〕）においては，主張制限の可否の判断に関して，新たな主張に係る事項の重要性等についても踏まえるべきことが示されていた。本答案は，アリバイ主張の防御上の重要性をも考慮して結論を導いている点で，適切である。

〔設問1〕
1(1) 本問の留め置きは，逮捕として「強制の処分」（刑事訴訟法（以下，法律名省略）197条1項ただし書）に当たり，令状なく行われているため違法とならないか。
(2) 強制処分とは，強制処分法定主義及び令状主義という厳格な手続に付されていることとの均衡から，相手方の明示または黙示の意思に反し，重要な権利利益を実質的に侵害する処分をいうと考える。
(3) 本問の留め置きによって，甲の移動の自由が制約されている。
たしかに，留め置きが令状請求段階に至るまでは，甲は一応はPの指示に従って自己の意思でその場にとどまっているから，甲の意に反するとはいえない。しかし，令状請求後は，甲は弁護士の助言を受け，もはやPの指示に従う意思を見せておらず，意に反して留め置かれている。
もっとも，甲はその場に5時間以上の長時間留め置かれたとはいえ，留め置きに際して甲の身体を直接拘束することはなく，立ち去ることが不可能な状況に置いたとはいえず，重要な権利を実質的に侵害したとはいえない。
よって，強制処分にあたらない。
2(1) 任意捜査（197条1項本文）にあたるとしても，警察比例の原則から，捜査の必要性，緊急性を考慮して具体的状況のもとで相当でなければ違法となると考える。
(2) 甲は，意味不明な言動や，目の焦点が合わず異常な量の汗を流すなど，覚せい剤使用者特有の症状が見られたことから，覚せい剤使

用および所持の疑いが強く認められた。また，覚せい剤使用・所持の罪は10年以下の懲役が定められた重い罪である。そして，覚せい剤を使用してから時間がたてば，尿から覚せい剤の成分が検出できなくなり，使用した証拠を得られなくなる。これらのことから，甲を説得して，その場から立ち去らないようにしつつ尿の任意提出を求めることの必要性・緊急性が高いといえる。
かかる緊急性の高さに照らせば，令状請求段階に至る前に，任意同行および尿の任意提出をなんらの有形力を行使することなく，言葉で説得することは，具体的状況のもとで相当といえる。
次に，令状請求段階に至っては，令状執行の実効性確保のため，令状請求段階に至る前の段階よりも強く任意同行を求めることが可能となる。
本問では，パトカー2台で甲車を挟むように停車させ，かつ警察官4名を甲車の周囲に立たせ，完全に発進できないようにしている。また，甲が弁護士の助言を受け，明確に任意同行には協力しない意思を示して甲車を出ようとしている甲を，体当たりをする形で，手は使っていないものの有形力を行使して無理やり甲を車内に押し戻している。そして，交通渋滞のために長引いたとはいえ，留め置きは合計で5時間以上にもわたっている。
これらの事情からすれば，上記の必要性・緊急性を考慮しても具体的状況のもとで相当とはいえない。
よって，違法である。
〔設問2〕

● 出題趣旨によれば，強制処分と任意処分の区別，任意処分の限界について検討することが求められているところ，本答案では，それぞれの判断枠組みを示し，適切な手順で検討がなされている。

● 出題趣旨によれば，強制処分と任意処分の区別に関して，①Pが進路を塞いだ事実，②パトカーで甲車を挟んだ事実，③Pが前に進めないよう制止した事実，④Pが甲の体を甲車運転席まで押し戻した事実等を具体的に指摘し，甲の態度にも着目しつつ評価することが求められている。本答案では，甲の態度を指摘している点は良いが，上記事実を指摘せずに評価しているため，説得力に乏しい論述となっている。
また，本答案は，強制処分に当たるかどうかの検討において，本件留め置きは「立ち去ることが不可能な状況に置いたとはいえ」ないとしているが，任意処分の限界の検討においては，これと一見して矛盾するような当てはめ（「完全に発進できないようにしている」「無理やり甲を車内に押し戻している」など）を行っており，注意する必要がある。

● 令状請求後における必要性・相当性について，「令状執行の実効性確保のため，令状請求段階に至る前の段階よりも強く任意同行を求めることが可能となる」との論述は，出題趣旨の「捜索差押許可状等の請求準備を行っているところ，このような嫌疑の高まり等に応じ，当該捜査手段を用いる必要の程度が変化すれば，相当と認められ得る留め置きの態様も変化することとなる」という点を踏まえた論述といえる。

1　下線部①について
　(1)　下線部①の措置は接見指定（39条3項本文）にあたる。これ
　　は，「捜査のために必要がある」ためになされたといえるか。
　(2)　弁護人との接見交通権は，憲法上の権利（34条1項）に由来す
　　る重要な権利であることから，接見指定は，弁護人と捜査側との間
　　で一つしかない被疑者ないし被告人の身体の利用について競合が生
　　じたときの調整規定に過ぎないと考える。そこで，「捜査のために
　　必要があるとき」とは，取調べの中断等により捜査に顕著な支障が
　　生ずる場合をいう。
　(3)　Tが接見の申出をしたとき，甲は弁解録取の最中であった。弁解
　　録取は，検察官が被疑者を受け取った後必ず取らなければならない
　　手続であり（205条1項），接見を認めるとこれが遅れてしまう
　　状況にあった。
　　　したがって，捜査に顕著な支障が生ずる場合といえ，「捜査の
　　ために必要があるとき」にあたる。
　(4)　次に，本問の接見指定が被疑者の防御権を「不当に制限するよう
　　なもの」（39条3項ただし書き）に当たるかを検討する。
　　　本問では，弁解録取と移動にかかる時間を考慮して最も早い時
　　間に接見指定をしているから，これにあたらない。
　　　よって，適法である。
2　下線部②について
　(1)　これについても，「捜査のために必要があるとき」に当たるかが
　　問題となる。

● 「捜査のため必要があるとき」（39
Ⅲ本文）の意義について，出題趣旨
記載の判例（最大判平11.3.24／百
選［第10版］〔33〕）に従って論述
されている。

● 刑事訴訟法上，弁解聴取（録取）
手続が要求されていること，及び甲
は弁解聴取（録取）手続の最中であっ
たことを指摘し，接見を認めると捜
査に顕著な支障が生じることを説得
的に論じられている。

● 防御権の不当な制限について，本
件が初回接見の事例（最判平
12.6.13／百選［第10版］〔34〕）
であることが捉えられていないた
め，適切な規範定立及び当てはめを
示すことができていない。

　(2)　取調べは，弁解録取と異なり，検察官送致後直ぐに行わなければ
　　ならないものではない。また，Tが接見の申出をしたときには取調
　　べの予定は入っていなかった。
　　　そして，本問の状況で元の時間通りの接見を認めれば，甲がT
　　からの助言を得て否認または黙秘に転じる可能性があるが，供述
　　の自由や黙秘権は被疑者の権利であるから，これが行使されるこ
　　とを捜査への支障ととらえることは不当である。
　　　よって，捜査に顕著な支障が生ずるとはいえず，接見指定は違
　　法である。
〔設問3〕
1　本問の証言は，「公判期日外における他の者の供述を内容とする供
　述」（320条1項）にあたり，証拠能力が否定されるのではない
　か。
2　伝聞法則の趣旨は，供述証拠は知覚・記憶・叙述の過程を経て証拠
　化されるところ，その各過程に誤りが生じやすいが，伝聞証拠の場
　合，反対尋問等によってその正確性を吟味することができないため，
　証拠排除する点にある。
　　そこで，伝聞証拠とは，公判期日外の供述を内容とする証拠のう
　ち，要証事実との関係でその内容の真実性の立証に用いられる証拠を
　いうと考える。
3　要証事実とは，その証拠が証明していると見ざるを得ない事実をい
　う。
　　本問では，まず乙が甲に覚せい剤を譲り渡したかが争点となってい

● 判例（前掲最大判平11.3.24）は，
間近い時に取調べ等をする確実な予
定がある場合も，原則として「捜査
に顕著な支障が生ずる場合」に当た
るとしている。そのため，下線部②
時点において，Sは，甲の自白を得
るために，間近い時に甲の取調べを
確実に予定していたといえるから，
「捜査に顕著な支障が生ずる場合」
に当たると考えられる。したがって，
下線部②のSの措置の適法性につい
ては，その接見指定の方法が「被疑
者が防禦の準備をする権利を不当に
制限する」（39Ⅲただし書）といえ
ないかを，具体的事実（初回接見で
あることや，Tとの協議により，一
旦決定した接見時間を一方的に変更
していること等）を摘示しつつ検討
すべきであった（再現答案①参照）。

● 伝聞法則の趣旨と，伝聞証拠の意
義を端的に論述することができてい
る。

る。そして，下線部③の発言から，乙が甲に渡したものは，警察に見つかると捕まってしまうもの，すなわち覚せい剤等の法禁物であることが推認できる。したがって，要証事実として，「乙が甲に覚せい剤を譲り渡したこと」が想定される。

次に，本問では，乙が甲に覚せい剤を譲り渡すときにそれが覚せい剤であると認識していたかも争点となっている。そして，下線部③の発言から，乙は，自らが甲に渡したものが警察に見つかると捕まってしまうもの，すなわち法禁物であることを認識していたと推認できる。したがって，要証事実としては「乙には覚せい剤であることの認識があったこと」が想定される。

4　上記の要証事実からすると，いずれの場合も，乙の発言内容の真実性は問題とならず，乙がそのように発言したこと自体をもって，立証することができる。したがって，下線部③の証言は伝聞証拠にあたらず，証拠能力が認められる。

〔設問4〕

1　本問の状況において，295条1項によって制限される質問および証言とは，いかなるものか。

2　公判前整理手続の趣旨は，計画的かつ迅速な審理の実現にある（316条の2第1項）。そこで，公判前整理手続に付された事件の公判において，かかる趣旨を没却するような質問及び証言をすることは，「その他相当でないとき」（295条1項）にあたり制限されると考える。

3　たしかに，平成27年6月28日に，乙が戊方にいたという証言

● 出題趣旨によれば，下線部③の証言は，「乙に，覚せい剤であるとの認識があったか」という争点に関するものである。本答案のように，要証事実を正確に把握せず，問題文に示された争点を網羅的に要証事実とすると，論理的に無理が生じてしまう。

は，公判前整理手続ではなされておらず，乙は丙方にいたとの発言がなされていた。

もっとも，公判前整理手続で丙方にいたとの発言がなされたとはいえ，その場所がJ県内であるとは述べられたが，それ以外の事実は明らかにされておらず，丙という名前が本名なのか，丙方で何をしていたのかは明らかにされていなかった。そして，争点整理の結果も，甲が平成27年6月28日に乙方にいて覚せい剤を乙が譲り渡したかというように争点が設定されていた。

上記の事実からすれば，検察官としては，甲が平成27年6月28日にJ県内の何者かの家にいたというアリバイがないことについて捜査を尽くすことになり，それがのちに戊方であるというように証言が変更されたとしても，捜査の対象に変化はなく，計画的かつ迅速な審理の実現を害することはない。

4　よって，「その他相当でないとき」にはあたらないから，制限できない。

以　上

● 本答案は，公判前整理手続の趣旨から自分なりの規範を立てることができており，「公判前整理手続の趣旨に遡り，被告人質問を制限できる場合に関する自説を論じ」ることを求める出題趣旨に合致する。もっとも，出題趣旨によれば，被告人・弁護人には，公判前整理手続終了後における主張制限の規定がなく，新たな主張に沿った被告人の供述を当然に制限できない点に留意することが求められており，この点について指摘できると，より丁寧であった。

● 自説を踏まえて，「本設問における公判前整理手続の経過及び結果並びに乙が公判期日で供述しようとした内容を抽出・指摘しながら，当てはめを行う」ことができている。この点について，被告人の新たなアリバイ主張の重要性についても考慮できると，さらに高く評価されたものと思われる。

▶ **MEMO**

第1　設問1（以下，特記なき限り条文は刑事訴訟法）
1　事例2記載の留め置き行為について
(1)　Pは甲に対して職務質問をしているところ，甲はエンジンの空吹かしを繰り返しながら大声で意味不明な言葉を発していたこと，目の焦点が合わず異常な量の汗を流していたことから，「合理的に判断して何らかの犯罪を犯し」たと「疑うに足りる相当な理由のある者」（警察官職務執行法（以下，「警職法」という）2条1項）といえ，職務質問を開始したことは適法である。
(2)　もっとも，警職法2条3項により「身柄を拘束」していたといえる場合には違法となる。そこで，実質的に甲を逮捕していたといえるかが問題となる。
　ア　この点について，実質的に対象者の意思を制圧するに足りる状況があるといえる場合には，実質逮捕があったといえ，「身柄を拘束」していたこととなり違法になると解する。
　イ　本件において，午前11時15分及び20分，25分に甲車を降りて歩き出そうとした甲に対し，Pは「どこに行くのですか。」といって進路を塞いだに過ぎず，積極的に有形力を行使したわけではない。また，2台のパトカーは甲車を囲んでおらず，甲車を発車させることは可能であった。
　ウ　よって，実質的に対象者の意思を制圧するに足りる状況があったとはいえず，「身柄を拘束」していたとはいえない。
(3)　もっとも，行政警察活動たる職務質問であっても人権侵害の可能性があるため，捜査比例の原則を及ぼし，必要性を考慮した上で相

当と認められる限りにおいて適法になると解する。
　本件において，甲は覚せい剤の使用及び所持の疑いがあったところ，覚せい剤使用罪及び同所持罪は10年以下の懲役となる重大犯罪（覚せい剤取締法41条の2，41条の3第1号）であり，Pらの留め置き行為に必要性が認められる。また，Pらは甲の進路を塞いだに過ぎず，Pの移動の自由への制約は軽微であったことを考えると相当性も認められる。
(4)　以上より，上記留め置き行為は適法である。
2　事例3記載の留め置き行為について
(1)　「身柄を拘束」していたといえるか，前述の基準で判断する。
(2)　本件において，Pらは甲車の前後各1メートルの位置にパトカーを停車させ，甲車が容易に移動できないようにしていた。また，午前11時30分には歩き出した甲に対してPは両手を広げて進路を塞ぎ，足を踏ん張って前に進めないように制止し，午後1時及び午後4時には胸部と腹部を前に突き出しながら甲の体を運転席前まで押し戻し「座ってなさい」と言っている。以上を総合すると，甲は車を発車することもその場から離れることも制圧されていたといえ，意思を制圧するに足りる状況があったといえる。
(3)　よって，「身柄を拘束」していたといえるので，上記留め置き措置は違法である。
第2　設問2
1　①の措置の適法性について
(1)　Tは甲の妻から依頼を受けており，「弁護人を選任することがで

●　設問1は「【事例】中の2及び3に記載されている……措置の適法性」を問うているのであり，適法であることが明らかな事例1の職務質問の適法性を検討することに意味はない。

●　仮に，事例2記載の留め置き行為を行政警察活動と考えた場合には，本答案のように，事例2記載の留め置き行為が警職法2条3項の「身柄を拘束」に当たるかを検討し，「身柄を拘束」するものでなくても，警察比例の原則（警職法1Ⅱ）に従い，適法性を判断する考え方もありうる。
　しかし，本件留め置き行為の適法性については，「強制処分と任意処分の区別，任意処分の限界」（出題趣旨参照）が問題となり，本件留め置き行為が司法警察活動であることを前提に，刑訴法197条1項の解釈問題として論じることが想定されていた。

●　事実摘示が極めて少ないため，説得的な論述とはいえない。

●　本答案は，設問1について，終始，警職法における職務質問の限界として論じているが，先のコメントのとおり，本件留め置き行為は司法警察活動であることを前提として良いから，ここでも，刑訴法上の強制処分（197Ⅰただし書）と任意処分の区別について論じるべきであった。

●　事実摘示はできているが，個々のPらの措置や甲の態度への評価が加えられていない。また，当てはめにおける「以上を総合すると」といった論述では，論理展開や思考過程を論述したことにならず，どうしてその結論に至ったのかが不明確である

きる者の依頼により弁護人になろうとする者」（３９条１項）にあたるところ，Ｔの接見申出に対してＳは接見指定（同条３項）を行っている。そこで，「捜査のため必要があるとき」にあたるかが問題となる。

(2) この点について，接見交通権が憲法３４条の弁護人依頼権に由来する重要な権利であることから，「捜査のため必要があるとき」とは現に取調中であるときとか，実況見分に立ち会わせる必要があるとき等，捜査の中断による支障が顕著であるときに限られると解する。

(3) 本件において，Ｓは午前９時４５分から弁解録取手続を開始しており，移動時間も考えると午前１０時３０分からのＴの接見申出を認めるためには弁解録取終了の予定を２０分早める必要があったといえ，中断による支障が顕著であったといえる。

(4) よって，「捜査のために必要があるとき」にあたり，①の措置は適法である。

2 ②の措置の適法性について

(1) 確かに，Ｓは甲が自白しようか迷っていると察したことからこの機会に自白を得たいと考えて１２時まで取調べを延長した以上，「捜査のために必要があるとき」にあたり，②の措置は適法であるとも思える。

(2) もっとも，Ｔからの接見申出は初回接見であるところ，接見を１１時から認めると一度指定した以上，再度接見指定を行って延期させるのは違法とならないかが問題となる。

この点について，初回接見は弁護活動の端緒となるものであり，被疑者の心理的不安の解消，今後の弁護方針の決定を目的とする重要なものである。かかる初回接見の重要性に鑑みれば，初回接見の申出を受けた捜査機関は，たとえ取調中であってもその前後において接見を認めることができないか確認し，それが可能である場合には初回接見を認める旨を約束する必要がある。そして，一度接見指定により初回接見を認めた以上は，再度接見指定により延期させることは許されないと解する。

(3) よって，②の措置は違法である。

第3 設問3

1 ③の証言は乙の犯人性という刑罰権の存否を画する事実についての証明に用いられるものであり，厳格な証明（３１７条）が必要とされる。もっとも，伝聞証拠にあたる場合には法律的関連性が否定されるため証拠能力が認められないのが原則である（３２０条）。そこで，伝聞証拠の意義が問題となる。

2 この点について，伝聞証拠禁止の趣旨は，供述証拠は知覚・記憶・叙述の過程を経て証拠化されるところ，各過程には誤りが生じるおそれがあり，反対尋問で排除する必要があるにもかかわらず伝聞証拠はそれがなし得ないことにある。そこで，伝聞証拠とは，公判廷外の供述であって，その内容の真実性の立証のために用いられる証拠をいい，その判断は要証事実との関係で相対的に決まると解する。

3 本件において，平成２７年６月２８日に乙方において乙が甲に覚せい剤を譲り渡したか，その際乙に覚せい剤であるとの認識があったか

ため，避けなければならない。

● 判例（最大判平11.3.24／百選［第10版］〔33〕）を意識した39条の趣旨，及び「捜査のため必要があるとき」の規範を論述できている点は，出題趣旨に合致する。

● 出題趣旨によれば，「被疑者が防禦の準備をする権利を不当に制限する」（39Ⅲただし書）かどうかについて，判例（最判平12.6.13／百選［第10版］〔34〕）の判断構造に留意しつつ検討することが求められていたが，本答案は，この点を検討できていない。

● 判例（前掲最判平12.6.13）を意識した論述をしているが，39条3項本文（接見指定の要件）と39条3項ただし書（接見指定の要件が充足された場合の接見指定の内容）の区別が曖昧となっている。下線部②のＳの接見指定については，「被疑者が防禦の準備をする権利を不当に制限する」（39Ⅲただし書）ものであるかどうかを論じるべきであった（再現答案①，及び再現答案②コメント参照）。
また，本答案は「一度接見指定により初回接見を認めた以上，再度接見指定により延期させることは許されない」としているが，その理論的根拠が明らかではなく，説得的ではない。

● 伝聞法則の趣旨と，伝聞証拠の意義を端的に論述することができている。

● 出題趣旨によれば，下線部③の証言は，「乙に，覚せい剤であるとの

が争点となっていることからすれば，証言③における要証事実は乙に覚せい剤であるとの認識があった事実である。そして，証言③は乙が警察を警戒していることを示すものであり，その発言自体を間接事実として乙に覚せい剤であるとの認識があった事実を推認することができる。

よって，内容の真実性は問題とならず，証言③は伝聞証拠にあたらない。

4　以上より，証言③の証拠能力は認められる。

第4　設問4

1　④の質問及びこれに対する乙の供述について，295条1項により制限することができるか。「その他相当でないとき」にあたるかが問題となる。

この点について，同項が裁判長による尋問の制限を認めた趣旨は，訴訟経済の観点から妥当でない場合に裁判長による訴訟進行権に基づく裁量を尊重する点にある。もっとも，人権保障は訴訟経済に優先されるべきであるから，その裁量権の行使にあたっては具体的な妥当性を考慮する必要がある。また，公判前整理手続における供述と矛盾する内容であったとしても「やむを得ない事由」（316条の32第1項参照）による場合には訴訟経済の要請を後退させるべきである。

2　本件の公判前整理手続において，確かにアリバイ主張について求釈明（刑事訴訟法規則208条）を受け，「平成27年6月28日は，終日，丙方にいた」と述べている以上，同日に戊方にいたことを前提とする④の質問は矛盾する。しかし，本件においては，同日に乙が乙

● 本答案が下線部③の証言の要証事実を「乙に覚せい剤であるとの認識があった事実」としている点は，出題趣旨に合致する。

● 前提として，公判前整理手続終了後における被告人・弁護人の主張を制限する規定はないことを指摘できると良い。

● 295条1項の趣旨を検討し，公判前整理手続に関する条文も引用して自分なりに規範定立を行った点は，「公判前整理手続の趣旨に遡り，被告人質問を制限できる場合に関する自説を論じ」ることを求める出題趣旨に沿う。

方にいたかどうかが問題なのであって，丙方にいた場合でも戊方にいた場合でも同様にアリバイは成立する。また，公判前整理手続では丙方の「場所は，J県内であるが，それ以外は覚えていない。『丙』が本名かは分からない。」と述べているところ，戊方はJ県内にあることで一致している。さらに，公判前整理手続において戊方にいたことを主張できなかった理由は，期日後に戊から手紙が届いたことでようやく思い出したからであり，やむを得ないといえる。そして，質問④により，戊方で見ていたと主張するテレビ番組の放送時間と照らし合わせて，見ることが可能であった場合には乙のアリバイ主張の信用性が増すといえる。

3　よって，質問④及びこれに対する乙の供述は「その他相当でないとき」にはあたらず，制限することはできない。

以　上

● 本答案は，「乙が乙方にいたかどうかが問題なのであって，丙方にいた場合でも戊方にいた場合でも同様にアリバイは成立する」として，アリバイ主張の内容を具体的に論述することができている上，「公判前整理手続において戊方にいたことを主張できなかった理由は，期日後に戊から手紙が届いたことでようやく思い出したからであり，やむを得ない」として，アリバイ主張の経緯をも具体的に検討できており，「本設問における公判前整理手続の経過及び結果並びに乙が公判期日で供述しようとした内容を抽出・指摘しながら，当てはめを行う」ことを求める出題趣旨に合致する。

▶ **MEMO**

第1　設問1
1　Pらの11時25分までの3度の留め置き行為について
(1)　覚せい剤使用者特有の様子が見られ，覚せい剤取締法違反の前科もある甲には，覚せい剤使用所持を疑う「相当な理由」（警察官職務執行法（以下「警職法」と略記する）2条1項）がある。そこで，Pらの留め置き行為が2条1項の職務質問のための停止行為として適法か。
(2)　警職法上の職務質問においては，刑事訴訟法（以下法律名省略）上の強制の処分にあたる行為をすることはできず（警職法2条3項），任意処分の範囲でのみ警察比例の原則に従って行うことができる（警職法1条2項）。この任意処分の適法性については，手段の必要性と緊急性をもとに，具体的事情に照らしての相当性が認められる限度かによって判断する。
(3)　本件では，Pらは，異常な発汗の様子から覚せい剤使用の疑いのある甲は採尿検査を受ける必要があるから，それを説得するために甲の進路を一時的にふさいだに過ぎず，停止行為として相当性があるから，適法である。
2　Pらの11時30分以後の留め置き行為について
(1)　11時30分以後，Pらは甲車に注射器を発見し，採尿のための捜索差押許可状を請求しており，捜査への移行の準備として留め置きを行っているが，犯罪捜査として適用される197条の「必要な」処分にあたり，適法かどうかも警察比例の原則から1と同様の枠組みで判断する。

(2)　本件では，注射器が車内で発見され，自ら献血に使った注射器を持っていると甲が不合理な弁明をすることから，強制処分としての採尿が可能であるとPらは判断している。任意の捜査がより重要な強制処分の必要性を判断する段階で行われるものでもあり，このあと強制処分に踏み切ると判断したPらが甲を留め置くことには，一段と強い必要性がある。そこで，相当強い程度の説得であっても，「必要な」処分としての限度を超えないと考えられる。Pらは，甲の身体を押し戻して車にとどめる行為を午後4時まで行っている。しかも，この留置きは5時間という長時間に及ぶが，本来であればすでに請求していた令状が届く時間であったものが交通渋滞のために時間を要したという特殊な事情のためであるから，やむを得ないというべきであり，相当性は否定されない。よって，Pらの行為は適法である。
第2　設問2
1　下線部1の措置の適法性
(1)　Sは，Tに接見時間を11時からと指定した。これは，39条3項の指定として適法か，「捜査のために必要があるとき」にあたるかを検討する。
(2)　弁護人による被疑者との接見は，憲法34条の弁護人選任権に由来する権利であるから，これを制約する接見指定の要件は厳格に理解すべきであって，「捜査のために必要があるとき」は，身柄拘束の時間制約に配慮して被疑者の身体そのものを利用して捜査を行う取調べ等を行う必要のある場合に限定される。本件では，1の指定

● 本答案は，事例2記載の留め置き行為を行政警察活動として捉えた上で，職務質問の限界を超えるものかどうかを検討しているが，ここでは，事例2記載の留め置き行為が司法警察活動であることを前提とした上で，「強制処分と任意処分の区別，任意処分の限界」を論述すべきであった（再現答案③コメント参照）。また，本答案は，本件留め置き行為が強制処分に当たるかどうかについて全く検討しておらず，不適切である。

● 本件留め置きが，純粋に任意捜査として行われている段階と，強制採尿令状の執行に向けて行われた段階からなっていることに留意して検討している点は，出題趣旨における裁判例（東京高判平21.7.1）に沿う論述であるが，まずは，強制処分に当たるかどうかについて検討する必要がある。

● 必要性について，出題趣旨（「Pらが甲の尿を差し押さえるべき物とする捜索差押許可状等の請求準備を行っている」）を踏まえて，本件留め置きの必要性の程度を検討できている。

● 相当性について，パトカーで甲車を挟んだ事実や，甲の進路を塞ぎ前に進めないよう制止する行為を繰り返した事実等を摘示・評価できていない。

● 判例（最大判平11.3.24／百選［第10版］〔33〕）を踏まえつつ自説を論じようとしているが，「捜査に顕著な支障」という判例の核となる規範を論述できていないため，判例を

はSがすでに甲から弁解録取をし始めている時点で「捜査のために必要があるとき」にあたる。また、所要時間３０分と移動時間を考慮して１１時という時刻に指定したことは権利の「不当に制限」（３９条３項但書）にもあたらない。よって、１の措置は適法である。

2　下線部２の措置の適法性

(1)　これに対し、２の措置は予定通り弁解録取を終えた後に甲が自白をするかもしれないことを考慮して急遽Sが指定を遅らせたものである。このような指定は権利の「不当に制限」とならないか。

(2)　Tは弁護人として初めて甲と接見するものである。このような初回接見は弁護人選任と黙秘権等の助言をするために特に重要な機会であるから、接見の申出があれば検察官はできるだけ近接した時間に接見を認めるべきである。にもかかわらず、検察官は甲が自白をしかけているから取調べを続けようとして接見を遅らせている。弁護人の初回接見は、まさにこのような状況で被疑者が安易に自白することを防ぐために必要なものであり、これを認めることは防御のための権利を「不当に制限」するものといえ、接見指定は違法である。

第3　設問3

1　下線部３の証拠能力は、下線部３が伝聞証拠であれば伝聞例外に当たらないかぎり認められない（３２０条以下参照）。そこで、伝聞証拠の意義を検討する。

そもそも伝聞法則の趣旨は、供述証拠が表出するまでには知覚・記

憶・叙述のプロセスを経るため、誤りの可能性が高く、公判廷において信用性をテストすることを原則とするものである。そこで、伝聞証拠は、公判期日外の供述証拠であってその内容の真実性が要証事実との関係で問題となるものをいう。

2　本件では、下線部３の供述は乙の発言を内容とする甲の供述であるから、乙の発言について伝聞性の有無が問題となるであろう。ここで、下線部３の供述内容が本件の裁判の争点との関係で意味をもつのは、乙が甲に渡したものが違法のものであるということを乙が認識していたという事実である。これは、乙が甲に渡したものが具体的には覚せい剤であったということを認識していたと推認させると考えることができる。そうすると、要証事実は乙の精神状態そのものである。

そして、発言者の精神状態そのものに関する供述は、伝聞法則の趣旨にいう知覚記憶のプロセスを経ないものであるから、伝聞法則の適用を受けず、これに証拠能力を認めることができるとされる。よって、本件でも、乙の精神状態を要証事実とする下線部３の供述は伝聞性が問題とならないと考える。

第4　設問4

1　下線部４の質問は、２９５条１項の「相当でないとき」にあたり、制限されないか検討する。

2　３１６条の３２第１項は、公判前整理手続において請求しなかった証拠について証拠調べ請求ができないとするから、これを根拠に下線部４の質問を「相当でない」とすることが考えられる。

しかし、本件では争点となっていた乙のアリバイ主張について詳し

正しく理解できていないのではないか、との疑念を抱かせる論述となってしまっている。

● 　下線部②については、まず「捜査のため必要があるとき」に該当するのかについて、具体的な当てはめを行う必要がある。

● 　３９条３項ただし書の解釈について、判例（最判平12.6.13／百選［第10版］〔34〕）は、「弁護人となろうとする者と協議して、……捜査に顕著な支障が生じるのを避けることが可能かどうかを検討し、これが可能なときは、……即時又は近接した時点での接見を認めるようにすべき」としているところ、本答案は、判例の規範が正確に提示できていないため、再現答案①のような具体的な検討ができていない。

● 　要証事実の設定について、証人尋問の内容に照らせば、本設問において問題となっているのは、乙に覚せい剤であるとの認識があったか、という点であるとする出題趣旨に沿う論述ができている。この点、本答案は、「要証事実は乙の精神状態そのもの」としているところ、精神状態の供述については、まず供述内容である精神状態の真実性が問題となる点で、伝聞供述と同じであることを指摘する必要があるが、本答案は指摘できていない。もっとも、精神状態の供述を非伝聞として扱う理由については、適切な説明がなされている。

● 　出題趣旨によれば、「公判前整理手続の趣旨に遡り、被告人質問を制限できる場合に関する自説を論じた上、本設問における公判前整理手続の経過及び結果並びに乙が公判期日で供述しようとした内容を抽出・指

く明らかにできなかったものが，第1回の公判期日後になって乙がはじめて所在を思い出したというのであるから，請求できなかった「やむを得ない事由」があり，質問を制限できない。

以　上

摘しながら，当てはめを行う」ことが求められていた。本答案は，公判前整理手続の趣旨を意識できていないのみならず，公判前整理手続の経過・結果をも踏まえることができておらず，出題趣旨にほとんど応えることができていない。

平成29年

[刑事系科目]

〔**第2問**〕（配点：１００）

次の【事例】を読んで，後記〔**設問１**〕及び〔**設問２**〕に答えなさい。

【事　例】

1　平成２８年９月１日に覚せい剤取締法違反（所持）により逮捕されたＡは，同月４日，司法警察員Ｐの取調べにおいて，「所持していた覚せい剤は，逮捕される３日前の夜，Ｈ県Ｉ市Ｊ町の路上で，甲から買ったものである。」旨供述した。Ｐが甲について捜査したところ，甲は，覚せい剤取締法違反の前科３犯を有する者であり，現在，Ｈ県Ｉ市Ｊ町○丁目△番地所在のＫマンション１０１号室（以下「甲方」という。）を賃借し，居住していることが判明した。また，Ａ以外にも，その頃，覚せい剤取締法違反（所持）で逮捕された複数の者が，覚せい剤を甲から買った旨供述していることも判明した。そこで，Ｐが，司法警察員Ｑらに，甲方への人の出入り及び甲の行動を確認させたところ，甲方には，甲とその内妻乙が居住しているほか，丙が頻繁に出入りしていること，甲が，Ｋマンション周辺の路上で，複数の氏名不詳者に茶封筒を交付し，これと引換えに現金を受領するという行為を繰り返していることが判明した。

これらの事情から，Ｐは，甲が自宅を拠点に覚せい剤を密売しているとの疑いを強め，覚せい剤密売の全容を解明するためには甲方の捜索差押えを実施する必要があると考えた。Ｐは，同月１５日，Ｈ地方裁判所裁判官に対し，甲に対する覚せい剤取締法違反（Ａに対する営利目的の譲渡）の被疑事実で甲方の捜索差押許可状の発付を請求した。Ｈ地方裁判所裁判官は，同日，捜索すべき場所を「甲方」とし，差し押さえるべき物を「本件に関連する覚せい剤，電子秤，茶封筒，ビニール袋，注射器，手帳，ノート，メモ，通帳，携帯電話機」とする捜索差押許可状を発付した。

Ｐは，Ｑから，甲が玄関のドアチェーンを掛けたまま郵便配達員に応対していたとの報告を受け，甲方の捜索の際，呼び鈴を鳴らしてドアを開けさせることができたとしても，ドアチェーンが掛かったままの可能性が高く，その場合，玄関から室内に入るのに時間が掛かり，甲らが証拠隠滅を図るおそれが高いと考えた。そこで，これに備えて，Ｑらが，甲方ベランダの外にあらかじめ待機し，Ｐの合図でベランダの柵を乗り越えて掃き出し窓のガラスを割って甲方に入ることとした。

2　Ｐは，同月１７日，甲方を捜索することとし，同日午後１時頃，ＱらをＫマンション１階甲方ベランダの外に待機させた上，甲方玄関先の呼び鈴を鳴らした。すると，甲がドアチェーンを掛けたままドアを開けたので，Ｐは，直ちにＱに合図を送った。①Ｐから合図を受けたＱらは，ベランダの柵を乗り越え，掃き出し窓のガラスを割って解錠し，甲方に入った。居間には，乙が右手にハンドバッグを持った状態で，また，丙がズボンの右ポケットに右手を入れた状態で，それぞれ立っていた。その間に，Ｐは，携行していたクリッパーでドアチェーンを切断して玄関から甲方に入った。Ｐは，居間において，甲に捜索差押許可状を示した上，Ｑらと共に，甲方を捜索し，居間のテーブ

ル付近において，電子秤１台，ビニール袋１００枚，茶封筒５０枚，注射器８０本及び携帯電話機５台を発見し，これらを差し押さえた。

　Ｐらによる捜索中，居間に立っていた乙が，ハンドバッグを右手に持ったまま玄関に向かって歩き出した。それを見たＰが，乙に対し，「待ちなさい。持っているバッグの中を見せなさい。」と言ったところ，乙は，「私のものなのに，なぜ見せないといけないんですか。嫌です。」と述べてこれを拒否し，そのまま玄関に向かった。そこで，②Ｐは，「ちょっと待て。」と言いながら乙の持っていたハンドバッグをつかんでこれを取り上げ，その中身を捜索した。その結果，Ｐは，同ハンドバッグ内から，多数の氏名・電話番号が記載された手帳１冊及び甲名義の通帳１通を発見し，これらを差し押さえた。

　他方，丙は，ズボンの右ポケットに入れていた右手を抜いたが，右ポケットが膨らんだままであったほか，時折，ズボンの上から右ポケットに触れるなど，右ポケットを気にする素振りや，落ち着きなく室内を歩き回るなどの様子が見られた。そこで，Ｑは，丙に，「ズボンの右ポケットに何が入っているんだ。」と尋ねたが，丙は答えなかった。その後，丙は，右手を再び右ポケットに入れてトイレに向かって歩き出した。これに気付いたＱは，丙に，「待ちなさい。右ポケットには何が入っている。トイレに行く前に，ポケットに入っているものを出して見せなさい。」と言って呼び止めた。これに対し，丙は，黙ったままＱの脇を通り抜けてそのままトイレに入ろうとした。そこで，③Ｑは，丙の右腕をつかんで引っ張り，右ポケットから丙の右手を引き抜いたが，丙が右手に何も持っていなかったことから，更に丙のズボンの右ポケットに手を差し入れ，そこから５枚の紙片を取り出した。Ｑがその紙片を確認したところ，各紙片に，覚せい剤を売却した日，相手方，量及び代金額と思われる記載があったことから，これらを差し押さえた。

　その後，Ｐらは，押し入れ内から，ビニール袋に入った覚せい剤１袋（１００グラム）を発見し，同日午後３時頃，甲，乙及び丙を覚せい剤取締法違反（営利目的の共同所持）で現行犯逮捕した上，逮捕に伴う差押えとして，同覚せい剤を差し押さえた。

3　甲ら３名は，同月１９日，覚せい剤取締法違反（営利目的の共同所持）の被疑事実によりＨ地方検察庁検察官に送致され，同日，勾留された。

　甲ら３名は，取調べにおいて，いずれも被疑事実を認めた上で，平成２７年１１月頃から覚せい剤の密売を開始し，役割を分担しながら，携帯電話で注文を受けて覚せい剤を密売していたことなどを供述した。また，通帳等の記載から，甲ら３名の覚せい剤密売による売上金の５割相当額が甲名義の預金口座から丁名義の預金口座に送金されていることが判明した。甲は，当初，丁の覚せい剤密売への関与を否定したが，その後，丁の関与を認めるに至り，丁に対する前記送金は覚せい剤の売上金の分配であると供述した。乙は，丁の関与を一貫して否定し，丙は，丁のことは知らないと供述した。以上の過程で，【資料】記載の〔証拠１〕ないし〔証拠４〕が作成された。

　検察官Ｒは，延長された勾留の満了日である平成２８年１０月８日，甲ら３名を覚せい剤取締法

違反（営利目的の共同所持）により，H地方裁判所に公判請求した。

4　Pは，甲の供述等に基づき，同月19日，丁を覚せい剤取締法違反（甲ら3名との営利目的の共同所持）で通常逮捕した。丁は，「甲，乙のことは知っているが，丙のことは知らない。覚せい剤を甲らと共同で所持したことはない。甲は，毎週，私名義の預金口座に現金を送金してくれているが，その理由は分からない。昔，甲が，私の所有する自動車を運転中に事故を起こしたことがあり，その弁償として送金してくれているのではないか。」と供述し，事件への関与を否認した。

　　丁は，同月21日，覚せい剤取締法違反（甲ら3名との営利目的の共同所持）の被疑事実によりH地方検察庁検察官に送致され，同日，勾留された。

　　丁は，その後も否認を続けたが，Rは，捜査の結果，延長された勾留の満了日である同年11月9日，丁について，甲ら3名と共謀の上，営利の目的で，覚せい剤100グラムを所持したとの事実で，H地方裁判所に公判請求した。

　　Rは，丁の弁護人Sに対し，〔証拠3〕を含む検察官請求証拠を開示するとともに，甲の証人尋問が予想されたことから，〔証拠1〕，〔証拠2〕及び〔証拠4〕を含む，甲及び乙の供述録取書等を任意開示した。

5　丁に対する覚せい剤取締法違反被告事件の第1回公判期日において，丁は，「身に覚えがない。甲が覚せい剤の密売をしていたかどうかも知らない。」と陳述して公訴事実を否認し，Sは，検察官請求証拠のうち，〔証拠3〕について不同意との証拠意見を述べた。そこで，Rは，丁と甲らとの共謀を立証するため，甲の証人尋問を請求し，H地方裁判所は，第2回公判期日においてこれを実施する旨の決定をした。

　　第2回公判期日において，甲の証人尋問が実施され，甲は，「私は，以前，覚せい剤取締法違反により懲役2年の実刑判決を受け，平成27年6月に刑務所を出所した。すると，丁が刑務所に迎えに来てくれて，『しばらくはのんびり生活したらいい。』と言って50万円をくれた。同年8月頃，丁から，『何もしていないんだったら手伝わないか。』と言われ，覚せい剤の密売を手伝うようになった。同年10月下旬，丁から，『覚せい剤を仕入れてやるから，自分たちで売ってこい。俺の取り分は売上金の5割でいい。あとは自由に使っていい。』と言われたので，同年11月頃から，内妻の乙や知人の丙と一緒に覚せい剤を密売し，毎週，売上金の5割を丁名義の口座に振り込み，私が3割，乙及び丙が1割ずつ受け取っていた。丁からは，1か月に1回の頻度で，密売用に覚せい剤100グラムを受け取っていた。」旨供述した（以下「甲証言」という。）。

　　第3回公判期日において，④Sは，甲証言の証明力を争うため，〔証拠1〕，〔証拠2〕及び〔証拠4〕の各取調べを請求した。

〔設問1〕　下線部①ないし③の捜査の適法性について，具体的事実を摘示しつつ論じなさい。

〔設問2〕

1．裁判所は，下線部④で請求された各証拠について，これらを証拠として取り調べる旨の決定をすることができるか否かを論じなさい。

2．仮に，前記1において，裁判所が甲証言の証明力を争うための証拠として取り調べた証拠があったとする。その場合，Rが「甲証言の証明力を回復するためである。」として，改めて〔証拠3〕の取調べを請求したとき，裁判所は，これを証拠として取り調べる旨の決定をすることができるか否かを論じなさい。

（参照条文）　覚せい剤取締法

第41条の2　覚せい剤を，みだりに，所持し，譲り渡し，又は譲り受けた者（略）は，10年以下の懲役に処する。

2　営利の目的で前項の罪を犯した者は，1年以上の有期懲役に処し，又は情状により1年以上の有期懲役及び500万円以下の罰金に処する。

3　（略）

	供述者	作成日付 (平成28年)	証拠方法 作成者	供述要旨等
証拠1		9月21日	捜査報告書 P	本職が，本日，被疑者甲から聴取した供述の要旨は以下のとおりである。 「密売グループの構成員は，私，乙，丙の3名である。私が密売グループのトップであり，乙，丙に密売の手伝いをさせていた。丁は私の知り合いだが，覚せい剤の密売には関与していない。」 〔甲の署名・押印なし。〕
証拠2	甲	9月22日	供述録取書 P	私が覚せい剤の密売に関与するようになったのは，平成27年になってからである。密売用の覚せい剤は，私が知り合いの暴力団組員から定期的に仕入れていた。その知り合いの組員は丁ではない。 丁名義の預金口座に現金を送金したのは，借金の返済のためであり，覚せい剤の密売による売上金を分配したものではない。 〔甲の署名・押印あり。〕
証拠3	甲	10月5日	供述録取書 R	私は，平成27年8月頃，丁から，覚せい剤の密売を手伝うように言われた。その後，丁の指示で，同年11月頃から，乙，丙と共に覚せい剤の密売を開始した。密売グループのトップは丁であり，丁から1か月に1回の頻度で覚せい剤100グラムを受領し，これを1グラムずつ小分けして密売していた。丁の指示で，毎週，売上金の5割を私名義の預金口座から丁名義の預金口座に送金し，私が3割，乙及び丙が1割ずつ受け取っていた。 警察では，私が密売グループのトップであり，丁は関係がないと供述したが，これは嘘である。嘘をついた理由は，丁が密売グループのトップだと正直に話したら，丁から報復を受けると思い，怖かったからだ。しかし，ここで正直に話さないと，出所後，また丁の下で覚せい剤の密売をすることになると思い，勇気を出して正直に供述することにした。 〔甲の署名・押印あり。〕
証拠4	乙	9月27日	供述録取書 Q	密売グループの構成員は，私，甲及び丙の3名だけであり，丁は関係ない。丁名義の預金口座への送金は，甲の丁に対する借金の返済である。 〔乙の署名・押印あり。〕

出題趣旨

【刑事系科目】

〔第2問〕

　本問は，覚せい剤取締法違反事件の捜査及び公判に関する事例を素材に，そこに生起する刑事手続法上の問題点，その解決に必要な法解釈，法適用に当たって重要な具体的事実の分析及び評価並びに結論に至る思考過程を論述させることにより，刑事訴訟法に関する基本的学識，法適用能力及び論理的思考力を試すものである。

　〔設問1〕は，甲に対する覚せい剤取締法違反（営利目的譲渡）の被疑事実で甲方の捜索差押許可状の発付を受けた司法警察員が，甲方の捜索差押えを実施する際，甲方ベランダの柵を乗り越え，掃き出し窓のガラスを割って解錠して甲方に入ったこと（下線部①），甲方にいた甲と同居する内妻の乙が携帯していたハンドバッグ内を捜索したこと（下線部②），甲方にいた丙のズボンのポケット内を捜索したこと（下線部③）につき，それぞれ，その適法性を論じさせることにより，捜索差押許可状に基づく捜索についての正確な理解と具体的事実への適用能力を試すものである。

　下線部①は，捜索に伴う付随的措置である「必要な処分」（刑事訴訟法第222条第1項，第111条第1項）として許容される法的根拠及びその限界を問うとともに，甲方ベランダの掃き出し窓を割って解錠して甲方に入った措置が令状の呈示前に行われていることの適否を問うものである。

　この点に関し，被疑者に対する覚せい剤取締法違反事件につき，被疑者が宿泊しているホテル客室に対する捜索差押許可状の執行に当たり，捜索差押許可状の呈示に先立って警察官らが，捜索差押許可状執行の動きを察知されれば，覚せい剤事犯の前科もある被疑者において，直ちに覚せい剤を洗面所に流すなど短時間のうちに差押対象物件を破棄隠匿するおそれがあったため，ホテル支配人からマスターキーを借りた上，来意を告げることなく，施錠された被疑者の客室ドアを開けて室内に入り，その後直ちに被疑者に捜索差押許可状を呈示したという事案において，「以上のような事実関係の下においては，捜索差押許可状の呈示に先立って警察官らがホテル客室のドアをマスターキーで開けて入室した措置は，捜索差押えの実効性を確保するために必要であり，社会通念上相当な態様で行われていると認められるから，刑訴法222条1項，111条1項に基づく処分として許容される。また，同法222条1項，110条による捜索差押許可状の呈示は，手続の公正を担保するとともに，処分を受ける者の人権に配慮する趣旨に出たものであるから，令状の執行に着手する前の呈示を原則とすべきであるが，前記事情の下においては，警察官らが令状の執行に着手して入室した上その直後に呈示を行うことは，法意にもとるものではなく，捜索差押えの実効性を確保するためにやむを得ないところであって，適法というべきである。」と判示した判例（最決平成14年10月4日刑集56巻8号507頁）があり，同判例に留意しつつ，「必要な処分」として許容される限界及び令状呈示時期に関する判断枠組みを明らかにした上で，本設問の事例に現れた具体的事実が，その判断枠組みにおいてどのような意味を持つのかを意識しながら，下線部①の行為の適法性を検討する必要がある。

　本設問の事例においては，甲方を拠点にした組織性が疑われる覚せい剤の密売事案であること，

水に流すなどして短時間に隠滅することが容易な覚せい剤が差押対象物件となっていること，覚せい剤は立証上重要な証拠であること，甲は覚せい剤取締法違反の前科３犯を有する者であり，初犯者と比較して警察捜査に関する知識経験を有していると考えられること，事前の捜査によって甲方には甲のほか乙，丙が出入りしており，捜索時に複数人が在室している可能性があったこと，甲が玄関ドアチェーンをつけたままで配達員に応対していたことなどから，捜査員が甲方室内に入るまでに時間を要する可能性が高い状況であるとともに，甲の協力が得られる可能性が低い状況にあると認められたこと，司法警察員Ｐが甲方玄関先の呼び鈴を鳴らしたところ，甲がドアチェーンを掛けたままドアを開けたことを具体的に指摘し，司法警察員Ｑらがベランダの窓ガラスを割って解錠して室内に入った措置について，捜索差押えの実効性を確保するために必要性があるのか，その態様は社会通念上相当な範囲内にあるのかといった観点から評価することが求められる。

　また，手続の公正担保及び処分を受ける者の利益保護という令状呈示の趣旨から，令状呈示は，執行着手前に行われることが原則であることを論じ，事前呈示の要請と現場保存の必要性等に係る上記事情等を指摘・考量した上で，本件措置が令状呈示前に行われたことの適否を論じることが求められる。

　下線部②は，刑事訴訟法が，捜索の対象を「身体」，「物」，「住居その他の場所」に分類し（刑事訴訟法第２２２条第１項，第１０２条），これに従って捜索令状に処分の対象を特定して記載することを要求している（同法第２１９条第１項）ところ，特定の「場所」に対する捜索差押許可状の効力が，令状には明示的に記載のない「物」に及ぶことはあるのか，それはいかなる場合であって，どのような理由に基づいて認められるのかを問うものである。

　この点に関し，「警察官は，被告人の内妻であった甲に対する覚せい剤取締法違反被疑事件につき，同女及び被告人が居住するマンションの居室を捜索場所とする捜索差押許可状の発付を受け……，右許可状に基づき右居室の捜索を実施したが，その際，同室に居た被告人が携帯するボストンバッグの中を捜索したというのであって，右のような事実関係の下においては，前記捜索差押許可状に基づき被告人が携帯する右ボストンバッグについても捜索できるものと解するのが相当である」と判示した判例（最決平成６年９月８日刑集４８巻６号２６３頁）があるが，同判例は捜索が適法との結論を導くに当たり，飽くまで「右のような事実関係の下においては……捜索できるものと解するのが相当である」と説示するにとどまり，特にその理由を明示していないため，同判例に留意しつつ，場所に対する令状によって，その場所に居住する人がその場で携帯する物に対する捜索ができるかについての自説を各自が展開することが求められる。

　基本的な考え方としては，場所に対する捜索差押許可状の効力は，当該場所の管理権者と当該場所にある物の管理権者が同一である場合には，場所に付属するものとして当該物にも及ぶ一方で，第三者の管理下にある物については，当該令状によって制約されることとなる管理権に服するものでない以上，その効力は及ばないという考え方が一般的であると思われるところ，本設問の事例においては，乙は甲と同居する内妻であること，乙は，司法警察員Ｑらが入室した時点で右手にハンドバッグを所持し，その後も継続して所持していることを具体的に指摘した上で，同バッグに甲の管理権が及んでいるかどうかを検討し，同バッグの捜索の適法性を論じることが求められる。また，同バッグは乙の管理権が及ぶものであるとした上で，甲方を捜索場所とする令状によって乙の管理権も制約されることになるかといった観点から，捜索の適法性を論じることも可能である。

　下線部③は，前記のとおり，刑事訴訟法は，捜索の対象として「場所」と「身体」とを区別して

いるところ（同法第２１９条第１項），「場所」に対する捜索差押許可状によって「身体」に対する捜索を行うことが許されることはあるかを問うものである。

　場所に対する捜索差押許可状の効力は，人の身体には及ばない以上，捜索すべき場所に居合わせた者の身体について捜索を実施することは当然には許されないものの，例外的にそれが許される場合があるか否か，許される場合があるとしていかなる場合にどのような理由で許されると解すべきかについての自説を各自が展開し，本設問に現れた具体的事実を的確に指摘，評価して，本件捜索の適法性を論じることが求められる。その際，具体的事実を本設問の事例中からただ書き写して羅列すればよいというものではなく，それぞれの事実が持つ意味を的確に分析して論じる必要がある。

　本設問の事例では，差押対象物件は，覚せい剤，ビニール袋，注射器，手帳，メモなどの比較的小さい物が含まれていること，事前捜査により甲は甲方を拠点に覚せい剤を密売している疑いがあったこと，丙は甲方に頻繁に出入りしていたこと，司法警察員Ｑらが甲方に入室した時点で丙が右手をポケットに入れていたこと，丙が右手を抜いた後もポケットが膨らんだ状態であったこと，丙が時折ポケットを触るなど気にする素振り等を示していたこと，丙は司法警察員Ｑからポケットの中身を尋ねられても答えなかったこと，丙が再びポケットに手を入れてトイレに向かって歩き出したこと，丙は司法警察員Ｑの制止を無視して黙ったままトイレに入ろうとしたことを具体的に指摘し，それぞれの事実が持つ意味を的確に分析，評価して，自説への具体的な当てはめを行う必要がある。また，捜索を行うこと自体を適法とした場合には，司法警察員Ｑが丙の右腕を引っ張ってポケットから引き抜き更にポケット内に手を差し入れた行為が，刑事訴訟法第２２２条第１項，第１１１条第１項の「必要な処分」として又は（「必要な処分」として考えるまでもなく）本来行うべき捜索そのものとして許容されるか否かを論じる必要がある。

　〔設問２〕は，甲証言をめぐる弁護人と検察官の証拠の取調べ請求のやり取りを素材として，刑事訴訟法第３２８条で許容される証拠の範囲を問うものである。具体的には，証拠１（甲を取り調べた司法警察員Ｐ作成に係る甲の供述要旨を記載した捜査報告書），証拠２（司法警察員Ｐ作成に係る甲の供述録取書）及び証拠４（司法警察員Ｑ作成に係る乙の供述録取書）は，甲証言と矛盾する内容であり，証拠３（検察官Ｒ作成に係る甲の供述録取書）は，甲証言と一致する内容であるところ，設問２－１は，同条により許容される証拠は自己矛盾供述に限られるか否か（証拠２，証拠４），供述者の署名押印を欠くものも含まれるか（証拠１）を問うものである。設問２－２は，仮に設問２－１で甲証言の証明力を争うための証拠として取り調べた証拠があったとして，証拠３が「甲証言の証明力を回復するため」の証拠として許容されるのか，すなわち，同条の「証明力を争うため」の証拠には，一旦減殺された証明力を回復させるための証拠も含まれるのかを問うものであるが，この点に関する最高裁判所の判例はなく，基本書等にはあまり記載がない分野であり，受験生の応用力を試すことを狙いとした設問である。

　設問２－１は，「刑訴法３２８条は，公判準備又は公判期日における被告人，証人その他の者の供述が，別の機会にしたその者の供述と矛盾する場合に，矛盾する供述をしたこと自体の立証を許すことにより，公判準備又は公判期日におけるその者の供述の信用性の減殺を図ることを許容する趣旨のものであり，別の機会に矛盾する供述をしたという事実の立証については，刑訴法が定める厳格な証明を要する趣旨であると解するのが相当である。そうすると，刑訴法３２８条により許容される証拠は，信用性を争う供述をした者のそれと矛盾する内容の供述が，同人の供述書，供述を

録取した書面（刑訴法が定める要件を満たすものに限る。），同人の供述を聞いたとする者の公判期日の供述又はこれらと同視し得る証拠の中に現れている部分に限られるというべきである。」と判示した判例（最判平成１８年１１月７日刑集６０巻９号５６１頁）があり，同判例に留意しつつ，伝聞法則や刑事訴訟法第３２８条の趣旨を踏まえた論述が求められる。同判例の立場に立てば，証拠１は甲の署名押印を欠くため，証拠４は乙の供述録取書であって甲の自己矛盾供述ではないため，いずれも，同条により証拠として許容されず，裁判所は証拠として取り調べる旨の決定はできないこととなり，証拠２は，同条により証拠として許容され，裁判所は証拠として取り調べる旨の決定ができることとなる。一方，同判決の立場に依拠しない場合には，それぞれの結論がどのような道筋で導き出されるのかについて相応の説得を持って説明することが求められよう。

　設問２－２は，いわゆる回復証拠が同条により許容されるのかについて，同条の「証明力を争う」という文言の解釈を示した上で，それのみを肯定あるいは否定の根拠とするのは十分でなく，結論がもたらされる実質的な理由を示す必要がある。本設問の事例では，甲証言の証明力が証拠２によって減殺されたときに，甲証言の内容と一致する内容の証拠３が，いかなる理由で証明力の回復証拠となるのか，あるいは，ならないのかまで論じた上で，結論を導くことが求められる。

採点実感

1 採点方針等

　本年の問題も，昨年までと同様に比較的長文の事例を設定し，その捜査及び公判の過程に現れた刑事手続上の問題点について，問題の所在を的確に把握し，その法的解決に重要な具体的事実を抽出・分析した上で，これに的確な法解釈を経て導かれた法準則を適用して一定の結論を導き，その過程を筋道立てて説得的に論述することを求めている。法律実務家になるための基本的学識・法解釈適用能力・論理的思考力・論述能力等を試すものである。

　出題の趣旨は，公表されているとおりである。

　〔設問1〕は，甲に対する覚せい剤取締法違反（営利目的譲渡）の被疑事実で甲方の捜索差押許可状の発付を受けた司法警察員が，甲方の捜索差押えを実施する際，捜索差押許可状の呈示前に，甲方ベランダの柵を乗り越え，掃き出し窓のガラスを割って解錠して甲方に入ったこと（下線部①），甲方にいた乙（同居する甲の内妻）が携帯していたハンドバッグ内を捜索したこと（下線部②），甲方にいた丙のズボンのポケット内を捜索したこと（下線部③）につき，それぞれ，その適法性を問うものである。下線部①は，司法警察員が捜索差押許可状の呈示に先立って捜索場所に入室した際の措置について，捜索に伴う付随的措置である「必要な処分」（刑事訴訟法第222条第1項，第111条第1項）として許容されるかを問うとともに，令状呈示（同法第222条第1項，第110条）の時期の適否を問うものであり，関連規定の趣旨・目的を踏まえて，具体的事実を指摘しつつ論じることを求めている。刑事訴訟法が，捜索の対象を「身体」，「物」，「住居その他の場所」に分類し（同法第222条第1項，第102条），これに従って捜索令状に処分の対象を特定して記載することを要求している（同法第219条第1項）ところ，下線部②は，特定の「場所」に対する捜索差押許可状の効力が「物」に及ぶことはあるのかを問うもの，下線部③は，「場所」に対する捜索差押許可状によって「身体」に対する捜索を行うことが許される場合があるのかを問うものであり，いずれも，各自が自説を展開し，設問の事例に現れた具体的事実を的確に指摘，評価して，捜索の適法性につき結論を導くことを求めている。

　〔設問2〕は，刑事訴訟法第328条で許容される証拠の範囲を問うものである。〔設問2〕の1は，いずれも甲証言と矛盾する内容である証拠1（甲を取り調べた司法警察員作成に係る甲の供述要旨を記載した捜査報告書），証拠2（司法警察員作成に係る甲の供述録取書）及び証拠4（司法警察員作成に係る乙の供述録取書）の各証拠につき，同条により証拠とすることができるのか，すなわち，同条により許容される証拠は自己矛盾供述に限られるか否か（証拠2，証拠4），供述者の署名押印を欠くものも含まれるか（証拠1）を問うものであり，伝聞法則や同条の趣旨を踏まえた論述を求めている。〔設問2〕の2は，仮に〔設問2〕の1で甲証言の証明力を争うための証拠として取り調べた証拠があったとして，甲証言と一致する内容である証拠3（検察官作成に係る甲の供述録取書）が，甲証言の証明力を回復させるための証拠として許容されるのか，すなわち，同条の「証明力を争うため」の証拠には，一旦減殺された証明力を回復させるための証拠も含まれるのかを問うものであり，同条の「証明力を争う」という文言の解釈を示すだけでなく，甲証言の証明力が減殺されたときに，甲証言と一致する内容の証拠3が，いかなる理由で証明力の回復証拠と

なるのか，あるいは，ならないのかを論じた上で結論を導くことを求めている。

　採点に当たっては，このような出題の趣旨に沿った論述が的確になされているかに留意した。

　前記各設問は，いずれも捜査及び公判に関し刑事訴訟法が定める制度・手続及び判例の基本的な理解に関わるものであり，法科大学院において刑事手続に関する科目を履修した者であれば，本事例において何を論じるべきかは，おのずと把握できるはずである。〔設問１〕は，捜索という捜査に関する基本的な知識及び典型的な論点を問うものであり，その素材となる判例（最決平成１４年１０月４日刑集５６巻８号５０７頁，最決平成６年９月８日刑集４８巻６号２６３頁）等も思い浮かぶような事例である。〔設問２〕は，刑事訴訟法第３２８条を問うものであり，伝聞法則に関する典型的な論点とまでは言えないかもしれないが，〔設問２〕の１に関しては，その論点について正面から判示している判例（最判平成１８年１１月７日刑集６０巻９号５６１頁）があり，同判例を正しく理解していれば，同判例の立場に立つか否かは別として，十分な解答が可能であろう。〔設問２〕の２に関しては，この点に関する最高裁判所の判例はなく，基本書等にあまり記載がない論点であり，受験生の応用力を試すことを狙いとしているが，伝聞法則や同条の趣旨を正しく理解していれば，筋道立った論述ができるはずである。

2　採点実感

　各考査委員からの意見を踏まえた感想を述べる。

　〔設問１〕は，下線部①については，捜索に伴う付随的措置である「必要な処分」の限界及び令状呈示の時期に関し，その法的判断枠組みを明らかにした上で，設問の事例に現れた具体的事実が，その判断枠組みにおいてどのような意味を持つのかを意識しながら，その適法性について説得的に結論を導いている答案が見受けられた。下線部②及び下線部③については，特定の「場所」に対する捜索と，捜索場所に居合わせた者が携帯する「物」に対する捜索，そして捜索場所に居合わせた者の「身体」に対する捜索との違いを明確に意識しながら，各捜索の適法性について論じられている答案が見られた。

　〔設問２〕については，上記判例を正しく理解している答案や，刑事訴訟法第３２８条の文言解釈を示し，かつ前記証拠３がいかなる理由で証明力の「回復証拠」となるのか否かの実質的な根拠を論じた上で結論を導く答案が見られた。

　他方，抽象的な法原則・法概念やそれらの定義，関連する判例の結論や表現を機械的に記述するのみで，具体的事実にこれを適用することができていない答案や，そもそも基本的な法原則・法概念，判例の理解に誤りがあったり，具体的事実の抽出やその意味の分析が不十分・不適切であったりする答案も見られた。

　下線部①に関しては，甲に対する覚せい剤取締法違反（営利目的譲渡）の嫌疑が強いことを理由に「必要な処分」として許容されるとの結論を導く答案が少なくなかったほか，ガラスを割って室内に入った措置の「必要性」については相応に論じられているものの，「相当性」についての論述が不十分な答案，「必要性」と「相当性」をない交ぜに論じてしまい，被捜索者甲の受ける不利益との均衡が取れているかという観点での論述が不十分な答案も見られた。また，令状呈示の時期の適否を論じていない答案が相当数見られたほか，論じている答案であっても，令状呈示の趣旨が十分に論じられていないものが見られた（前記平成１４年最決は「手続の公正を担保するとともに，処分を受ける者の人権に配慮する趣旨に出たもの」と判示する。）。

下線部②及び③に関しては，捜索について正しく理解をしている答案とそうでない答案との差が比較的明瞭に現れた。「場所」に対する捜索，「物」に対する捜索，「身体」に対する捜索との違いを識別できていないため，下線部②及び③の問題点の違いを意識できておらず，同じ問題点を扱った単なるバリエーションの違いにすぎないと考えている答案が相当数見られた。

　下線部②については，刑事訴訟法が，捜索の対象を「身体」，「物」，「住居その他の場所」に分類し，これに従って捜索令状に処分の対象を特定して記載することを要求していることとの関連で問題となるとの問題意識が示されていない答案が少なくなかった。本件の論点についての基本的な考え方を示すと，「場所」に対する捜索令状の効力は，当該場所において通常使用に供される「物」との関係でも，それが当該「場所」に妥当する管理支配に服しているという意味において，当該「場所」に付属する，あるいは包摂されるものと言えるために，当該「物」にも及ぶと考えられる一方で，「場所」に及ぶ管理支配を排除する態様で第三者が管理支配する「物」については，当該令状によって制約されることとなる管理権に服するものでない以上，捜索すべき「場所」にあるとしてもその効力は及ばないと考えるのが一般的であろう。そこで，本問では，「甲方」に及ぶ管理権が，ハンドバッグにも及ぶといえるか否かにつき言及する必要があるが，例えば「甲方には甲の内妻乙が同居しており，そのことは裁判官も認識し，審査した上で令状を発付しているのであるから，乙の物も捜索できる。」旨論述するにとどまり，管理権の対象範囲を明らかにすることを意識しないまま論述している答案が相当数見られた。また，「物は場所に対するプライバシーに包摂されるから，令状の効力は物にも及ぶ。」とのみ論じ，「物」が，捜索の対象となっている「場所」に存在しさえすれば，当然に当該「場所」の管理権に服し令状の効力が及ぶかのような理解を示す答案も相当数見られた。さらに，「ハンドバッグを手に持っているか，床に置いているかは偶然の事情であるから，ハンドバッグにも令状の効力が及ぶ。」とする答案も相当数見られた。確かに手に持っているか床に置いているかが偶然の事情であり，令状の効力が及ぶかどうかには関係がない，との点はそのとおりであるが，その前提として，手に持っていなくても令状の効力が及ぶと言える理由を示すべきであり，その点に言及することなく，手に持っているか床に置いているかは偶然の事情であるから「物」にも令状の効力が及ぶとするのは説明不十分である。加えて，「場所」に対する捜索差押許可状の効力が「物」に及ぶのかという問題意識を何ら示すことなく，直ちに刑事訴訟法第１０２条第２項を持ち出して，「ハンドバッグ内に差し押さえるべき覚せい剤等が存在している蓋然性が高いので捜索が許される。」旨論述する答案が相当数見られた。当該令状の効力がハンドバッグにも及ぶかどうかを検討し，効力は及ぶとした上で，更に実際に令状により処分を実施する場面では，同条同項が言わば加重要件として適用されると考え，本事例ではハンドバッグ内に差し押さえるべき証拠が存在する蓋然性が否定されれば捜索は許されないし，蓋然性が認められれば捜索は許される，との考え方は一つの考え方として成立し得るとしても，前記問題意識を持たずに，直ちに同条同項を持ち出して検討している答案は，捜索について正しく理解していないことをうかがわせる。そのほか，ハンドバッグの捜索につき，これを携帯していた乙の「身体」に対する捜索と誤った位置付けをし，下線部③の論点と同列に論じている答案も見られた。

　下線部③についても，「場所」に対する捜索と「身体」に対する捜索と区別できていない答案が相当数見られた。「身体」に対する捜索は，人身の自由やプライバシーの利益の観点から，令状により許容される「場所」や「物」に対する捜索に伴うものとは性質の異なる権利侵害を伴うと考えられることが本件論点の議論の出発点であるが，そのような問題意識がなく，本事例の丙が，甲あ

るいは甲の内妻乙とは全くの「第三者」であることを強調し，「丙は第三者であるため裁判官の審査が及んでいないから，丙の身体を捜索できない。」旨論述し，裏を返せば，甲あるいは乙に対してであれば当然にその身体の捜索も許されると誤解しているかのような答案が相当数見られた。また，証拠が存在する蓋然性が高く，捜索の必要性が高いとするだけで身体に対する捜索を正当化する答案も見られたほか，本事例において，差し押さえるべき物が，覚せい剤やメモ等の比較的小さい物が含まれており，これらはポケット内に収められる物であることとの関連で論じられていない答案や，丙が元々ポケット内に紙片（覚せい剤密売の内容と思われる記載のあるもの）を所持していたのか，それとも捜索の際にこれをポケット内に隠匿したと疑うに足りる相当な理由があるのかの区別を十分に意識していない答案も見られた。さらに，捜索を行うこと自体を適法とした場合には，本事例において，司法警察員が丙の右手をポケットから引き抜いた上，ポケット内に手を差し入れた行為が，刑事訴訟法第２２２条第１項，第１１１条第１項の「必要な処分」として又は（「必要な処分」として考えるまでもなく）本来行うべき捜索そのものとして許容されるかを論じる必要があるが，理由付けを含めてこれを論じている答案は少なかった。なお，丙に対する「身体検査令状」が必要であるなどと論述する答案が散見されたが，人の身体に対する捜査には，身体の捜索（同法第２１８条第１項，第２２２条第１項，第１０２条），検証としての身体検査（同法第２１８条第１項），鑑定受託者による鑑定に必要な処分としての身体検査（同法第２２３条第１項，第２２５条第１項，第１６８条第１項）があるという基礎知識の習得が不十分であることをうかがわせるものであった。刑事訴訟法の論点以前に基礎知識の習得をおろそかにしないことが求められる。

〔設問２〕に関しては，〔設問１〕と比較すれば，総じて，伝聞法則及び刑事訴訟法第３２８条の趣旨，判例（前記平成１８年最判）を踏まえ，おおむね良く論述できていたものの，同条を十分に理解していない答案も相当数見られた。〔設問２〕の１において，証拠１，２及び４の各証拠につき，本事例中に「甲証言の証明力を争うため」に取調べを請求した旨記載され，端的に同条の問題として論述することが求められているのに，それとは無関係に，要証事実は共謀の存在であると設定し，各証拠は伝聞証拠に当たるとして，同法第３２１条の伝聞例外の要件を満たすかどうかを論述し，伝聞例外に当たらないとした上で，同法第３２８条の議論に及ぶ答案が相当数見られた。そのような答案からは，同条の「第３２１条…の規定により証拠とすることができない書面又は供述であつても…これを証拠とすることができる。」との文言の規定ぶりに引きずられて，同法第３２８条により証拠とできる証拠は，同法第３２１条以下の伝聞例外の要件を満たさない証拠でなければならないとの誤解がうかがわれる。また，判例の結論だけを覚えていて，その理由付け等について十分に論述できていない答案も見られたほか，特に証拠２に関して，当てはめとして，どの点が「矛盾供述」と言えるのかの具体的な指摘がなされていない答案も相当数見られた。

〔設問２〕の２については，いわゆる回復証拠が刑事訴訟法第３２８条により許容されるのかを問うものであるが，回復証拠と増強証拠との区別を理解できていない答案が見られた。また，例えば，「文言解釈上，回復証拠も許容される。だから証拠３は回復証拠として取り調べることはできる。」旨論述するにとどまり，実際に証拠３が証明力を回復する証拠となり得るのかの当てはめがなされていないものが多かった。証拠３が回復証拠となり得る実質的な理由としては，甲証言と一致する内容の証拠３を公判廷で顕出することによって，公判廷外において，矛盾供述をしていたことがむしろ例外的であり，基本的には一致供述をしていたことが明らかになるので，自己矛盾状態

が解消され，証明力を回復し得るとの考え方が可能であろうし，一方，証拠３が回復証拠となり得ない実質的な理由としては，公判廷外での供述の間で矛盾があり，むしろ，その時々で供述を変遷させる者と言えるから，その者の供述は信用できず，証明力を回復することはできないとの考え方が可能であろう。

　なお，条文の引用に関しては，多くの答案で，準用条文を含め，正しく条文が示されていたが，準用条文を示すのに代えて，「準用条文省略」などとする答案が散見され，正確に示すべきであるとの指摘があった。

3　答案の評価

　「優秀の水準」にあると認められる答案とは，〔設問１〕下線部①については，捜索に伴う付随的措置である「必要な処分」の限界及び令状呈示の時期に関し，事例中の法的問題を明確に意識し，法律の条文とその趣旨の正確な理解を踏まえつつ，的確な法解釈論を展開した上で，具体的事実を的確に抽出，評価して結論を導き出している答案であり，下線部②及び③については，「場所」に対する捜索と「物」に対する捜索と「身体」に対する捜索の違いを明確に意識した論述ができており，下線部②については，「甲方」に対する捜索令状は，いかなる管理権を制約することになるのか，ハンドバッグは誰の管理下にあるのかにつき言及しながら論述している答案であり，下線部③は，「場所」に対する捜索令状によって「身体」に対する捜索を実施することが原則として許されないことを，その根拠とともに指摘しつつ，例外的に許される場合があるのか，許されるのはいかなる場合にどのような理由であるのかについての自説を説得的に展開し，差し押さえるべき物との関連を意識するとともに，ポケット内に元々所持していたのか，あるいは隠匿した可能性があるのかの区別も意識しながら，本事例に現れた具体的事実を的確に抽出，評価して結論を導き出している答案であり，〔設問２〕は，伝聞法則及び刑事訴訟法第３２８条の趣旨や判例（前記平成１８年最判）を正しく理解するとともに，同条により回復証拠が許容されるのか，という受験生にはあまり馴染みがないであろう論点について，条文の文言解釈にとどまらず，いかなる理由で回復証拠となり得るのか，あるいはなり得ないのかの実質的な理由まで論述されている答案であるが，このように，出題の趣旨に沿った十分な論述がなされている答案は僅かであった。

　「良好の基準」にあると認められる答案とは，〔設問１〕下線部①については，検討すべき論点に関し，法解釈を行って一定の基準を示すことはできており，下線部②及び③については，「場所」，「物」及び「身体」に対する各捜索の違いの理解を示すことができているが，いずれも必要な理由付けに不十分な点が見られたり，事例の具体的事実を抽出できてはいたが，更に踏み込んで個々の事実が持つ意味を十分に分析することにはやや物足りなさが残るような答案であり，〔設問２〕については，伝聞法則や判例及び刑事訴訟法第３２８条の趣旨を踏まえた論述がなされているものの，回復証拠が許容されるのかの論点については，回復証拠となり得るか否かの実質的な理由の論述がやや不十分な答案である。

　「一応の水準」に達していると認められる答案とは，〔設問１〕については，下線部①から③につき，検討すべき各論点に関し，法解釈について一応の見解は示されているものの，問題意識や結論に至る過程が十分明らかにされていなかったり，具体的事実の抽出や当てはめに不十分な点がある答案，具体的事実を抽出して一応の結論を導くことができているものの，法解釈について十分に論じられていない点がある等の問題がある答案であり，〔設問２〕については，伝聞法則及び刑事訴

訟法第３２８条の趣旨や判例についての一応の理解を示すことができているが，回復証拠が許容されるのかの論点については，条文解釈を示すだけで実質的な理由の論述をせずに結論付けている答案である。

「不良の水準」にとどまると認められる答案とは，前記の水準に及ばない不良なものをいう。一般的には，刑事訴訟法上の基本的な原則の意味を理解することなく機械的に暗記し，これを断片的に記述しているだけの答案や，関係条文・法原則を踏まえた法解釈を論述・展開することなく，事例中の事実をただ書き写しているかのような答案等，法律学に関する基本的学識と能力の欠如が露呈しているものである。例を挙げれば，〔設問１〕では，下線部①について，その「必要性」について何ら具体的に論じることなく，ただ抽象的に捜査上の必要性が高いから適法であるなどと結論を導いていたり，下線部②と③について，「場所」，「物」及び「身体」に対する各捜索の違いを全く理解していなかったり，問題点を何ら示すことなく，ハンドバッグ内及びポケット内に証拠が存在する蓋然性の有無だけで各捜索の適否の結論を導いていたり，〔設問２〕では，〔設問２〕の１において，刑事訴訟法第３２１条の伝聞例外の議論に終始し，同法第３２８条に全く触れていなかったり，判例の知識がなく，十分に説得的な論述もせずに判例とは異なる結論を導いている答案等がこれに当たる。

4　法科大学院教育に求めるもの

　　このような結果を踏まえると，今後の法科大学院教育においては，従前の採点実感においても指摘されてきたとおり，刑事手続を構成する各制度の趣旨・目的を基本から深くかつ正確に理解すること，重要かつ基本的な判例につき，その結論だけでなく，その法理や事案の具体的事実関係を前提としている判例の射程距離を含めて正確に理解すること，これらの制度や判例法理の具体的事例に当てはめ適用できる能力を身に付けること，論理的で筋道立てた分かりやすい文章を記述する能力を培うことが強く要請される。特に，法適用に関しては，生の事実に含まれた個々の事情あるいはその複合が法規範の適用においてどのような意味を持つのかを意識的に分析・検討し，それに従って事実関係を整理できる能力の涵養が求められる。また，実務教育との有機的連携の下，通常の捜査・公判の過程を俯瞰し，刑事手続の各局面において，各当事者がどのような活動を行い，それがどのように積み重なって手続が進んでいくのか，刑事手続上の基本原則や制度がその過程の中のどのような局面で働くのか等，刑事手続を動態として理解しておくことの重要性を強調しておきたい。

第1　設問1
1　捜査①
　　Qらが窓ガラスを割って解錠し甲方に入ったことは，「必要な処分」（222条1項，111条1項）として適法か。
　　この点につき，必要な処分として適法かどうかは，捜査比例の原則に照らして，捜索差押えの実効性を確保するため必要かつ相当であるかという観点から判断する。
　　本件についてみると，甲に対する被疑事実は覚せい剤取締法違反であるところ，覚せい剤は水に流すなどして証拠隠滅が容易であることから，証拠保全のため呼び鈴を鳴らした直後には甲方に立ち入る必要があった。さらに，甲方はドアチェーンがかかったままの可能性が高く，玄関から室内に入るのは時間がかかってしまう可能性が高かったことから，玄関以外の場所から入る必要があった。これらの事情からすると，ベランダの窓ガラスを割ったことは，捜索差押えの実効性を確保する手段として合理的なものといいうる。また，窓ガラス一枚を割ったにすぎず，その際に甲らに傷害を負わせたという事情もない。そうだとすると，捜査の必要性に照らして侵害の程度は軽微なものであるから，捜査として相当であったといえる。
　　よって，「必要な処分」として適法である。
　　次に，令状を事後呈示したことは適法か。
　　110条は，捜索差押えの際に令状の呈示を要求しているものの，その時期については規定していない。そこで，令状の呈示の時期が問題となる。

　　この点につき，110条の趣旨は，被疑者にあらかじめ受忍の範囲を明示して被疑者の権利利益を保護しようとしたものである。そうだとすると，執行の着手前に令状を呈示するのが原則である。もっとも，証拠を隠滅されるおそれがあるなど捜索差押えの実効性を確保する必要がある場合には，例外的に事後呈示も認められると解する。
　　これを本件についてみると，被疑事実は覚せい剤取締法違反であり，証拠物である覚せい剤の証拠隠滅をされる可能性が高かったことから，捜索差押えの実効性を確保するためには事後呈示する必要があったといえる。
　　よって，令状を事後呈示したことは適法である。
2　捜査②
　　第三者が持っていた荷物を捜索したことは適法か。場所に対する捜索差押令状の効力が第三者が所持している物について及ぶか問題となる。
　　この点につき，場所に存する物に対するプライバシーは場所に対するプライバシーに包摂されていることから，令状の効力は物に及ぶと解する。そして，第三者が所持しているかどうかは偶然の事情に過ぎず，かかる場合に捜索差押えができないとするのは妥当でない。そこで，第三者が所持していた場合であっても捜索することができると解する。
　　これを本件についてみると，Pは乙の持っていたハンドバッグをつかんでこれを取り上げ中身を捜索しているところ，上記の通り，ハンドバッグに対して令状の効力が及ぶと解される。

● 　出題趣旨によれば，Qらがベランダの窓ガラスを割って解錠して室内に入った措置について，「必要な処分」として許容される法的根拠及びその限界が問われているところ，本答案は両者について必要十分な論述がなされている。

● 　本答案は，捜索差押えの実効性を確保するための必要性について，証拠隠滅の容易性や，その阻止のために玄関以外の場所から入る必要があったことなど，具体的な事実を挙げて評価をしながら論述しており，出題趣旨に合致する。また，相当性についても，甲らに生じた損害について指摘し，評価しながら論じることができている。

● 　出題趣旨によれば，令状呈示の趣旨から，原則を論じた上で，本件措置が令状呈示前に行われたことの適否を論じることが求められていた。本答案は，110条の趣旨に触れつつ，執行の着手前に令状を呈示すべきとの原則を示し，その上で，事後呈示が許される例外的な場合について論じており，出題趣旨に合致する。もっとも，110条の趣旨は，手続の公正担保と処分を受ける者の利益保護であり，手続の公正担保という点にも言及できていれば，なお良かった。

● 　出題趣旨によれば，特定の「場所」に対する捜索差押許可状の効力が，令状には明示的に記載のない「物」に及ぶことがあるのか論じることが求められていたところ，本答案は，この点につき端的に示しており，出題趣旨に合致する。
　　もっとも，令状の効力がいかなる場合でも「物」に及ぶかという点について，出題趣旨に記載のあるように「バッグに甲の管理権が及んでいるかどうか」という点を検討すべきであった。

よって，適法である。
3　捜査③
　　場所に対する令状で第三者の身体を捜索することは適法か。場所に対する令状の効力が第三者の身体にも及ぶか問題となる。
　　この点につき，場所に対するプライバシーと人の身体に対するプライバシーは異質であることから，そこに包摂させることはできない。よって，原則として場所に対する令状をもって人の身体を捜索することは認められないと解する。もっとも，第三者がその場所にあった物を身体に隠匿していると疑う特段の事情がある場合には，場所に対する捜索差押えの実効性を確保するため，捜索をすることができる。
　　これを本件についてみると，丙の右ポケットは膨らんでおり，時折右ポケットに触れるなど右ポケットを気にして，丙は落ち着きがない様子であった。また，Ｑがポケットの中身について尋ねても応えず，トイレに入ろうとした。これらの事情からすると，丙はポケットの中に覚せい剤を隠匿し，証拠物の隠滅を図ろうとしていたと推測される。
　　よって，特段の事情が認められるから，捜索をしたことは適法である。
第2　設問2
1　小問1について
　　下線部④で請求された各証拠を３２８条により証拠として取り調べる旨の決定をすることができないか。３２８条で許容される証拠の範囲が問題となる。

● 本答案は，場所に対する捜索差押許可状の効力は人の身体には及ばないとの原則に触れた上で，①場所に対する捜索差押許可状によって，例外的に身体の捜索が許される場合があるか，②許される場合があるとして，いかなる場合にどのような理由で許されるかについて，的確に論述することができており，出題趣旨に合致する。

平成29年・司法

　　この点につき，３２８条における証拠とは自己矛盾供述に限られると解する。なぜなら，３２８条は非伝聞として証拠を用いることができることを認めた確認規定であるし，無制限に証拠として認めると，伝聞証拠に証拠能力を認めないとした刑訴法の趣旨を没却することになるからである。
　　以下，各証拠について検討する。
(1)　証拠1
　　証拠1は甲の供述であり，甲証言と矛盾する事実を内容とするものであるから，自己矛盾供述にあたる。
　　もっとも，捜査報告書に甲の署名・押印がされていない。そこで，この場合に３２８条により証拠とすることができるか問題となる。
　　この点につき，署名・押印がない場合には，録取過程の正確性が確保されていないから，証拠とすることはできないと解する。
　　よって，証拠1を取り調べる旨の決定をすることはできない。
(2)　証拠2
　　証拠2は甲証言と矛盾する内容であるから，自己矛盾供述として証拠とすることができる。また，甲の署名・押印もなされている。
　　よって，証拠2を取り調べる旨の決定をすることができる。
(3)　証拠4
　　証拠4は，乙の供述録取書であり甲のものではないから，自己矛盾供述にあたらない。

● 出題趣旨によれば，本問では，328条で許容される証拠の範囲について，判例（最判平18.11.7／百選［第10版］〔87〕）に留意しつつ，伝聞法則や328条の趣旨を踏まえて検討することが求められていた。本答案は，328条の趣旨に触れた上で，上記判例と同じく，自己矛盾供述に限られるとの立場に立っており，出題趣旨に合致する。

● 署名・押印がなぜ必要かについて，前述した判例を踏まえて簡潔に論じることができている。

● 供述のどの点が矛盾しているかの認定があれば，より説得的な論述となった。

よって，証拠４を取り調べる旨の決定をすることはできない。
２　小問２について
　　回復証拠が３２８条における証拠にあたるか問題となる。
　　この点につき，回復証拠は弾劾証拠に対する弾劾として機能するものであるから，３２８条により証拠とすることができると解する。
　　よって，裁判所は証拠３を証拠として取り調べる旨の決定をすることができる。

以　上

● 　小問２について，出題趣旨は，３２８条の「証明力を争う」との文言解釈及び結論がもたらされる実質的な理由を示すことが求められていたが，本答案は，いずれも示すことができていない。

▶ **MEMO**

第1 設問1

1 捜査①

(1) ベランダの柵を乗り越え，掃き出し窓のガラスを割って甲方に入る行為は，「必要な処分」（222条1項・111条1項）として適法か。この点，適正手続（憲法31条）の見地から，「必要な処分」として適法といえるためには，必要性・相当性が認められなければならないと解する。

(2) まず，事前の調査で甲は郵便配達員に対しても，チェーンをかけたまま応対しており，チェーンを外すにも時間がかかることから，証拠隠滅防止のため，柵を乗り越えて窓ガラスを割り一気に侵入する必要性がある。また，確かに上記侵入態様は，プライバシーを侵害し，財産的損害も加えるもので侵害態様は大きいが，差押目的物が比較的小さく証拠隠滅が容易であることからすれば，かかる態様の侵入の必要性が高く，なお相当性が認められる。したがって，「必要な処分」として適法である。

(3) もっとも，上記「必要な処分」は令状呈示前に行われているが適法か。令状呈示（222条1項・110条）の趣旨は，適正手続を担保するとともに被処分者に受忍限度を示し，弁明の機会を与えることにある。かかる趣旨からすれば，事前呈示が原則である。しかし，必要性・相当性が認められれば，捜査の先行も適法であると解する。

本件では，前述の通り，証拠隠滅が容易な物を差押対象物としており，先に現場を確保する必要性がある。また，甲方に侵入後

直ちに令状を呈示しており，短時分の先行に過ぎず，相当性が認められる。したがって，捜査①は令状呈示の原則にも反せず，適法である。

2 捜査②

(1) 乙のハンドバッグを捜索したことは適法か。219条は「場所」と「物」を区別しており，プライバシーの侵害対象が異なるから，令状の効力は及ばないとも思える。しかし，捜索場所に居住している者の携帯物は，そこに置いてあるか，携帯しているかは偶然の事情に過ぎず，また，差押対象物が含まれている蓋然性が高い。したがって，このような者の携帯物にも令状の効力が及ぶと解する。

(2) この点，乙は甲の内妻であり甲方に居住している者である。したがって，令状の効力が及び，ハンドバッグを捜索したことは適法である。

(3) 次に，乙のハンドバッグをつかんで取り上げたという実力行使は適法か。捜索・差押えの際に被処分者から抵抗されることは容易に予想できるのに，これを一切排除できないとするのは妥当でないから，必要性と相当性が認められれば，「必要な処分」として適法であると解する。

本件では，乙はPの要求に応じないため実力を行使する必要がある。また，実力行使の態様も，ハンドバッグにしか触れておらず必要最小限度で相当性も認められる。したがって，「必要な処分」として適法である。

3 捜査③

出題趣旨によれば，「捜索差押えの実効性を確保するために必要性があるのか，その態様は社会通念上相当な範囲内にあるのかといった観点から評価することが求められる」ところ，本答案は，「必要な処分」として適法といえるためには，必要性・相当性が認められなければならないとするにとどまり，捜索差押えの実効性確保という視点に欠けている。

もっとも，当てはめ部分では，証拠隠滅の容易性や，その阻止のために玄関以外の場所から入る必要があったことなど，具体的な事実を挙げて評価をしながら論述しており，出題趣旨に合致する。

出題趣旨によれば，ここでは，令状呈示の趣旨から，原則を論じた上で，本件措置が令状呈示前に行われたことの適否を論じることが求められていた。本答案は，これらの事項について論述できており，出題趣旨に合致する。

出題趣旨によれば，捜査②については，①特定の「場所」に対する捜索差押許可状の効力が，令状には明示的に記載のない「物」に及ぶことがあるのか，②それはいかなる場合であって，どのような理由に基づいて認められるのか，について論じることが求められていた。本答案は，これらの点につき論述できており，出題趣旨に合致する。

もっとも，出題趣旨によれば，「場所に対する捜索差押許可状の効力は，当該場所の管理権者と当該場所にある物の管理権者が同一である場合には，場所に付属するものとして当該物にも及ぶ」と解するのが一般的であり，この点についても言及できればなお良かった。

(1) 丙のズボンの右ポケットに手を差し入れ捜索した行為は適法か。
219条は、「場所」と「身体」を分けて規定し、「身体」の方が要保護性が高いから、「場所」に対する令状で「身体」を捜索することは原則として許されない。
しかし、捜索・差押えの実効性確保の見地から、捜索場所に居合わせた者が証拠物を隠匿していると疑うに足りる合理的な理由があり、必要性・緊急性が認められれば、例外的に令状の効力がその者の身体に及ぶと解する。

(2) 本件では、丙は甲方に頻繁に出入りしていたという事前情報があり、覚せい剤取引に関与している疑いがあった。また、丙は捜索の際、ひたすら右ポケットを気にし、落ち着きなく部屋を歩き回るなど不審な行為をしていた。さらに、丙はQに呼び止められた後、直ちにトイレへ向かうという証拠隠滅の素振りを見せた。以上の事情から、丙が証拠物を隠匿していると疑うに足りる合理的な理由がある。
また、差押対象物は小形の物ばかりで、トイレへ流すという証拠隠滅の手段も容易だから必要性・緊急性も認められる。したがって、丙の身体に令状の効力が及び、ポケットの捜索は適法である。

(3) 丙の右腕をつかんで引っ張った行為は、トイレへ行こうとする丙の抵抗を排除するために必要であり、それ以上の有形力は行使していないため相当性も認められる。したがって、「必要な処分」として適法である。

第2　設問2
1　小問1
(1) 証拠1・2・4はそれぞれ、甲乙の公判廷外の供述を内容としている。そこで、伝聞証拠（320条1項）に当たり、証拠能力が認められず、裁判所は証拠決定をなしえないのではないか。
供述証拠は、知覚・記憶・叙述という過程を経て証拠化されるところ、いずれの過程にも誤りが介入し得るから、反対尋問（憲法37条2項前段）によって、その真実性を確保せねばならないが、伝聞証拠だとそれができないため、被告人の反対尋問保障の見地から証拠能力が否定される。そこで、伝聞証拠か否かは反対尋問が必要か否か、要証事実との関係で相対的に決せられる。
証拠1・2・4は、丁の共謀という要証事実を立証するために用いられるから、その供述内容の真実性が問題となり、反対尋問を要する。したがって、伝聞証拠に当たり、同意（326条1項）なき限り、証拠能力は認められない。

(2) もっとも、Sは甲証言の証明力を争うため、すなわち弾劾証拠（328条）として証拠1・2・4を提出している。そこで、328条により証拠能力が認められないか。
そもそも、328条の趣旨は、伝聞証拠を弾劾目的で使用する場合、要証事実はその供述の存在自体になるため、伝聞法則は適用されないことを注意的に規定したに過ぎない。そして、自己矛盾供述でない第三者の供述をもって、弾劾的に利用する場合には、前提としてその第三者の供述の真実性が確保されなければな

● 出題趣旨によれば、①場所に対する捜索差押許可状によって、例外的に身体の捜索が許される場合があるか、②許される場合があるとして、いかなる場合にどのような理由で許されるかについて論じることが求められていたところ、本答案は、両者に触れており、適切である。

● ①丙が甲方に頻繁に出入りしていたこと、②丙は捜索の際、ひたすら右ポケットを気にしていたこと、③丙はQに呼び止められた後、直ちにトイレへ向かうという素振りを見せたこと、④差押対象物は小形の物ばかりであったこと、という複数の事実を挙げ、評価をしながら論述しており、出題趣旨に合致する。

● 出題趣旨によれば、Qが丙の右腕を引っ張ってポケットから引き抜き更にポケット内に手を差し入れた行為が「必要な処分」又は本来の捜索そのものとして許容されるかを論じることが求められていたところ、本答案は、この点について、必要性・相当性が認められるという理由を付して、『『必要な処分』として適法である』旨論じており、出題趣旨に合致する。

● 下線部④において、「甲証言の証明力を争うため」との記載があること、また、自己矛盾供述を弾劾目的で使用する場合には、そもそも伝聞法則の適用はないことから、本問は、端的に328条の問題として検討すれば足り、証拠1・2・4が伝聞証拠に当たるか否かや326条1項の同意の有無を論じる必要はなかった。

● 328条の趣旨を明らかにした上で、同条の解釈を展開することができており、出題趣旨に合致する。

平成29年・司法

らないから，自己矛盾供述と同一に語ることはできない。したがって，３２８条は自己矛盾供述のみを対象としているものと解する。

(3) これを本件についてみると，証拠２は甲の自己矛盾供述だから３２８条により証拠能力が認められる。また，証拠４は乙の供述を内容としており自己矛盾供述に当たらず，３２８条により証拠とすることはできない。

　　証拠１については，確かに甲の自己矛盾供述である。しかし，甲の署名押印がない。供述録取書は録取者の伝聞過程も問題となるところ，供述者の署名・押印を求めることで，伝聞性が解除される。３２８条は，供述者の伝聞過程が問題とならないことを注意的に規定したに過ぎず，その他の伝聞過程を解除する趣旨ではない。したがって，証拠能力が認められず，裁判所は証拠決定をなしえない。

2　小問2

(1) 証拠３も伝聞証拠にあたるが，３２８条により証拠能力が認められないか。この点，「争う」の文言には減殺された証明力を回復させる場合も含まれると解する方が自然だし，回復証拠として使用する場合も，要証事実が供述の存在自体で伝聞法則が適用されないから，３２８条の趣旨に合致する。

(2) したがって，裁判所は証拠３を取り調べる決定をなしえる。

以　上

● 　証拠２について，どの点が「矛盾供述」と言えるのか，具体的に指摘できていれば，より高い評価が得られたといえる。

● 　署名・押印がなぜ必要かについて，判例（最判平18.11.7／百選［第10版］〔87〕）を踏まえた検討ができており，出題趣旨に合致する。

● 　出題趣旨によれば，①328条の「証明力を争う」という文言の解釈と，②結論に至る実質的な理由の論述を求めているところ，本答案は，①を示せているが，②を示せていない。また，証拠３が甲証言の証明力を回復させられるかについての当てはめもない。なお，②については，例えば，甲証言と一致する内容の証拠３によって，基本的には甲証言と一致する供述がなされていたのであり，公判廷外における甲証言と矛盾する供述の方が例外的な存在であったことが明らかになり，その結果，自己矛盾状態が解消されるなどと論述することが考えられた。

▶ MEMO

第1　設問1
一　下線①について
1(1)　下線①のガラスを割って甲方に立ち入った行為は，甲方について
　　発付された捜索差押令状（以下「本件令状」）に基づく捜索差押え
　　として適法か。甲方への立ち入り自体は捜索差押えではないため，
　　これに伴う「必要な処分」（刑事訴訟法（以下略）２２２条１項，
　　１１１条１項）として，適法か問題となる。
　(2)　「必要な処分」とは，令状執行に伴い，それを実効的にするため
　　に２２２条１項，１１１条１項が認めるものであり，これにも捜査
　　比例の原則（１９７条１項本文）が妥当することから，令状の執行
　　に必要かつ相当なものでなければならない。
　(3)　本件では，甲の被疑事実は覚せい剤取締法違反であり，被害者な
　　き犯罪として証拠の押収が困難であるところ，甲は郵便ですらドア
　　チェーンをしたまま応答するなど警戒心が強いことが事前に分かっ
　　ている。確かに，ドアチェーンをニッパーで切断しドアから立ち入
　　ることも考えられるが，甲の警戒心が強い点，甲方には乙と丙が出
　　入りしていることが分かっていることから，失敗した場合には乙，
　　丙をして覚せい剤をトイレに流すなどして証拠隠滅を図られるおそ
　　れが高い。また，甲方の入り口は，ドアのほか，掃き出し窓しかな
　　いことから甲に気づかれないうちにガラスを割って立ち入ることが
　　必要であるといえる。
　　　他方，前述の通り，甲方の入り口はドアか掃き出し窓しかない
　　ところ，ドアを破壊するよりも掃き出し窓を破壊する方が損害が

少ないため，相当性も認められる。
　(4)　したがって，ガラスを割って立ち入った行為は「必要な処分」と
　　して適法である。
2(1)　次に，当該立ち入りは甲に本件令状を呈示する前になされている
　　ため，２２２条１項，１１０条に反しないか問題となる。
　(2)　１１０条は，令状を執行するにあたり令状の呈示を求めており，
　　この趣旨は，被処分者に令状執行の対象を示し，不服申立ての機会
　　を与え，捜査機関の恣意的な令状執行を防止する点にある。そうで
　　あるとすると，令状の呈示は原則として，令状執行の前になされる
　　べきである。
　　　しかし，事前に令状を呈示していたのでは，証拠物を隠滅され
　　るおそれがあるなど特段の事情のある場合には，真実発見（１条）
　　の見地から，事後の令状呈示でも許される。
　(3)　本件では，前述の通り，甲の被疑事実は薬物事犯であり，事前に
　　令状を呈示していたのでは証拠を棄損されるおそれが高く特段の事
　　情が認められるため，立ち入り後に令状を呈示しても１１０条に反
　　しない。
3　したがって，下線①の行為は適法である。
二　下線②について
1(1)　乙のハンドバッグの中を捜索した行為は，本件令状に基づく捜索
　　差押えとして適法か。まず，本件令状の効力が乙のハンドバッグに
　　及ぶか問題となる。
　(2)　令状主義（憲法３５条，２１８条）の趣旨は，捜査について事前

● 　Qらがベランダの窓ガラスを割っ
て解錠して室内に入った措置につい
て，「必要な処分」として許容され
る法的根拠及びその限界について簡
潔に言及できている。

● 　本答案は，必要性について，証拠
隠滅のおそれや，その阻止のために
玄関以外の場所から入る必要があっ
たことなど，具体的な事実を摘示し
ており，出題趣旨に合致する。また，
相当性についても，甲らに生じた損
害に着目して検討できている。

● 　出題趣旨によれば，令状呈示の趣
旨から，原則を論じた上で，本件措
置が令状呈示前に行われたことの適
否を論じることが求められていたと
ころ，本答案は，これらの事項につ
いて適切に言及できている。

● 　本答案は，出題趣旨が求める，①

の司法審査をし，捜査機関の恣意的な捜査により被処分者のプライバシーなどが侵害されることを防止する点にある。そして，令状裁判官による審査は，場所に対する令状については，場所の管理権ごとになされるため，捜索対象場所と同一の管理権に属するものについては，場所のプライバシーに包摂されるものとして場所に対する令状の効力が及ぶ。

(3) 本件乙のバッグは，乙の物である。甲方の管理権はまず甲にあるところ，甲と内縁関係にある乙にも管理権が認められるように思えるが，あくまで甲方の管理権は甲に服する。そして，甲と乙は異なるため，当該バッグの管理権は捜索場所に居合わせた乙にあり，本件令状の効力は及ばない。したがって，本件令状で当該バッグを捜索できないのが原則である。

(4) もっとも，捜索場所に居合わせた者の所持品であっても，証拠物を隠匿したと疑うに足る相当な理由のある場合又は，証拠物の隠匿を現認した場合には，「必要な処分」（２２２条１項，１１１条１項）として，原状復帰のため捜索することができる。

本件では，乙が証拠物を隠匿した場面は現認されておらず，また，乙はバッグが自己の物であるから見せたくないと主張するのみであり，証拠物を隠匿したと疑うに足る相当な理由があるとはいえない。

したがって，必要な処分としては捜索できない。

2(1) では，所持品検査として捜索差押えをすることができるか。
(2) 所持品検査は，職務質問（警職法２条１項）に密接に関連し，効

果的にするものであり，職務質問に付随するものとしてすることができる。

もっとも，職務質問は任意処分としてなされるものであり（警職法２項３項），強制の手段によることができないため，強制手段によらず，捜索に当たらない限り，これの必要性緊急性を考慮し，社会的に相当とされる限度で許容される。

(3) 当該行為は，バッグの中身を捜索するものであり，捜索に当たるため所持品検査としては違法である。

3 したがって，下線②の行為は違法である。

三 下線③について

1 丙のポケットに手を差し入れた行為は，本件令状に基づく捜索差押えとして適法か。

2 まず，令状の効力が及ぶか前述の基準に従って判断すると，丙は本件捜索差押えに居合わせた者であり，２１９条は場所と身体を別に規定していることから，場所に対する令状でその場に居合わせた者の身体を捜索することはできないため，本件令状の効力は丙の身体には及ばないのが原則である。

3 では，必要な処分として，捜索できるか前述の基準から検討する。

本件では，丙は捜索差押えの当初からずっとポケットに手を入れており，何が入っているのか質問してもこれを無視し，トイレに行こうとしており，行動が不自然であり，証拠物を隠滅したと疑うに足る相当な理由があるといえる。

したがって，必要な処分として原状復帰させるため丙のポケットを

● 特定の「場所」に対する捜索差押許可状の効力が，令状には明示的に記載のない「物」に及ぶことがあるのか，②それはいかなる場合であって，どのような理由に基づいて認められるのかという点についての論述ができており，出題趣旨に合致する。

● 本問では，甲方という，場所の管理権が，乙のバッグにまで及んでいるか否かを検討し，及んでいないとした場合には，甲方を捜索場所とする令状によって乙の管理権も制約されることになるかといった観点から，捜索の適法性を論じることが期待されていたが，本答案は，このような検討ができておらず，出題趣旨と合致しない。また，下線部③と同一の規範を用いて論じている点も，「物」と「人」という，事案の違いを把握できているとは言い難く，出題趣旨と合致しない。

● 所持品検査は職務質問に付随する行政警察活動（警職２Ⅰ）であり，令状に基づく捜索差押えの適法性について問われている本問の事案において，所持品検査の適法性を検討する余地はない。

● 本答案のように，隠匿行為を，本来行えたはずの「場所」に対する捜索・差押処分に対する妨害行為と捉え，これを排除するための付随措置（「必要な処分」）として，「人」に対する捜索を許容する説も有力である。そのため，下線部③の検討に際して，この基準を用いている点は問題ない。

● 丙が元々ポケット内に所持してい

平成29年・司法

搜索することができる。
4　よって、下線③の行為は適法である。
第2　設問2−1
一　証拠1〜4は公判期日における供述に代わる書面であり、伝聞証拠として証拠能力を否定されるのが原則である（320条1項）。
　　なぜなら、供述証拠は知覚・記憶・表現・叙述の各過程に誤りが入りやすく、反対尋問などにより内容の真実性を吟味する必要があるところ、伝聞証拠はこれをすることができないからである。
　　もっとも、伝聞証拠であっても、証拠の必要性が高く、情況的信用性があれば、伝聞例外として証拠能力を認められる。
　　本件では、弁護人Sが証拠1〜4について不同意としているため、326条により証拠能力は付与されない。
二　では、証拠1は328条により証拠能力を認められないか。
1　まず、証拠1には、署名押印がなく誰の供述録取書なのか分からないところ、328条の「証明力を争う証拠」に当たるためには署名押印が必要か問題となる。
　　この点について、328条は署名押印を要求していないが、他の伝聞例外において署名押印を要求する趣旨は、録取者における伝聞性を除去する点にあり、伝聞証拠は要証事実との関係で内容の真実性が問題となる証拠であるところ、録取者の伝聞性が除去されないと供述の内容の真実性を吟味することができない。そして、328条は、証明力を争うときは内容の真実性が問題とならないため証拠能力を認めるところ、録取者の伝聞性が除去されないと証明力を争うことができな

いため、署名押印の必要性は328条の証拠においても妥当する。
2　そして、328条の証拠は、自己矛盾供述に限られるのか、公判廷における証言と矛盾する他者の供述も含まれるか問題となるところ、自己矛盾供述に限られると考える。
　　なぜなら、328条は、証明力を争う際には、内容の真実性を立証するものではなく、矛盾する供述の存在自体から公判廷における供述の信用性を減殺するものであるため、伝聞証拠に当たらない旨規定したものであり、これは公判期日における証言をした者自身の供述でなければならない。つまり、他者矛盾供述では、証言者と他者のどちらの証言が真実であるのか内容の真実性を吟味することで初めて、証言の証明力を減殺することができるのであり、他者矛盾供述までも328条の証拠に含まれるとすると伝聞法則の趣旨を没却することになるからである。
3　本件についてこれをみると、そもそも証拠1は署名押印を欠き誰の供述であるのか分からないため、自己矛盾供述に当たるか判明しない。また、署名押印を欠くため、録取者の伝聞性が除去されていない。
　　したがって、証拠1は328条の証拠に当たらず、証拠能力は認められないため、裁判所はこれを証拠として採用することはできない。
三　証拠2について
1　前述の基準により検討する。まず、証拠2は、供述者甲の署名押印があり、録取者の伝聞性は除去されている。次に、供述者は公判廷における証言をした甲自身であり、その内容も、丁名義の口座への入金

● たのか、捜索の際にポケット内に隠匿したのかを区別して検討すべきであった。

● 本問において、伝聞法則に関する一般論を述べる意義は乏しい。下線部④において、「甲証言の証明力を争うため」との記載があるため、端的に328条について論じるべきであった。同様に、伝聞例外に当たるか否かの検討も不要であった。

● 署名・押印がなぜ必要かについて、判例（最判平18.11.7／百選［第10版］〔87〕）を踏まえた検討ができており、出題趣旨に合致する。

● 328条の適用される範囲が、自己矛盾供述に限定される旨を、伝聞法則の趣旨を踏まえて論じることができている。

● 証拠1は、Pが、「被疑者甲から聴取した供述」であることが【資料】の記載から明らかになっているため、「誰の供述であるのか分からない」との記述は不適切である。

の動機や，丁の関与について，甲証言と矛盾するものであり，自己矛
盾供述であるといえる。

2　したがって，証拠2は328条の証拠として証拠能力が認められる
ため，裁判所は証拠として採用することができる。

四　証拠4

1　前述の基準により検討する。まず，証拠4は供述者乙の署名押印が
あり，録取者の伝聞性は除去されている。そして，証拠4の内容は，
丁の関与，丁名義口座への入金動機について甲証言と矛盾する内容で
ある。しかし，当該供述は乙のものであり，甲とは異なる他者矛盾供
述に当たる。

2　したがって，証拠4は328条の証拠に当たらず，証拠能力が認め
られないため，裁判所はこれを証拠として採用することができない。

第3　設問2-2

1　証拠3について，甲証言の証明力を回復させるために証拠とするこ
とができるか，328条は「証明力を争う」と規定しているところ，
証明力を増強する場合にも328条により証拠能力が肯定されるか問
題となる。

2　この点について，伝聞証拠とは要証事実との関係で内容の真実性が
問題となる証拠をいうところ，328条は，証明力を争い，証明力を
減殺する場合には，供述内容の真実性が問題とならず，その供述の存
在自体によって証明力を争うため伝聞証拠に当たらないことを規定し
ている。

他方，証明力を増強する場合には，供述の存在自体により公判供述

の信用性を減殺する場合とは異なり，その内容の真実性を立証するこ
とにも用いられるおそれがあり，証拠による立証対象が定まらないた
め，伝聞法則を潜脱するおそれがある。そこで，証明力を増強するた
めに，328条により証拠能力を肯定することは原則としてできない
と考えるべきである。

もっとも，一度証明力が減殺された公判供述については，その証明
力を回復させるために，自己矛盾供述により証明力を増強したとして
も，単に増強する場合とは異なり，公判供述の証明力を減殺した証拠
の証明力を減殺し，公判供述の証明力を回復させるものであり，供述
の存在自体により減殺のため用いられた証拠の証明力を争うものであ
り，伝聞法則の潜脱のおそれはない。したがって，証明力を回復させ
る場合には，328条により証拠力を肯定することはできる。

3　本件では，甲証言が他の証拠により証明力を減殺されており，他の
証拠の証明力を争い，その減殺された分について証明力を回復させる
ために用いられているのであり，証拠3の内容の真実性は問題となら
ない。

したがって，証拠3は328条の証拠に当たり，証拠能力が肯定さ
れるため，裁判所は証拠とすることができる。

以　上

● 供述のどの点が矛盾しているかの
認定ができている。

● 証拠4が他者矛盾供述に当たり，
328条の適用がない旨の指摘ができ
ている。

● 問題文に「甲証言の証明力を回復
するため」とある以上，端的に回復
証拠として取り調べることができる
かについて検討すべきであり，「証
明力を増強する場合」についての論
述は不要である。

● 出題趣旨によると，本問では，「証
明力を争う」という文言の解釈を示
すことが期待されていたが，本答案
は，この点について言及できていな
い。

● 出題趣旨によれば，証拠3がいか
なる理由で証明力の回復証拠となる
のかについても論じることが求めら
れていたが，本答案は，証拠3が本
問との関係でなぜ回復証拠になるの
かについて，述べていない。

第1　設問1
1　①の捜査の適法性
 (1)　①の捜査は捜索・差押えそのものではないものの，捜索・差押えの実効性を確保するために有効な行為であるところ，「必要な処分」（刑事訴訟法（以下略）２２２条１項前段・１１１条１項前段）として適法といえないか。
 (2)　この点，捜索・差押えには捜査比例の原則（１９７条１項本文）が適用されるところ，これに付随する「必要な処分」にも同原則が及ぶ。そこで，「必要な処分」は，（ⅰ）捜索・差押えの実効性を確保するための必要な行為であって，かつ（ⅱ）社会通念上相当な態様で行われるものに限り，適法と解する。
 (3)　まず，甲の被疑事実は覚せい剤の営利目的所持であるが，かかる犯罪は懲役刑が予定されており，社会に秩序を破壊する重大な犯罪である上，密行性が高く，検挙が困難である。そして，甲はAの供述及びQらの捜査によれば，不特定多数の者に対して覚せい剤を密売している嫌疑が濃厚である。しかし，甲は，普段，訪問者に対し，玄関のドアチェーンを掛けたまま対応している上，甲方には甲以外にも乙が居住し，丙が出入りしているところ，玄関から甲方に入ろうとすれば，ドアチェーンを切断するよりも前に，甲・乙・丙などが，覚せい剤を水に流してしまう可能性が高いため，掃き出し窓のガラスを割ることにより，素早く甲方に入る高度の必要性があった。以上の事情より，①の捜査には必要性が認められる。
　　　次に，掃き出し窓のガラスを割るという手段は，ドアそのもの

を破壊することに比べて甲に対する被害は軽微であり，ガラスの修復は容易である。よって，甲の被侵害利益は軽微な反面，①の捜査の必要性は上記の通り，極めて高いといえ，①の捜査の相当性が認められる。
 (4)　したがって，①の捜査は「必要な処分」として適法である。
2　②の捜査の適法性
 (1)　②の捜査は適法か。甲方に対する令状の効力が乙のハンドバッグにも及ぶのかが問題となる。
 (2)　捜索・差押えに令状主義（憲法３５条，２１８条１項）が採られている趣旨は，プライバシー等の人権侵害となる捜索・差押えに先立って，裁判官の司法審査を事前に及ぼすことにより，一般的探索のような捜査機関の恣意的な捜索を防止することよって，被処分者の人権を保護する点にある。そうだとすれば，捜索差押許可状の効力の及ぶ範囲は，かかる司法審査を事前に受けたと解せられる範囲に限られる。
 (3)　乙は，甲方に居住しており，そして物に対するプライバシーは場所に対するプライバシーに包摂されるから，甲方に対する令状の効力は，甲方に居住する者が所有する物に対しても及ぶと解すべきである。そして，乙はハンドバッグを携帯しているものの，これを携行しているか部屋に置かれているかは偶然の事情にすぎないから，このことは結論に影響しない。
 (4)　よって，乙のハンドバッグには，甲に対する令状の効力が及ぶから，②の捜査は適法である。

●　出題趣旨によれば，「捜索差押えの実効性を確保するために必要性があるのか，その態様は社会通念上相当な範囲内にあるのかといった観点から評価することが求められる」としているところ，本答案は，一定の事実を摘示して適切に評価することができている。他にも，覚せい剤は立証上重要な証拠であること，甲は覚せい剤取締法違反の前科３犯を有する者であり，初犯者と比較して警察捜査に関する知識経験を有していると考えられること等も指摘できれば，なお良かった。

●　出題趣旨によれば，令状呈示の趣旨から，原則を論じた上で，本件措置が令状呈示前に行われたことの適否を論じることが求められていたところ，本答案は，これらの事項を全く検討できていない。

●　出題趣旨によれば，①特定の「場所」に対する捜索差押許可状の効力が，令状には明示的に記載のない「物」に及ぶことがあるのか，②それはいかなる場合であって，どのような理由に基づいて認められるのかについて論じることが求められていたところ，本答案は，抽象的に令状の効力の及ぶ範囲を指摘するにとどまっている。
　　また，自らの立てた規範と当てはめを一致させる必要がある。

3 ③の捜査の適法性
(1)ア ③の捜査は適法か。甲方に対する令状の効力が丙の右ポケットにも及ぶのかが問題となる。
　イ 丙は，甲方に居住しているわけではないから，丙の携帯品については，令状裁判官の司法審査が事前に及んでいるとはいえない。加えて，身体に対するプライバシーは，場所に対するプライバシーに包摂されているとはいえない。
　ウ よって，甲方に対する令状の効力が丙の右ポケットにも及ぶとはいえない。
(2)ア しかし，丙は甲方の捜索開始時より右ポケットに手を入れており，手を抜いた後も，右ポケットを気にする素振りを見せているところ，甲方の捜索・差押対象物を所持している可能性が高い。そこで，令状の効力としての妨害行為の排除として，丙の右ポケットを捜索することができないか。
　イ この点，令状の執行妨害を阻止するため，令状の効力として，妨害行為の排除が可能であると解するが，令状主義の潜脱を防ぐため，厳格な要件の下でのみ妨害行為の排除を認めるべきである。具体的には，捜査機関が，妨害行為を現認する等，妨害行為が行われたことが明らかである必要があると解する。
　ウ 丙は，確かに，捜索・差押対象物を所持している可能性が高いものの，Pらは丙が捜索・差押対象物を右ポケットに入れるところを現認したわけではないから，丙が妨害行為を行ったことが明らかであるとまではいえない。

　エ したがって，令状の効力としての妨害行為の排除として，丙の右ポケットを捜索することもできないため，③の捜査は違法である。
第2 設問2
1 小問1
(1)ア 下線部④で請求された各証拠は伝聞証拠（320条1項）に当たらないか。これに当たる場合，原則として証拠能力が否定されるため，問題となる。
　イ そもそも，伝聞法則の趣旨は，供述証拠は裁判所に到達するまでに知覚・記憶・叙述の各過程を経るところ，この各過程で誤りが入るおそれがあるため，被告人の反対尋問権（憲法37条2項前段）の保障，偽証罪（刑法169条）による制裁の予告，裁判所による供述態度の直接観察等により，供述内容の真実性を担保する点にある。そこで，同法則の適用を受ける伝聞証拠とは，公判廷外の原供述を内容とする供述証拠であって，供述内容の真実性が，要証事実との相対的な関係で問題となるものをいうと解する。
　ウ 下線部④で請求された各証拠は，いずれも丁・甲間の共謀の有無を争うためのものであるから，内容の真実性が問題となり，伝聞証拠に当たる。
(2)ア よって，下線部④で請求された各証拠は原則として証拠能力が否定され，裁判所はこれらを証拠として取り調べる旨の決定はできないことが原則であるが，「供述の証明力を争う……証拠」

● 219条1項が捜索の対象として「場所」と「身体」を区別している理由を，条文とともに指摘すべきである（再現答案①②参照）。

● 問題提起において言及されている，「丙は甲方の捜索開始時より右ポケットに手を入れており，手を抜いた後も，右ポケットを気にする素振りを見せている」という事実以外にも，差押対象物件に比較的小さい物が含まれていることや，ポケットの中身を尋ねられても答えなかったこと，司法警察員Qの制止を無視して黙ったままトイレに入ろうとしたことなどの事実も摘示して，「妨害行為が行われたことが明らかである」か否かを検討すべきであった。

● 問題文では，「Sは，甲証言の証明力を争うため，〔証拠1〕，〔証拠2〕及び〔証拠4〕の各取調べを請求した」とされている。したがって，「各証拠は，いずれも丁・甲間の共謀の有無を争うためのもの」とする本答案の記載は誤りである。

平成29年・司法

（３２８条），すなわち弾劾証拠として，取り調べることができ
ないか。弾劾証拠の適格性が問題となる。
イ　この点，３２８条の趣旨は，ある供述をした者が，別の機会
にその供述と矛盾する供述をした場合に，その矛盾する供述の
存在自体をもって，その人物の供述の信用性が疑わしいことを
立証する場合，供述内容の真実性自体は問題とならない伝聞証
拠の非伝聞的利用であるため，伝聞法則に服さないことを注意
的に規定したにすぎないものであると解する。そうだとすれば，
弾劾証拠の適格性は自己矛盾供述に限られる。
ウ　まず，証拠１は，甲自身の供述であるため，自己矛盾供述と
して，弾劾証拠の適格性を有するとも思える。しかし，証拠１
には甲の署名・押印がないため，甲の供述をＰが書き取った段
階での伝聞性が残り，Ｐが証拠１を勝手に作ったという疑いを
打ち消すことができない。よって，証拠１は弾劾証拠の適格性
を有さない。
　　次に，証拠２は甲自身の，公判廷の供述と矛盾する自己矛盾
供述であり，かつ，甲の署名・押印がある。よって，証拠２は
弾劾証拠の適格性を有する。
　　続いて，証拠４は，そもそも甲ではなく，乙の供述である以
上，弾劾証拠の適格性を有さない。
エ　したがって，証拠２のみ，弾劾証拠の適格性を有し，裁判所
はこれを証拠として取り調べる旨の決定をすることができる。
なお，証拠１，４は，その他の伝聞例外（３２１条１項３号，

３２２条）の要件もみたさないため，裁判所は証拠として取り
調べる旨の決定をすることはできない。
２　小問２
(1)　証拠３も内容の真実性が問題となる伝聞証拠であるところ，裁判
所はこれを証拠として取り調べる旨の決定をすることができないの
が原則であるが，回復証拠として取り調べることができないか。
(2)　この点，回復証拠も，矛盾する供述の存在自体をもって，供述の
信用性を回復するものであるから，その適格性は自己矛盾供述に限
られると解する。
(3)　証拠３は，甲自身の自己矛盾供述であり，かつ，甲の署名・押印
がある。
(4)　したがって，裁判所は証拠３を証拠として取り調べる旨の決定を
することができる。

以　上

● 弾劾証拠は，本答案も指摘してい
るとおり，供述証拠を非伝聞として
利用する場合であり，伝聞法則と原
則・例外の関係にあるものではない。

● 出題趣旨によれば，本問では，伝
聞法則や328条の趣旨を踏まえた論
述が求められていた。本答案は，
328条の趣旨については言及できて
いるものの，伝聞法則との関係につ
いては言及できていない。この点に
ついては，再現答案①のように，自己
矛盾供述に限らなければ伝聞法則の
趣旨を没却する可能性があることを
示すべきであった。

● 供述のどの点が矛盾しているかの
認定が不十分であり，説得的な論述
とはいえない。

● 出題趣旨によれば，①328条の「証
明力を争う」という文言の解釈と②
各自の結論に至る実質的な理由の論
述を求めているところ，本答案は，
いずれにも触れていない。特に，②
については，なぜ「矛盾する供述の
存在」が「供述の信用性を回復する」
といえるのかについて，説明すべき
であった。

平成30年

問題文

[刑事系科目]

〔**第2問**〕（配点：100）

　次の【事例】を読んで，後記〔**設問1**〕及び〔**設問2**〕に答えなさい。

【事　例】

1　平成30年1月10日午前10時頃，A工務店の者と名乗る男が，H県I市J町のV方を訪問
　し，V（70歳，女性）に対し，無料でV方の修繕箇所の有無を点検する旨申し向け，Vの了解を
　得て，V方を点検した。その男は，実際には特段修繕を要する箇所などなかったにもかかわらず，
　Vに対し，「屋根裏に耐震金具は付いていますが，耐震金具に不具合があって，このまま放ってお
　くと，地震が来たら屋根が潰れてしまいます。すぐに工事をしないと大変なことになります。代金
　は100万円です。お金を用意できるのであれば，今日工事をすることも可能です。」などと嘘を
　言ってVをだまし，V方の屋根裏の修繕工事を代金100万円で請け負った。その男は，Vから，
　「昼過ぎであれば100万円を用意できるので，今日工事をしてほしい。」と言われたため，同日
　午後1時頃，再度，V方を訪問し，Vから工事代金として現金100万円を受領し，領収書（以下
　「本件領収書」という。）をVに交付した。その後，その男は，V方の修繕工事を実施したかのよ
　うに見せ掛けるため，形だけの作業を行った上で，Vに対し，工事が終了した旨告げて立ち去っ
　た。

　　本件領収書の記載内容は【資料1】のとおりであり，㊞の部分にA工務店の代表者として甲の名
　字が刻された認め印が押されているほかは，全てプリンターで印字されたものであった。

2　Vは，同日午後7時頃，Vの長男WがV方を訪問した際に前記工事の話をしたことを契機に，詐
　欺の被害に遭ったことに気付き，Wから，犯人が言った内容を記載しておいた方がよいと言われた
　ため，その場で，メモ用紙にその内容を記載した（以下「本件メモ」という。）。

　　本件メモの記載内容は【資料2】のとおりであり，全ての記載がVによる手書き文字であった。

　　翌11日，V及びWは，警察署に相談に訪れた。Vは，司法警察員Pに対し，本件領収書及び本
　件メモを提出した上で，「100万円の詐欺の被害に遭いました。犯人から言われた内容は，被害
　当日にメモに書きました。犯人は中肉中背の男でしたが，顔はよく覚えていません。ただ，犯人が，
　『A工務店』と書かれたステッカーが貼られた赤色の工具箱を持っていたことは覚えています。ス
　テッカーは，直径5センチメートルくらいの小さな円形のもので，工具箱の側面に貼られていまし
　た。」と説明した。Wは，Pに対し，「提出したメモは，昨夜，母が，私の目の前で記載したもの
　です。そのメモに書かれていることは，母が私に話した内容と同じです。」と説明した。

3　Pらが所要の捜査を行ったところ，本件領収書に記載された住所には，実際にA工務店の事務所
　（以下「本件事務所」という。）が存在することが判明した。

　　本件事務所は，前面が公道に面した平屋建ての建物で，玄関ドアから外に出るとすぐに公道とな

っていた。また，同事務所の前面の腰高窓にはブラインドカーテンが下ろされており，両隣には建物が接しているため，公道からは同事務所内を見ることができなかった。

　Pらは，同月15日午前10時頃，本件事務所付近の公道上に止めた車両内から同事務所の玄関先の様子を見ていたところ，同事務所の玄関ドアの鍵を開けて中に入っていく中肉中背の男を目撃した。その男が甲又はA工務店の従業員である可能性があると考え，①Pは，同日午前11時頃，その男が同事務所から出てきた際に，同車内に設置していたビデオカメラでその様子を撮影した。Pが撮影した映像は全体で約20秒間のものであり，男が同事務所の玄関ドアに向かって立ち，ドアの鍵を掛けた後，振り返って歩き出す姿が，容ぼうも含めて映っているものであった。

　Pがその映像をVに見せたところ，Vは，「この映像の男は，犯人に似ているような気がしますが，同一人物かどうかは自信がありません。」と述べた。

　その後の捜査の結果，A工務店の代表者が甲という氏名であること及び前記映像に映っている男が甲であることが判明した。

　Pらは，引き続き本件事務所を1週間にわたって監視したが，甲の出入りは何度か確認できたものの，他の者の出入りはなかったため，A工務店には甲のほかに従業員はいないものと判断して監視を終えた。

　Pらは，その監視の最終日，甲が赤色の工具箱を持って本件事務所に入っていくのを目撃した。Pらは，同工具箱に「A工務店」と書かれたステッカーが貼られていることが確認できれば，甲が犯人であることの有力な証拠になると考えたが，ステッカーが小さく，甲が持ち歩いている状態ではステッカーの有無を確認することが困難であった。そこで，Pらは，同事務所内に置かれた状態の工具箱を確認できないかと考えた。しかし，公道からは同事務所内の様子を見ることができなかったので，玄関上部にある採光用の小窓から内部を見ることができないかと考え，向かい側のマンションの管理人に断った上で同マンション2階通路に上がったところ，同小窓を通して同事務所内を見通すことができ，同事務所内の机上に赤色の工具箱が置かれているのが見えた。そして，Pが望遠レンズ付きのビデオカメラで同工具箱を見たところ，同工具箱の側面に，「A工務店」と記載された小さな円形のステッカーが貼られているのが見えたことから，②Pは，同ビデオカメラで，同工具箱を約5秒間にわたって撮影した。Pが撮影したこの映像には，同事務所内の机上に工具箱が置かれている様子が映っているのみで，甲の姿は映っていなかった。

　Pがその映像をVに見せたところ，Vは，「犯人が持っていた工具箱は，この映像に映っている工具箱に間違いありません。」と述べた。

　その後，Pは，Vの供述調書を作成するためにVの取調べを実施しようとしたが，その直前にVが脳梗塞で倒れたため，Vの取調べを実施することはできなかった。Vの担当医師は，Vの容体について，「今後，Vの意識が回復する見込みはないし，仮に意識が回復したとしても，記憶障害が残り，Vの取調べをすることは不可能である。」との意見を述べたため，Pは，Vの供述調書の作

平成30年・司法

成を断念した。

4　Pらは、同年2月19日、甲を前記1記載の事実に係る詐欺罪で通常逮捕するとともに、本件事務所等の捜索を実施し、甲の名字が刻された認め印等を押収した。そして、甲は、同月21日、検察官に送致され、引き続き勾留された。

　　甲は、検察官Qによる取調べにおいて、「V方に行ったことはありません。」と述べて犯行を否認した。

　　その後、捜査を遂げた結果、本件領収書から検出された指紋が、逮捕後に採取した甲の指紋と合致するとともに、本件領収書の印影と前記認め印の印影が合致したことなどから、Qは、同年3月12日、甲を前記詐欺の事実で公判請求した。

5　甲は、同年4月23日に行われた第1回公判期日において、前同様の弁解を述べて犯行を否認した。

　　Qは、本件領収書の印影と前記認め印の印影が合致する旨の鑑定書、本件領収書から検出された指紋と甲の指紋が合致する旨の捜査報告書、Vから本件メモ及び本件領収書の任意提出を受けた旨の任意提出書等のほか、③本件メモ及び④本件領収書の取調べを請求した。Qは、本件メモの立証趣旨については、「甲が、平成30年1月10日、Vに対し、本件メモに記載された内容の文言を申し向けたこと」、本件領収書の立証趣旨については、「甲が平成30年1月10日にVから屋根裏工事代金として100万円を受け取ったこと」であると述べた。

　　弁護人は、前記鑑定書、前記捜査報告書及び前記任意提出書等については同意したが、本件メモについては不同意、本件領収書については不同意かつ取調べに異議があるとの証拠意見を述べた。その後、Wの証人尋問が実施され、Wは、前記2のWがPに対して行った説明と同旨の証言をした。

〔設問1〕　下線部①及び②の各捜査の適法性について、具体的事実を摘示しつつ論じなさい。

〔設問2〕

1．下線部③の本件メモの証拠能力について、立証趣旨を踏まえ、具体的事実を摘示しつつ論じなさい。

2．下線部④の本件領収書の証拠能力について、立証趣旨を踏まえ、立証上の使用方法を複数想定し、具体的事実を摘示しつつ論じなさい。ただし、本件領収書の作成者が甲であり、本件領収書が甲からVに交付されたものであることは、証拠上認定できるものとする。

【資料1】

```
                         領収書

    V    様                         平成30年1月10日


       ￥  1,000,000（税込）
       但  屋根裏工事代金として
       上記正に領収いたしました        〒  000-0000
                                    H県I市K町1-2-3
                                  TEL  000-000-0000
                                  Ａ工務店  代表   甲   印
```

【資料2】

```
 1/10
   （今日午前10時，Ａ工務店と名乗る男性が訪問してきた。そのとき言われたこと。）
  屋根裏に耐震金具は付いているが，耐震金具に不具合がある。
  地震が来たら，屋根が潰れる。すぐに工事しないと大変なことになる。
  工事代金は100万円。
  お金が用意できるのであれば，今日工事をすることも可能。
```

【刑事系科目】

〔第２問〕

　本問は，詐欺事件の捜査及び公判に関する事例を素材に，刑事手続法上の問題点を指摘させた上で，その解決に必要な法解釈，法適用に当たって重要な具体的事実の分析及び評価並びに結論に至る思考過程を論述させることにより，刑事訴訟法に関する基本的学識，法適用能力及び論理的思考力を試すものである。

　〔設問１〕は，司法警察員Ｐが，犯人から被害者Ｖに交付された領収書に記載された住所に所在するＡ工務店事務所に出入りしていた男について，Ａ工務店代表者甲又はその従業員である可能性があると考え，犯人とその男との同一性をＶに確認させるため，同事務所から出てきたその男の容ぼう・姿態をビデオカメラで撮影したこと（下線部①），その後，犯人が持っていた工具箱と甲が持ち歩いていた工具箱との同一性をＶに確認させるため，同事務所の向かい側にあるマンションの２階通路から，望遠レンズ付きビデオカメラで，同事務所の玄関上部にある採光用の小窓を通し，同事務所内の机上に置かれた，「Ａ工務店」と書かれた小さな円形ステッカーの貼ってある赤い工具箱を撮影したこと（下線部②）に関し，その適法性を検討させる問題である。具体的には，これらの捜査活動の適否に係る検討を通じ，いわゆる強制処分と任意処分を区別する基準，強制捜査又は任意捜査の適否の判断方法についての理解と，その具体的事実への適用能力を試すことを狙いとする。

　まず，ある捜査活動がいわゆる強制処分に該当する場合，刑事訴訟法にその根拠となる特別の規定がある場合に限って許されるため（同法第１９７条第１項ただし書き，強制処分法定主義），当該捜査活動が強制処分に該当するのか，それとも任意処分にとどまるのか，両者の区別が問題となる。

　この点に関し，写真撮影やビデオカメラによる撮影について扱った最高裁判所の判例は，それらの撮影が強制処分に該当するか否かを明示的に判断しておらず，当該事案においては令状によらずに適法にこれらを実施することが許されるとしたにとどまる（最大判昭和４４年１２月２４日刑集２３巻１２号１６２５頁，最決平成２０年４月１５日刑集６２巻５号１３９８頁）。他方で，最高裁判所は，「強制手段とは，有形力の行使を伴う手段を意味するものではなく，個人の意思を制圧し，身体，住居，財産等に制約を加えて強制的に捜査目的を実現する行為など，特別の根拠規定がなければ許容することが相当でない手段を意味する」と判示しており（最決昭和５１年３月１６日刑集３０巻２号１８７頁。以下「昭和５１年決定」という。），同決定に留意しつつ，強制処分に対する規律の趣旨・根拠を踏まえながら，強制処分と任意処分とを区別する基準を提示することが求められる。

　次に，Ｐらの捜査活動が強制処分に至っていると評価される場合には，現行法の法的規律の在り方に従ってその適否（法定された既存の強制処分の類型に該当するか否か，これに該当する場合には法定された実体的及び手続的要件を充足するか否か）を検討することが必要となるが，それが任意処分にとどまると評価される場合であっても，当該捜査活動により何らかの権利・利益

を侵害し又は侵害するおそれがあるときは，無制約に許容されるものではないことから，任意捜査において許容される限界内のものか否かが問題となる。

この任意処分の許容性の判断に当たっては，いわゆる「比例原則」から，具体的事案において，特定の捜査手段により対象者に生じ得る法益侵害の内容・程度と，特定の捜査目的を達成するため当該捜査手段を用いる必要性とを比較衡量することになる。この点，昭和５１年決定も，「強制手段にあたらない有形力の行使であっても，何らかの法益を侵害し又は侵害するおそれがあるのであるから，状況のいかんを問わず常に許容されるものと解するのは相当でなく，必要性，緊急性などをも考慮したうえ，具体的状況のもとで相当と認められる限度において許容されるものと解すべきである。」と判示しており，同決定に留意しつつ，任意処分の適否の判断方法を提示することが求められる。なお，当該捜査手段を用いる必要性を検討するに当たっては，対象となる犯罪の性質・重大性，捜査対象者に対する嫌疑の程度，当該手段によって達成される捜査目的等に関わる具体的事情を適切に抽出し，評価する必要がある（なお，前記最大判昭和４４年１２月２４日，最決平成２０年４月１５日を参照。）。

このように，本設問の解答に当たっては，強制処分，任意処分それぞれに対する法的規律の趣旨・根拠を踏まえつつ，判例の考え方にも留意して，強制処分と任意処分を区別する基準や，強制処分又は任意処分の適否の判断方法を提示した上，本設問の事例に現れた具体的事実が，その判断方法において，果たして，またどのような意味を持つのかを意識しながら，下線部①及び下線部②の各捜査の適法性を検討する必要がある。

下線部①の捜査の適法性を検討するに当たっては，当該捜査により対象者のいかなる権利・利益が制約され得るかを具体的に指摘した上，対象者に認識されることなく秘密裏に撮影したこと，公道上にいる対象者について，事務所の玄関ドアに向かって立ち，ドアの鍵を掛けた後，振り返って歩き出す姿を約２０秒間にわたり撮影したこと等の具体的事実を指摘し，ＰがＡ工務店事務所から出てきた男の容ぼう・姿態をビデオカメラで撮影した行為が強制処分に該当するか否かについて，強制処分と任意処分とを区別する基準に従って評価することが求められる。

その結果，強制処分に該当しないとの結論に至った場合，次に，当該捜査が任意捜査における限度内のものといえるかを検討する必要がある。本設問の事例においては，本件が被害額１００万円の詐欺事案であること，Ｖが犯人から受領した領収書には「Ａ工務店代表甲」と記載されていたこと，被撮影者はＡ工務店事務所に出入りする人物であること，Ｖは犯人の顔をよく覚えていない旨供述していたこと，公道上にいる男が，事務所の玄関ドアに向かって立ち，ドアの鍵を掛けた後，振り返って歩き出す姿を約２０秒間にわたり撮影したこと，Ｐが撮影した場所は，公道上に駐車した車両内であること等の具体的事実を指摘した上，任意処分の適否の判断方法に従って評価することが求められる。

下線部②の捜査についても，下線部①の捜査と同様の判断方法に従って適法性を検討することが求められるが，両者は，そこで制約される権利・利益の内容やその要保護性の程度，撮影方法等が異なっていることから，この点を意識して論じる必要がある。すなわち，下線部②の捜査は，不特定多数の客が出入りすることが想定されていない上，窓にブラインドカーテンが下ろされており，内部の様子を公道から見ることができないＡ工務店事務所内を，向かい側にあるマンションの２階通路から，望遠レンズ付きビデオカメラで，同事務所の玄関上部にある採光用の小窓を通して約５秒間にわたり撮影したというものであり，同事務所は，住居ほどでないとしても，公

道などとは異なりなお私的領域たる性格が認められる場所であること，承諾のない限り，通常，事務所内に侵入しなければ確認できないような状態にある対象を撮影していることなどを踏まえ，強制処分と任意処分の区別に関する判断基準に従って評価することが求められる。

　その結果，強制処分に該当するとの結論に至った場合には，無令状でした下線部②の捜査が，強制処分に対する現行法の法的規律の下で許容され得るか否かを検討することが，これに対し，強制処分に該当しないとの結論に至った場合には，任意処分の適否の判断方法に従い，具体的事実を指摘しながら，当該捜査の適法性について評価することが，それぞれ求められる。

　〔設問２〕は，被害者Ｖが犯人から申し向けられた欺罔文言を記したメモ及びＶが犯人から交付を受けた領収書について，本事例にある検察官Ｑが明示した各立証趣旨を踏まえて，証拠能力の有無を検討させる問題である。

　前提として，刑事訴訟法第３２０条第１項のいわゆる伝聞法則の趣旨を踏まえ，同項の適用の有無，すなわち伝聞と非伝聞の区別基準を示すことが求められる。この区別は，当該証拠によって何をどのように証明しようとするかによって決まり，具体的には，公判外供述を内容とする供述又は書面を，公判外の原供述の内容の真実性を証明するために用いるか否かによるとされるのが一般的である。

　その上で，本件メモ及び本件領収書について，本事例において明示された立証趣旨を踏まえて，想定される立証上の使用方法に鑑み，伝聞・非伝聞の別について分析するとともに，伝聞証拠に該当する場合には，各書面に相応する伝聞例外規定を摘示した上，その要件を充足するか否かについて，また，非伝聞証拠に該当する場合には，いかなる推論過程を経れば，（記載内容の真実性を問題とすることなしに）立証趣旨に則した事実を推認することができるのかについて，それぞれ的確かつ丁寧な検討，説明を行うことが求められる。

　本件メモには，Ｖが犯行時に犯人から申し向けられた欺罔文言が記載されており，その立証趣旨は，「甲が，平成３０年１月１０日，Ｖに対し，本件メモに記載された内容の文言を申し向けたこと」とされているところ，かかる立証趣旨を踏まえた場合に，本件メモがそこに記載された内容の真実性を立証するために用いられることになるか否かを検討し，伝聞証拠かどうかを判断する必要がある。伝聞証拠に該当する場合は，伝聞例外の要件を満たすか否かを検討すべきことになるが，本件メモは，「被告人以外の者」であるＶが作成した「供述書」であるから，刑事訴訟法第３２１条第１項第３号の規定する要件を充足するか否かを検討することが求められる。

　本件領収書には甲が平成３０年１月１０日にＶから屋根裏工事代金として１００万円を受領した旨が記載されており，その立証趣旨は，「甲が平成３０年１月１０日にＶから屋根裏工事代金として１００万円を受け取ったこと」とされているところ，かかる立証趣旨を踏まえ，甲が特定の日にＶから特定の趣旨で特定の金額の現金を受領したとの事実を立証する方法として，本件領収書を伝聞証拠として用いる場合と非伝聞証拠として用いる場合とを想定することが可能であるため，その双方について検討することが求められる。

　伝聞証拠として用いる場合については，本件領収書は，「被告人」である甲が作成した「供述書」であるから，刑事訴訟法第３２２条第１項の規定する要件を充足するか否かについての検討が求められる。他方，非伝聞証拠として用いる場合については，本件領収書の作成，交付の事実を併せ考慮することにより，領収書の記載内容の真実性とは独立に，立証趣旨に対応する上記現金受領の事実が推認されることを相応の根拠とともに論じることが求められる。

採点実感

1 採点方針等

　本年の問題も，昨年までと同様に比較的長文の事例を設定し，具体的事例に基づき，その捜査及び公判の過程に現れた刑事手続上の問題の所在を的確に把握し，その法的解決に必要な具体的事実を抽出・分析した上，これに的確な法解釈を経て導かれた法準則を適用して一定の結論を導き出すとともに，この過程を筋道立てて説得的に論述することを求めるものである。法律実務家になるために必要な事案分析能力，法解釈・適用能力，事実認定能力，論理的思考力，論述能力及び刑事訴訟法に関する基本的学識等を試すための出題である。

　出題の趣旨は，既に公表したとおりである。

　〔設問1〕は，司法警察員が，詐欺事件の犯人から被害者Vに交付された領収書に記載された住所に所在するA工務店事務所に出入りしていた男について，A工務店代表者甲又はその従業員である可能性があると考え，犯人とその男の同一性をVに確認させるため，同事務所から出てきたその男の容ぼう・姿態をビデオカメラで撮影したこと（下線部①），その後，犯人が持っていた工具箱と甲が持ち歩いていた工具箱の同一性をVに確認させるため，同事務所の向かい側にあるマンションの2階通路から，望遠レンズ付きビデオカメラで，同事務所の玄関上部にある採光用の小窓を通し，同事務所内の机上に置かれた，「A工務店」と書かれた小さな円形ステッカーの貼ってある赤い工具箱を撮影したこと（下線部②）につき，それぞれの適法性を問うものである。ここでは，いわゆる強制処分と任意処分を区別する基準，任意捜査の適否の判断方法を提示し，事例中に現れた具体的事実を的確に抽出した上，上記各行為の適法性を評価することが求められる。

　〔設問2〕は，Vが犯人から申し向けられた欺罔文言を記したメモ及びVが犯人から交付を受けた領収書の証拠能力の有無を問うものである。ここでは，刑事訴訟法第320条第1項のいわゆる伝聞法則の趣旨を前提に，同項の適用の有無，すなわち伝聞と非伝聞を区別する基準を提示した上，本件メモ及び本件領収書が，事例中に明示された立証趣旨を踏まえた場合，伝聞・非伝聞のいずれに該当するか，また，伝聞証拠に該当するとした場合には，各書面に相応する伝聞例外規定を摘示した上，その要件を充足するか否か，非伝聞証拠に該当するとした場合には，いかなる推論過程を経れば，記載内容の真実性を問題とすることなく（すなわち，書面の記載から，その内容どおりの事実が実際に存在したことを推認する，という過程を経ずに）立証趣旨に則した事実を推認することができるのかについて，それぞれ的確かつ丁寧に検討，説明することが求められる。

　採点に当たっては，このような出題の趣旨に沿った論述が的確になされているかに留意した。

　前記各設問は，いずれも捜査及び公判に関して刑事訴訟法が定める制度・手続及び判例の基本的な理解に関わるものであり，法科大学院において刑事手続に関する科目を履修した者であれば，本事例において何を論じるべきかはおのずと把握できるはずである。〔設問1〕について，判例は，写真撮影やビデオカメラによる撮影が強制処分に該当するか否かを明示的に判断してはいないものの，写真撮影やビデオカメラによる撮影の適法性について判断した判例（最大判昭和44年12月24日刑集23巻12号1625頁（以下「昭和44年大法廷判決」という。），最決平成20年4月15日刑集62巻5号1398頁）や，強制処分と任意処分の区別及び任意捜査の限界に関す

る判例（最決昭和５１年３月１６日刑集３０巻２号１８７頁（以下「昭和５１年決定」という。），最大判平成２９年３月１５日刑集７１巻３号１３頁（以下「平成２９年大法廷判決」という。））など，法科大学院の授業でも取り扱われる判例を理解し，下線部①と下線部②の具体的な事実関係の相違を意識して論述すれば，説得的な解答が可能だと思われる。〔設問２〕については，伝聞法則及び伝聞例外規定に関する正しい知識や理解があれば十分解答は可能であろう。なお，〔設問２〕の２のうち，本件領収書が非伝聞証拠として用いられる場合について論述するに当たっては，かかる用法が実質的に伝聞法則の潜脱に当たらないか否かを十分に意識する必要があろう。

2　採点実感

各考査委員からの意見，感想を述べる。

おおむね出題の趣旨に沿った論述をしていると評価できる答案としては，次のようなものがあった。まず，〔設問１〕では，下線部①及び下線部②の各捜査の適法性について，本事例における法的問題を的確に捉え，刑事訴訟法第１９７条第１項の解釈の問題であることを理解し，基本的な判例の考え方を踏まえながら，強制処分の意義，強制処分と任意処分を区別する基準，任意捜査の許容性の判断方法を提示した上，下線部①及び下線部②の各捜査によって制約される権利・利益の相違を意識しつつ，事例中から抽出した具体的事実を分析・検討し，上記基準又は判断方法に当てはめて説得的に結論を導き出している答案が見受けられた。

〔設問２〕の１では，本件メモの証拠能力を検討するに当たり，伝聞法則の趣旨の正確な理解を前提に伝聞と非伝聞を区別する基準を提示した上，本事例における立証趣旨を踏まえた場合，本件メモは，Ｖ供述の内容の真実性が問題となることから伝聞証拠に該当し，証拠能力が肯定されるには刑事訴訟法第３２１条第１項第３号の規定する要件が充足されなければならないことを指摘し，事例中の具体的事実をこれに当てはめて，証拠能力に関する結論を導き出している答案が見受けられた。

また，〔設問２〕の２では，伝聞と非伝聞を区別する基準を前提に，本事例における立証趣旨を踏まえた場合，本件領収書については，その使用方法により，伝聞証拠に該当する場合と非伝聞証拠に該当する場合とが想定されることを指摘した上，伝聞証拠に該当する場合に，証拠能力が肯定されるには刑事訴訟法第３２２条第１項の規定する要件が充足されなければならないことを指摘し，事例中の具体的事実をこれに当てはめて，証拠能力に関する結論を導き出している答案，非伝聞証拠に該当する場合として，例えば，一般に領収書が持つ社会的意義を前提とした経験則を基に，本件領収書の作成及び交付の事実自体から現金授受の事実を推認できる旨を論述している答案が見受けられた。

他方，法原則・法概念の定義や関連する判例の表現を機械的に暗記して記述するのみで，なぜそのような定義や表現を用いるのかを当該法原則・法概念の趣旨に遡って論述することができていない答案，具体的事実に対してそれらの定義等を的確に適用することができていない答案，そもそも具体的事実の抽出が不十分であったり，その意味の分析が不十分・不適切であったりする答案が見受けられた。

〔設問１〕の下線部①の捜査の適法性については，まず，強制処分と任意処分を区別する基準を提示し，強制処分に該当しないとした上，任意捜査の許容性の判断方法を提示し，当該捜査は任意捜査として適法であると結論付ける答案が大多数であったが，当該捜査が強制処分か任意処分かを

検討するに当たり，それが実定法上のいかなる規定・原則との関係で問題になるかをおよそ意識していない答案が少数ながら見られたほか，刑事訴訟法第１９７条第１項ただし書の「強制の処分」の解釈論として論じつつも，同項ただし書のいわゆる強制処分法定主義の意義についての理解を十分に示せていない答案が少なくなかった。

また，強制処分と任意処分を区別する基準に関し，多くの答案が，「個人の意思を制圧し，身体，住居，財産等に制約を加え」るかどうかという昭和５１年決定が示した基準や，「相手方の意思に反して，重要な権利・利益を実質的に制約する処分」かどうかという現在の有力な学説の示す基準を挙げて検討していたが，これらの基準の文言を誤って理解している答案が少数ながら見られたほか，判例が示した基準による場合，「個人の意思を制圧」するということにはどのような意味合いがあるのか，「身体，住居，財産等」の制約に着目するのはなぜか，あるいは，現在の有力な学説の示す基準による場合，なぜ「重要な」権利・利益の制約を伴う場合に限られるのか，そこでいう「重要な権利・利益」と，「身体，住居，財産等」という判例の文言とはどのような関係にあるのかなど，それぞれの文言が用いられている趣旨について十分な理由付けに欠ける答案も少なくなかった。そして，以上に述べたことは，平成２９年大法廷判決の示した「個人の意思を制圧して憲法の保障する重要な法的利益を侵害する」か否か，という基準を用いる場合にも基本的に妥当する。

次に，上記基準への当てはめに関し，判例のいう「個人の意思の制圧」の側面については，ビデオカメラによる撮影が撮影対象者である甲に認識されることなく行われており，現実に甲の反対意思が制圧された事実がないことのみを指摘して，個人の意思の制圧を否定し，そのことから直ちに，強制処分には該当しないと結論付けるなど，判例の理解を誤っているのではないかと疑われる答案が散見された。

また，判例のいう「身体，住居，財産等への制約」又は有力説のいう「重要な権利・利益の実質的制約」の側面については，下線部①の捜査によって制約を受ける権利・利益の内容について一切触れない答案や，抽象的に「プライバシー」とのみ述べ，甲のいかなる「プライバシー」の制約が問題となるのかについて具体的に指摘できていない答案も見られた。すなわち，〔設問１〕では，下線部①の捜査によって制約を受ける「みだりにその容ぼう等を撮影されない自由」（昭和４４年大法廷判決参照）と，下線部②の捜査によって制約を受ける「みだりに個人の営業拠点である事務所内を撮影されない自由」の性質ないし重要度に違いがあるかに着目して各捜査の適法性を論述することが求められるが，そうした点を十分に意識して論述する答案は多くなかった。さらに，下線部①の捜査では，容ぼう等をビデオカメラで撮影されている甲が公道上におり，同所では他人から容易にその容ぼう等を観察され得る状況にあることを理由に，直ちに，甲の「みだりにその容ぼう等を撮影されない自由」は放棄されているとするものなど，「観察」されることと「撮影」されることの違いを意識していないと思われる答案も少なくなかった。

任意捜査の許容性の判断方法に関しては，大半の答案が，昭和５１年決定の示した「必要性，緊急性などをも考慮したうえ，具体的状況のもとで相当と認められる限度」との表現を用いて論述していたが，この判断方法は，いわゆる「比例原則」に基づくものであるから，具体的事案において，特定の捜査手段により対象者に生じ得る法益侵害の内容・程度と，特定の捜査目的を達成するため当該捜査手段を用いる必要性とを比較衡量すべきところ，このような視点を欠き，事例中からそれぞれの考慮要素に関連すると見られる事実を抽出・羅列するのみで，それらの事実に関する意味付けやそれらの相互関係を十分に検討することなく結論を述べる答案が散見された。また，ここ

でいう「必要性」とは，特定の具体的な捜査手段を用いる必要性を指し，本問についてこの点を論じるに当たっては，なぜ「甲を」「ビデオカメラで撮影する」必要があるか，すなわち前者については甲を被写体として選択する理由となるその嫌疑の内容及び程度について，後者については捜査手段としてビデオカメラによる撮影という方法を採る必要性について，これにより達成すべき捜査目的との関係を踏まえて検討すべきであるが，甲の嫌疑の内容及び程度を基礎付ける具体的事実を指摘できていない答案や，本問のような，いわゆるリフォーム詐欺が重大犯罪であることといった，本件の捜査一般の必要性に関わる事情を指摘するにとどまる答案が散見された。

〔設問1〕の下線部②の捜査の適法性については，下線部①の捜査について用いたのと同様の，強制処分と任意処分を区別する基準を適用した上で，強制処分に該当すると結論付ける答案が大半であったが，その中には，「個人の意思の制圧」の側面について，これに全く言及しないまま強制処分との結論を導いているものや，特に理由を示すことなく「意思の制圧」があるとするものも散見された。他方，下線部①の捜査と同様に，強制処分に該当しないとした上，任意捜査としての許容性を判断する答案も一定数見られたが，そのほとんどが，次に述べるように，下線部①との具体的事実の相違を踏まえて被制約利益の性質等に十分な考慮を及ぼすことはできておらず，結論の説得性に疑問を抱かせるものであった。

「身体，住居，財産等への制約」又は「重要な権利・利益の実質的制約」の側面に関しては，上記のとおり，〔設問1〕においては，下線部①の捜査によって制約を受ける「みだりにその容ぼう等を撮影されない自由」と，下線部②の捜査によって制約を受ける「みだりに個人の営業拠点である事務所内を撮影されない自由」との相違に着目して，強制処分該当性について検討することが求められる。また，下線部②の捜査は，個人の住居とは異なる工務店の事務所であるとはいえ，通常，不特定多数人の出入りが予定されているわけではなく，撮影時には，公道からは内部の様子を見ることができない状態にあって，外部から室内を見られないことを合理的に期待することができる場所について，向かい側のマンションの2階通路から望遠レンズ付きのビデオカメラを用いて撮影することにより，本来ならばその場所に立ち入ることによってしか得られないような情報の取得を実質的に可能にするものであり，私的な性質を帯びる領域への無形的な方法による侵入に当たる，との評価も妥当しうるところである。しかし，下線部②の捜査を任意捜査とした答案はもとより，これを強制処分とした答案においても，こうした撮影により制約される利益の性質ないし撮影対象の所在する場所の性質を勘案した評価・検討が不十分なものが散見された。

〔設問2〕については，前提として，刑事訴訟法第320条第1項のいわゆる伝聞法則の趣旨を踏まえ，伝聞証拠の意義，すなわち伝聞と非伝聞を区別する基準を提示する必要がある。多くの答案が，立証において公判期日外でなされた供述の「内容の真実性が問題となるか否か」を基準として挙げていたが，なぜ，立証趣旨との関係で原供述の「内容の真実性が問題となる」場合に，原供述を媒介する書面又は供述が伝聞証拠としてその証拠能力を否定されることになるのかについて，伝聞法則の趣旨を踏まえて十分に論述できていない答案も，依然として相当数見られた。

〔設問2〕の1では，本件メモについて，まず，本事例で明示された立証趣旨を踏まえつつ，伝聞証拠該当性を論述する必要がある。本件メモは，Vが犯行時に犯人（被告人甲）から聞いたとする欺罔文言を自ら記載した書面（被害状況を記載した供述書）であり，その立証趣旨は，「甲が，平成30年1月10日，Vに対し，本件メモに記載された内容の文言を申し向けたこと」である。そこでは，Vが記載したとおりに，犯人（被告人甲）がVに対して本件メモに記載された内容の文

言を言ったことが立証の対象となる（Ｖの供述の内容の真実性が問題となる）から，本件メモは伝聞証拠に当たる。この点を理解し，適切に結論を導いていた答案が多かったが，「内容の真実性が問題となる」という表現の意味をなお正確に理解できていないため，本件メモの全体を非伝聞証拠とした答案も少数ながら見られた。本件メモによる立証の対象には，甲が発言したとおりにＶ宅の耐震金具に不具合があることなど（Ｖが記載した甲の発言の内容の真実性）は含まれていないが，そのことは，Ｖの供述を記載したものとしての本件メモの伝聞証拠該当性を否定するものではない。他方，甲の発言の真実性が問題となるとして，再伝聞証拠とする答案も散見されたが，これも，「内容の真実性が問題となる」との表現の意味及び本件メモによる立証の対象を正しく理解したものとはいえない。

　次に，伝聞証拠である本件メモ（被告人以外の者が作成した供述書）については，刑事訴訟法第３２１条第１項第３号該当性を論述する必要があるが，条文に関する基本的な知識が不足していたり，同号の規定する伝聞例外として証拠能力を肯定するための各要件（いわゆる「供述不能」，「不可欠性」及び「特信性」）を充足するか否かを判定するために必要な具体的事実の抽出・検討が不十分であったりする答案が多く見られた。まず，「供述不能」の要件については，同号に列挙された事由が例示か否かについて述べる答案が少なからず見られたが，まずはＶの心身の状態が同号に規定された事由のいずれかに該当しないのかを検討すべきであろう。続いて，「不可欠性」の要件については，「その供述が犯罪事実の存否の証明に欠くことができない」という文言に対する理解を示した上で，本件メモがそうした証拠に該当するかを検討すべきである。さらに，「特信性」の要件については，供述内容の信用性を担保する外部的付随事情の存否を問題とすべきであると述べながら，Ｖによる本件メモの作成状況や作成に至る経緯などの具体的事実を十分に検討することなく「特信性」の有無の結論を述べる答案が多く見られた。また，本件メモはＶが自ら作成した「供述書」であり，「署名〔又〕は押印」（刑事訴訟法第３２１条第１項柱書き参照）は不要であるにもかかわらず，本件メモにＶの署名押印がないことを理由に伝聞例外該当性を否定する答案が散見された。

　〔設問２〕の２では，本件領収書について，本事例で明示された立証趣旨を踏まえ，立証上の使用方法として，領収書の記載からその内容の真実性（記載内容どおりの事実が存在したこと，すなわち，特定の日時に，甲とＶの間で，屋根裏工事代金として，１００万円の授受があったこと）を推認する場合と，例えば，一定の記載のある本件領収書が甲によって作成された事実と，甲からＶへ当該領収書が交付された事実を併せ考慮することで，記載内容の真実性とは独立に，現金授受の事実を推認する場合を想定する必要があるが，意識的に両者の用法を記述している答案は少なかった。

　本件領収書は，甲がＶから屋根裏工事代金として現金を受領した際にその事実を自ら記載した書面であり，その立証趣旨は，「甲が平成３０年１月１０日にＶから屋根裏工事代金として１００万円を受け取ったこと」であるから，上記の使用方法のうち前者の場合には，領収書の記載からその内容たる事実を推認することとなり（甲による本件領収書の記載＝甲の供述の内容の真実性が問題となる），本件領収書は伝聞証拠として用いられるものと評価されることになる。そして，この場合，本件領収書は甲が自ら作成した書面（供述書）であり，刑事訴訟法第３２２条第１項該当性が問題となるところ，ここでも，本件メモの伝聞例外該当性の検討におけるのと同様，条文に関する基本的知識が不足している答案が少なからず見られた。例えば，同項が，証拠能力の要件について，

平成30年・司法

被告人供述をその内容によって「〔自己〕に不利益な事実の承認」とそれ以外のものとに分け，後者についてのみいわゆる「特信性」を要求しているにもかかわらず，本件領収書の内容が，Vから屋根裏工事代金として現金の交付を受けたことを認める「不利益な事実の承認」に該当するとしながら，「特信性」の有無を検討する答案，他方で，前者についての「任意性」の要件を見落としている答案，供述書である本件領収書についても，「署名〔又〕は押印」の要件が条文上要求されているとする答案などが散見された。

上記の使用方法のうち後者の場合，例えば，甲による本件領収書の作成及びVへの交付の事実を併せ考慮することにより，その記載内容の真実性とは独立に，現金授受の事実を推認する場合は，本件領収書は非伝聞証拠として用いられるものと評価されるが，多くの答案は，単にその旨を述べるにとどまり，さらに，そのような形で同事実を推認し得る実質的理由についてまで言及する答案は少数にとどまった。

3　答案の評価

(1)　「優秀の水準」にあると認められる答案

〔設問1〕については，下線部①及び下線部②の各捜査の適法性に関し，強制処分法定主義，比例原則といった刑事訴訟法上の基本原則に関する理解を前提に，その法的問題の所在を意識しつつ，強制処分と任意処分を区別する基準，任意捜査の適否の判断方法について，法律の条文とその趣旨，基本判例に対する正確な理解を踏まえながら，的確な法解釈論を展開して提示している答案，その上で，強制処分と任意処分の区別については，下線部①及び下線部②の各捜査によっていかなる権利・利益が制約されるのかを具体的に指摘した上，制約される権利・利益の違いを明確に意識しながら論述している答案，任意捜査としての許容性の判断については，比例原則の正確な理解を示した上，本事例に現れた個々の事実が持つ意味を丁寧に分析している答案である。

また，〔設問2〕については，伝聞法則の趣旨の正確な理解を前提に，伝聞法則の適用の有無，すなわち伝聞と非伝聞を区別する基準を的確に提示している答案，そして，本件メモについては，本事例において明示された立証趣旨を踏まえて伝聞・非伝聞の別を論述した上，伝聞例外について，刑事訴訟法第321条第1項第3号の規定する各要件の意義を的確に論述しつつ，各要件を充足するかにつき，本事例に現れた具体的事実を踏まえて的確かつ丁寧な検討を行っている答案，本件領収書については，本事例において明示された立証趣旨を踏まえつつ，その使用方法により，伝聞証拠に該当する場合と非伝聞証拠に該当する場合とが想定されることを指摘した上，前者については，刑事訴訟法第322条第1項の規定する各要件の意義を的確に論述しつつ，各要件を充足するかにつき，本事例に現れた具体的事実を踏まえて的確かつ丁寧な検討を行い，後者については，領収書の作成・交付の事実を併せ考慮することにより，領収書の記載内容の真実性とは独立に現金授受の事実が推認されることを相応の根拠とともに論じている答案である。

なお，このように，出題の趣旨に沿った十分な論述がなされている答案は僅かであった。

(2)　「良好の水準」にあると認められる答案

〔設問1〕については，強制処分と任意処分を区別する基準，任意捜査の適否の判断方法に関して一定の見解を示した上，本事例に現れた具体的事実を抽出し，検討することはできている

が，下線部①及び下線部②の各捜査によって制約される権利・利益について，抽象的に「プライバシー」とするのみで，具体的に個人のどのような権利・利益が制約されるのかを指摘できていなかったり，本事例に現れた事実を抽出し，検討してはいるものの，個々の事実が持つ意味の分析が物足りなかったりする答案である。

〔設問2〕については，伝聞法則の趣旨の正確な理解を前提に，伝聞と非伝聞を区別する基準を的確に提示し，正しく結論を導き出してはいるものの，伝聞例外の要件充足性について，本事例に現れた具体的事実を踏まえて説得的な説明がなされていなかったり，本件領収書を非伝聞証拠として用いる場合について，領収書の作成・交付の事実を併せ考慮することまでは言及できているものの，領収書の内容の真実性とは独立に現金授受の事実が推認される根拠には言及できていなかったりする答案である。

(3)　「一応の水準」に達していると認められる答案

〔設問1〕については，強制処分と任意処分を区別する基準，任意捜査の適否の判断方法に関して一定の見解を示すことができてはいるものの，本事例に現れた具体的事実の抽出が不十分であり，結論のみを記述している答案である。

〔設問2〕については，伝聞法則の趣旨を一応理解し，伝聞と非伝聞を区別する基準を提示してはいるものの，伝聞例外の規定の検討が不十分であり，具体的事実の抽出が不足している答案や，提示した要件への当てはめが一部欠如している答案，本件領収書について，想定される使用方法のうち，いずれか一方のみ論述し，もう一方には言及されていない答案である。

(4)　「不良の水準」にとどまると認められる答案

上記の水準に及ばない不良なものをいう。一般的には，刑事訴訟法上の基本原則の意味を理解することなく機械的に暗記し，これを断片的に（さらに正確さを欠いた形で）記述するだけの答案や，関係条文・法原則を踏まえた法解釈を論述・展開することなく，事例中の事実をただ羅列するだけの答案など，法律学に関する基本的学識と能力が欠如しているものである。具体的な例を挙げれば，〔設問1〕では，下線部①の任意捜査の適法性を判断するに当たり，本件の捜査一般の「必要性」を論述するばかりで，ビデオカメラによる撮影という特定の手段を選択する「必要性」について論述していない答案，〔設問2〕では，伝聞法則の趣旨や伝聞と非伝聞を区別する基準についての記述自体が不十分な答案や，伝聞例外の規定の要件を誤って理解していたり，当てはめが誤っていたりする答案などがこれに当たる。

4　法科大学院教育に求めるもの

このような結果を踏まえると，今後の法科大学院教育においては，従前の採点実感においても指摘されてきたとおり，刑事手続を構成する各制度の趣旨・目的を基本から深くかつ正確に理解すること，重要かつ基本的な判例法理を，その射程も含めて正確に理解すること，これらの制度や判例法理を具体的事例に当てはめて適用できる能力を身に付けること，論理的で筋道立てた分かりやすい文章を記述する能力を培うことが強く要請される。

特に，法適用に関しては，生の具体的事実に含まれた個々の事情又はその複合が法規範の適用においてどのような意味を持つかを意識的に分析・検討し，それに従って事実関係を整理できる能力の涵養が求められる。

また，実務教育との有機的連携の下，通常の捜査・公判の過程を俯瞰し，刑事手続の各局面にお

いて，各当事者がどのような活動を行い，それがどのように積み重なって手続が進むのかなど，刑事手続を動態として理解しておくことの重要性を強調しておきたい。

▶ **MEMO**

第1　設問1について
1　捜査①について
(1)ア　下線部①では，ビデオカメラによる撮影を行っているところ，これは五官の作用で事物の状態を認識する検証にあたり（刑事訴訟法（以下，法とする）２１８条１項），「強制の……処分」として令状主義に反しないか（法１９７条１項但書）。
　イ　この点，強制処分とは，強制処分法定主義と令状主義による二重の制約に服させる必要があるほどの，人権侵害のおそれが高い処分であると解すべきである。このように解さないと，捜査の柔軟性を害するからである。そこで，「強制の……処分」とは，個人の意思に反し，重要な権利利益を制約する処分をいうと考える。
　ウ　本件では，無断で甲を撮影しているところ，撮影されていることを知れば，撮影を拒むのが通常であり，甲の黙示の意思に反するといえる。
　　そして，捜査①はみだりに容姿などを撮影されないという甲のプライバシー権を一定程度制約する。しかし，撮影は公道上でされており，他人に見られることも受忍せざるを得ない場所である。また，撮影時間も２０秒ほどと短時間であることも考慮すれば，重要な権利利益の制約があったとはいえない。
　　したがって，強制処分にはあたらない。
(2)ア　次に，任意処分であるとしても比例原則の観点から，一定の制約がかかる。具体的には，①撮影対象者が犯人であると疑う合理的理由が存在し，②証拠取得のために撮影を行う必要性があり，③①，②とを衡量したうえで相当な方法，態様により行われた場合には，任意処分として適法となると考える。
　イ　本件では，①被害者ＶがＡ工務店と名乗る男から１００万円の詐欺に遭った旨の説明がされており，これは本件領収書などの客観的証拠とも一致しているため，信用性が高い。このことから，Ａ工務店がＶの詐欺事件に関与している可能性は高い。そして，撮影対象者はＡ工務店から出てきた者であることからすれば，撮影対象者が犯人であると疑う合理的理由が存在していたといえる。
　ウ　また，②本件は，被害額が１００万円という高額な詐欺事件であり重大犯罪であるから，早急に犯人を検挙する必要があった。そして，犯人の容貌は判明していなかったことからすれば，Ｖに確認することで，犯人との同一性を立証するための証拠を取得するために，ビデオカメラによる撮影を行う必要性があったといえる。
　エ　さらに，③前述の通り，捜査①は甲のプライバシーを制約している。しかし，公道上での撮影であり，権利の要保護性は減退していることや，撮影時間も２０秒と短いことからすれば，①や捜査の必要性と衡量して相当な方法により行われたといえる。
(3)　よって，下線部①の捜査は適法である。
2　下線部②の捜査について

● 仮に，下線部①が強制処分（検証）に該当した場合には，令状主義に反することを踏まえて，問題を提起している。

● 出題趣旨によれば，強制処分に対する規律の趣旨・根拠を踏まえながら，強制処分と任意処分の区別基準を提示することが求められるところ，本答案は，これを論理的に示すことができている。

● 出題趣旨によれば，強制処分該当性については，下線部①の捜査により甲のいかなる権利・利益が制約され得るかを具体的に指摘した上で，具体的事実を摘示・検討することが求められるところ，本答案は，甲のプライバシーの内容を具体的に指摘し，具体的事実も端的に摘示・検討できており，出題趣旨に合致する。

● 本答案は，犯人特定のための判断に必要な証拠資料を入手するために行われたビデオ撮影の適法性について判断した判例（最決平20.4.15／百選［第10版］〔8〕）を明確に意識した規範定立がなされている。

● 本答案は，出題趣旨が指摘・評価することを求める具体的事実のほぼ全ての具体的事実を指摘し，的確に自らが定立した規範に当てはめ，適切に評価することができており，出題趣旨に合致する模範的な論述だといえる。

(1)ア　捜査②は，まず強制処分にあたり，違法とならないか。前述の
　　　基準に即して判断する。
　イ　本件ではまず，無断で工具箱を撮影しているところ，撮影さ
　　　れていることを知れば拒むのが通常であるため，甲の黙示の意
　　　思に反するといえる。
　　　　また，捜査②は工具箱を他人に見られないという甲の物に対
　　　するプライバシーを一定程度制約する。そして，工具箱は室内
　　　にあり，公道上からみることはできない。また，採光用の小窓
　　　から撮影されているが，これは本来の使用法とは異なるため，
　　　他人に見られることは予定されていない。そのうえ，室内は令
　　　状がなければ立ち入ることができない，要保護性の高い空間で
　　　ある（憲法３５条１項）。このような住居に対するプライバシ
　　　ーもあいまって，甲のプライバシーを相当程度制約する処分で
　　　あるといえる。
　　　　しかし，撮影の時間は５秒と短く，５秒程度であれば偶然他
　　　人から見られることもありうる。また，工具箱以外に甲の容姿
　　　などが写っているといったこともないため，住居への介入の度
　　　合いはそれほど大きいとはいえない。したがって，重要な権利
　　　利益の制約があるとまではいえない。
　　　　したがって，強制処分にはあたらない。
(2)ア　では，任意処分として適法か。前述の基準に照らして判断す
　　　る。
　イ　本件では，①撮影対象者が甲であることが判明し，これは領

　　　収書やＡの供述と一致していること，及びＡ工務店には甲以外
　　　の従業員はいないことからすれば，甲の嫌疑はさらに高まって
　　　いたといえ，犯人と疑う合理的理由が存在する。
　ウ　また，②Ｖの供述どおりＡ工務店と書かれたステッカーの張
　　　られた工具箱を甲が所持していることから，甲の犯人性を推認
　　　できるところ，公道上では撮影は困難であった。このことか
　　　ら，Ａ工務店に工具箱が置かれているところを撮影し，犯人性
　　　立証のための証拠を取得する必要性があったといえる。
　エ　そして，③たしかに，捜査②は甲のプライバシーを制約す
　　　る。しかし，撮影時間はわずか５秒であり，偶然他人から見ら
　　　れることもありうるといえる。そして，工具箱しか写っていな
　　　いことからすれば，撮影は必要最小限度にとどめられていたと
　　　いえる。したがって，①や撮影の高度な必要性を考慮すれば，
　　　相当な方法によって行われたといえる。
(3)　よって，捜査②は任意処分として適法である。
第２　設問２の(1)について
１(1)　本件メモは伝聞証拠として，証拠能力が否定されないか（法３２
　　　０条１項）。
　　　　ここで，伝聞法則の趣旨は，知覚・記憶・表現叙述の各過程に
　　　誤りが生じやすいことから，反対尋問等によりその正確性を担保
　　　することにある。したがって，伝聞証拠とは，公判廷外での原供
　　　述者の供述を内容とし，要証事実との関係でその内容の真実性が
　　　問題となる供述証拠をいうと考える。

出題趣旨によれば，下線部②と下線部①の捜査は，制約される権利・利益の内容やその要保護性の程度，撮影方法等が異なっていることから，この点を意識して論じる必要があるところ，本答案は，制約を受けるプライバシーの違いにきちんと言及しつつ，要保護性の程度・撮影方法の違いにも着目し，説得的に論述することができている。

なお，撮影方法については，望遠レンズ付きのビデオカメラを用いての撮影であることも踏まえた検討ができれば，さらに高く評価されたものと思われる。

本答案が定立した規範のうち，「①撮影対象者が犯人であると疑う合理的理由」が存在するかに関して，本答案は，下線部①の時点と下線部②の時点で甲の嫌疑が高まっているということを，具体的事実を摘示して説得的に論述することができている。

ステッカーの存在や，公道上での撮影が困難であったことなどの具体的事実を指摘して，論じることができている。

本答案は，伝聞法則の趣旨を踏まえ，伝聞と非伝聞の区別基準を示すことができており，出題趣旨に合致する。

平成30年・司法

(2)ア　本件では，立証趣旨が示されているところ，当事者主義から，立証趣旨を前提にするとおよそ証拠が無価値となる特段の事情がない限り，立証趣旨を前提に考えるべきである。

イ　本件では，立証趣旨は甲が平成３０年１月１０日，Ｖに対して本件メモ記載の文言を申し向けたことである。これは，本件メモ記載の内容を甲が発言した事実を立証し，それにより甲の欺もう行為を推認する趣旨と解されるため，証拠が無価値となる事情はないといえる。

したがって，要証事実は立証趣旨の通りであり，甲が本当にそのような発言をしたのかという，内容の真実性が問題となるため，伝聞証拠にあたる。

(3)ア　では，甲の弁護人は不同意としているため（法３２６条１項），「被告人以外の者」である甲の「供述書」として，伝聞例外（法３２１条１項３号）の要件を検討する。

イ　まず，Ｖは意識が回復する見込みがなく，回復したとしても記憶障害が残り，取調べは不可能であるから，「身体の故障」があるといえ，供述不能の要件を満たす。

ウ　次に，本件では他の証拠は写真や本件領収書しかなく，甲とＶの詐欺事件のつながりを示す証拠はないといえる。したがって，証拠の不可欠性の要件も満たす。

エ　また，本件メモは犯罪が行われた平成３０年１月１０日の午後１時頃からわずか６時間後の午後７時に作成され，記憶が新鮮なうちに作成されているといえる。また，本件メモの記載内容は事件の内容や本件領収書などの客観的証拠とも一致しており，作成時の特信性が推認される。さらに，Ｗの目の前で作成されており，一人で作成したわけでもない。

したがって，虚偽を記載した可能性は低く，絶対的特信情況も認められる。

2　よって，本件メモには証拠能力が認められる。

第３　設問２の(2)について

1(1)　本件領収書は，伝聞証拠に当たり証拠能力が否定されないか。前記の基準に照らして判断する。

ここで，立証趣旨は甲が平成３０年１月１０日にＶから工事代金１００万円を受け取ったことである。これは，本件領収書から，甲が代金として受け取ったことを立証し，処分行為を推認することにある。本件領収書の内容と合致しており，証拠として無価値となる特段の事情はない。したがって，立証趣旨を前提に検討する。

(2)　ここで，本件領収書のみから１００万円を受け取ったことを立証するという使用方法が考えられる。この場合には，要証事実は，立証趣旨の通り，Ｖから１００万円を受け取った事実である。したがって，本件領収書の記載内容の真実性が問題となり，伝聞証拠にあたることとなる。

(3)　しかし，本件領収書には甲の指紋や甲の認印が押されていた事実が存在する。また，本件領収書をＶから任意提出を受けた旨の任意提出書から，本件領収書をＶが所持していた事実が立証できる。

　　これらの事実と，本件領収書にVの名前の記載があることをも
あわせて考慮すれば，本件領収書の存在を立証し，本件領収書と
引き換えに甲がVから１００万円受け取ったことを推認し，もっ
て処分行為の存在を推認することができる。
　　したがって，要証事実は立証趣旨の通りであるが，本件領収書
の存在自体が問題となり，内容の真実性は問題にならない。よっ
て，伝聞証拠にはあたらない。
(4)ア　(2)の使用方法によれば，伝聞証拠に当たり，甲の弁護人が不同
　　　意としているため（法３２６条１項），被告人の供述書として法
　　　３２２条１項の伝聞例外の要件を検討する。
　　イ　本件領収書は，１００万円を甲がVから受け取った事実が記
　　　載されており，ここから処分行為を推認するための間接証拠と
　　　なるものである。したがって，甲に「不利益な事実を内容」と
　　　している。
　　ウ　そして，本件領収書は甲がVに業務で交付したものであり，
　　　任意性を疑わせる事情もない（法３２２条１項但書）。
２　よって，本件領収書は１(3)の使用方法は非供述証拠として，１(2)は
　伝聞例外として，証拠能力が認められる。
　　　　　　　　　　　　　　　　　　　　　　　　　　　　以　上

受の事実を推認する場合，①本件領
収書が甲によって「作成」された事
実と，②甲からVへ本件領収書が「交
付」された事実を併せて考慮する，
という立証上の使用方法が想定され
る（採点実感参照）。

● 　出題趣旨によれば，３２２条１項の
規定する要件を充足するか否かにつ
いての検討が求められるところ，本
答案は，本件領収書の記載内容を自
分なりに評価し，条文の文言に当て
はめることができている。また，「任
意性」の要件についても端的に検討
できている。

第1　設問1

1　捜査①の適法性

(1)　捜査①は「強制の処分」（１９７条１項但書）に当たるか。これに当たるとすると，五官の作用で対象を認識する処分として検証令状（２１８条）が必要となるにもかかわらず，検証令状なくして行っていることから，令状主義違反として違法となる。そこで，「強制の処分」の意義が問題となる。

ア　強制処分法定主義，令状主義の両面から制約がかかることから，「強制の処分」はそれに見合うように厳格に解するべきである。そこで，「強制の処分」とは，①個人の明示又は黙示の意思に反し，②重要な権利利益を実質的に制約するような処分をいうと考える。

イ　本件では，ビデオカメラで撮影された男，すなわち甲の黙示的意思に反して撮影されている。しかし，甲は本件事務所から出て公道上に出たところを撮影されており，公道上ではみだりに容貌を撮影されない自由の制約はあるものの，公道上では客観的に見てプライバシーの合理的期待はないことから，プライバシー権の制約はない。そのため，重要な権利利益の実質的制約はない。

ウ　そのため，かかる捜査は「強制の処分」には当たらない。

(2)　では，「強制の処分」でないとして，任意捜査（１９７条１項本文）として適法といえるか。

ア　任意捜査といえども何らかの権利利益を制約する以上，無制

限には許容されない。そこで，必要性，緊急性を考慮した上で具体的状況の下で相当といえる場合に適法となると考える。そして，緊急性は必要性を基礎づける一要素として位置付ける。

イ　本件では，詐欺事件という重大な知能犯が被疑事実となっている。そのため，早急に犯人たるA工務店の者と名乗る者を特定する必要がある。そして，A工務店の者と名乗る男は，赤色の工具箱にA工務店と書かれたステッカーを貼っていたこと，この男からVに交付された本件領収書にA工務店の代表者甲の認印があったことから，A工務店代表者甲である可能性が考えられる。そこで，甲とA工務店の者を名乗る男の同一性を確認するために，甲の写真を撮ってVに見せる必要性が認められる。そして，Vは高齢であり，記憶の低下が考えられることから，早急に同一性確認をする必要があり，甲と思われる男の写真を撮る緊急の必要性が肯定される。そして，A工務店の中に入っていく男は中肉中背であり，犯人と一致していることから，かかる男が甲である可能性がある。そこで，かかる男の容貌を撮影する必要性が認められる。

これに対して，撮影された甲は公道上でみだりに容貌を撮影されない自由を侵害されたのみであり，時間も２０秒間と短いことから，侵害の程度も軽微である。

ウ　そのため，必要性と被侵害利益を比較衡量して，相当な処分といえる。

(3)　したがって，任意捜査として適法である。

● 仮に，下線部①が強制処分（検証）に該当した場合には，令状主義に反することを踏まえて，問題を提起している。

● 強制処分と任意処分の区別基準を的確に論じることができている。強制処分に対する規律の趣旨・根拠も明確に踏まえた論述ができれば，なお良かった。

● 本答案は，「公道上では客観的に見てプライバシーの合理的期待はないことから，プライバシー権の制約はない」旨論述しているが，「観察」されることと「撮影」されることの違いが意識されていない（採点実感参照）。

● 任意捜査の許容性の判断方法について，判例（最決昭51.3.16／百選［第10版］〔１〕）を意識した論述ができている。

● 具体的な被害額についても言及して，評価を加えるべきである。

● 下線部①の捜査がなされた時点における被撮影者は，赤色の工具箱を所持していなかった。そのため，「A工務店の者と名乗る男は，赤色の工具箱にA工務店と書かれたステッカーを貼っていたこと」を指摘しても，下線部①の捜査の必要性を検討する際の考慮事情とはならない。

● 「A工務店の中に入っていく男は中肉中背であり，犯人と一致していることから，かかる男が甲である可能性がある」としているが，中肉中背の男は多数存在する以上，およそ犯人の特徴とは言い難いから，説得力に欠ける。

2 捜査②の適法性

(1) 捜査②は「強制の処分」といえるか。上述の「強制の処分」の定義に沿って検討する。

ア まず、本件工具箱の所有者たる甲の黙示的意思に反して撮影がされている。そして、本件工具箱は本件事務所内に置かれており、本件事務所のプライバシー（憲法１３条）の一部を構成している。そして、捜査②は向かいのマンションから望遠レンズ付きのビデオカメラで採光用窓を通して撮影されているところ、かかる方法で本件事務所内を見られることは通常想定できず、本件事務所内のプライバシーを実質的に制約している。

イ そのため、「強制の処分」に当たる。

(2) したがって、五官の作用で対象を認識する処分を検証令状（２１８条）なくして行っているので、捜査②は令状主義に反して違法である。

第２ 設問２

1 小問１

(1) 本件メモは伝聞証拠（３２０条１項）に当たるか。これに当たるとすれば、同意（３２６条）がないことから、伝聞例外（３２１条以下）の要件を満たさない限り証拠能力が認められない。そこで、伝聞証拠の意義が問題となる。

ア 伝聞法則の趣旨は、供述証拠は知覚・記憶・表現・叙述過程で誤りが混入しやすいところ、公判廷外でされた場合は反対尋問等による真実性の担保がなしえないので、これに原則として

● 出題趣旨によれば、下線部②と下線部①の捜査は、制約される権利・利益の内容やその要保護性の程度、撮影方法等が異なっていることから、この点を意識して論じる必要があるところ、本答案は、制約を受けるプライバシーの違いに言及しつつ、撮影方法の違いにも着目し、説得的に論述することができている。撮影時間についても摘示・評価できれば、なお良かった。

証拠能力を認めず、誤判を防止することにある。かかる趣旨から、伝聞証拠とは、公判廷外の供述を内容とする供述又は書面で、要証事実との関係で内容の真実性が問題となるものをいう。

イ 本件メモは、公判廷外のＶの供述を内容とする書面である。

本件では、甲はＶ方に行ったことがないと主張しており、かかる主張はＶ方に行ったことがない以上、甲がＶに対して詐欺行為をしたことはないというものである。

これを前提に、Ｑは甲が本件メモ記載内容を申し向けたことを立証趣旨として掲げている。これは、かかる立証趣旨が証明されれば、甲がＶ方に行き、詐欺行為を働いたことが証明されるので、意味のあるものといえる。そこで、当事者主義的な訴訟構造から、かかる立証趣旨を前提に要証事実を検討する。

本件メモからいかにして上記立証趣旨に至るかを検討する。まず、Ａ工務店関係者は甲しかいないことから、Ａ工務店と名乗る男は甲という事実が推認される。そして、本件メモからＡ工務店と名乗る男性が「屋根裏に耐震金具……１００万円。」とＶに申し向けた事実を証明する。これらの事実から、甲がＶに「屋根裏に耐震金具……１００万円。」と申し向けた事実が推認され、上記立証趣旨に至る。

そのため、要証事実はＡ工務店と名乗る男性が「屋根裏に耐震金具……１００万円。」とＶに申し向けた事実であり、本件メモの内容の真実性が問題となる。

● 本答案は、伝聞法則の趣旨を踏まえ、伝聞と非伝聞の区別基準を示すことができており、出題趣旨に合致する。

● 本答案は、再現答案①ほど明確な論述はできていないものの、要証事実の設定と立証趣旨との関係について、判例（最決平17.9.27／百選［第10版］〔83〕）を意識した論述ができている。

● 本件メモの立証趣旨が要証事実だと認定できるとした場合には、端的に、その要証事実との関係でＶの供述内容の真実性が問題となる旨指摘すれば十分である（再現答案①参照）。答案政策上は、本件メモの321条1項3号該当性についてより厚く検討すべきように思われる。

ウ　そのため，伝聞証拠に当たる。
(2)　では，伝聞証拠に当たるとして伝聞例外の要件を満たすか。
　ア　まず，本件メモは反復継続して作成されたものではなく，業務に準じた特信情況がないから，３２３条３号は認められない。
　イ　そこで，３２１条１項３号を検討する。
　　(ア)　まず，Ｖは脳梗塞で意識不明となっており，回復しても取調べが困難であることから，「身体の故障」という供述不能事由がある。また，本件メモ以外に詐欺行為を証明する証拠はなく，「供述が……欠くことができない」といえる。
　　(イ)　そして，特信情況は証拠能力の要件であることから，外部的付随的事情を基礎に，副次的に内容自体を外部的事情を推認する形で用いて判断する。Ａ工務店と名乗る男とＶに面識はないことから，嘘を書く理由はない。また，Ｗが本件メモの内容についてＶが自らに話した内容と同一と言っていることから，同一内容の供述を二度していることとなる。実の息子に嘘をつく理由がないことから，同一の供述を書いた本件メモの作成状況は特信情況下でなされたものと推認される。
　　　　そのため，特信情況も肯定される。
　　(ウ)　そのため，３２１条１項３号を満たす。
(3)　また，本件メモには「屋根裏に……大変なことになる」というＡ工務店と名乗る男性の発言が含まれているが，本当に耐震金具に不具合があるかは問題とならないので，かかる発言の内容の真実性は

問題とならず，再伝聞の問題とはならない。
(4)　したがって，本件メモに証拠能力が認められる。
2　小問2
(1)　本件領収書が伝聞証拠に当たるとすると，伝聞例外の要件を満たさなければ証拠能力が認められない。そこで，伝聞証拠該当性を上述の伝聞証拠の定義に沿って検討する。
　ア　まず，本件領収書には甲の指紋があるから，甲が触れたことが認められる。そして，印影が甲の認印の印影と一致しており，わが国で他人に印鑑を渡すことは通常ありえないことから，甲が印鑑を押したと考えられる。そのため，甲が本件領収書に触れ，印鑑を押したといえることから，本件領収書は甲が作成したものといえる。そのため，本件領収書は公判廷外の甲の供述を内容とする書面といえる。
　イ　本件では，甲はＶ方に行っていないと主張しており，甲の犯人性が争点となっている。これを踏まえて，Ｑは立証趣旨として甲がＶから工事代金として１００万円を受け取ったこととしている。かかる立証趣旨が証明されれば，甲が１００万円を受け取った者であるとして犯人性が立証されるからである。そのため，かかる立証趣旨は意味があるものといえる。そこで，本件領収書からいかにして上記立証趣旨が証明されるかを見るに，２つの推認過程が考えられ，２つの立証上の使用方法が想定される。
　ウ　まず１つ目は，本件領収書に１００万円を「屋根裏工事代金

● 出題趣旨・採点実感に照らすと，本件メモについては，端的に，321条1項3号該当性のみを論述すれば十分である。

● 出題趣旨によれば，本件メモについては，321条1項3号の規定する要件を充足するか否かを検討することが求められるところ，本答案は，これを端的に検討できている。

● 「特信性」の要件については，Ｖによる本件メモの作成状況や作成に至る経緯等の具体的事実を十分に検討する必要がある（採点実感参照）。この点，本答案は，再現答案①の論述と比べれば，客観的な状況・経緯よりも，主観的な状況（実の息子に嘘をつく理由はない等）に着目した「特信性」の検討となっているものの，自分なりに具体的に検討することができている。

● 本答案の論述内容それ自体は正しいが，Ｖの供述内容の真実性が立証されれば本件メモの立証趣旨に至るとの論述が既になされているのであるから，再伝聞についての検討すら不要である（詳しくは，再現答案③④コメント参照）。

● 設問2・小問2の問題文には，「本件領収書の作成者が甲であり，本件領収書が甲からＶに交付されたものであることは，証拠上認定できるものとする」との記載があるところ，本答案は，この記載を見落としてしまっている。

● 具体的事案の争点を前提として，検察官の設定した立証趣旨をそのまま要証事実とすることが，証拠との関係で意味のあるものかどうかについて，丁寧に検討されている。

LEC東京リーガルマインド　司法試験&予備試験 論文5年過去問 再現答案から出題趣旨を読み解く。刑事訴訟法

……いたしました。」とあることから，１００万円をＶが甲に屋根裏工事代金として支払った事実を証明し，上記立証趣旨に至るという推認過程である。かかる使用方法では，１００万円を屋根裏工事代金として交付した事実が要証事実となり，本件領収書の内容の真実性が問題となる。

　　　そのため，伝聞証拠となる。

　エ　２つ目は，甲作成の本件領収書がＶ方にあるという事実から，本件領収書に記載される工事代金としての１００万円がＶから甲へと支払われたという事実を推認するという使用方法である。領収書は金銭の交付なくして交付されないことから，かかる使用方法が可能となる。かかる使用方法においては，Ｖ方に本件領収書が存在する事実が要証事実となり，内容の真実性が問題とならない。

　　　そのため，非伝聞となる。

　オ　そのため，Ｖから甲への工事代金としての１００万円の交付という立証趣旨に至るためには２つの使用方法があるものの，２つ目の使用方法によれば伝聞証拠とはならないこととなる。

(2)　したがって，２つ目の使用方法によることで，伝聞例外の要件を満たす必要なく，本件領収書に証拠能力が認められる。

以　上

● 　出題趣旨によれば，本件領収書を伝聞証拠として用いる場合については，３２２条１項該当性を検討することが求められていたが，本答案は，これを検討できていない。

● 　本件領収書を用いて現金授受の事実を推認する場合，①本件領収書が甲によって「作成」された事実と，②甲からＶへ本件領収書が「交付」された事実を併せて考慮する，という立証上の使用方法が想定される（採点実感参照）。この点，本答案は，領収書が作成・交付されたことの意味（領収書は金銭の交付なくして交付されない）を明らかにしている点は優れているが，要証事実を立証趣旨と異なる事実（Ｖ方に本件領収書が存在する事実）に設定している点，上記立証上の使用方法を想定できていない点で，不十分である。

平成30年・司法

第1　設問1
1　①について
(1)　本件において，Ｐは甲が事務所から出てきたところをビデオカメラにより撮影しているところ，これは法に明文の規定のない強制処分に当たり，強制処分法定主義（197条1項但書）に違反しないか。

(2)　この点，強制処分における被制約利益は，令状主義などの厳格な手続的要件にかからしめるにふさわしい重要性を備えたものであるべきである。したがって，強制処分とは，個人の明示又は黙示の意思に反し，その身体，住居，財産などの重要な権利利益を実質的に制約するようなものをいうと解する。

(3)　本件において，ビデオカメラによる撮影は，甲に無断で行われているところ，これは合理的に推認される甲の黙示の意思に反するといえる。しかし，本件で問題となる被制約利益は，個人の容貌をみだりに撮影されない権利である（憲法13条）ところ，これは公道上における容貌が問題となるにすぎない。公道上の個人の容貌については，元からある程度他人に見られることを予定しており，プライバシーとしての要保護性は低い。
　　よって，重要な権利利益とまではいえず，強制処分に該当しない。

(4)　としても，任意処分であっても何らかの法益を侵害し又は法益を侵害するおそれがあるので，捜査比例の原則（197条1項本文）が適用されるべきである。特に，撮影は容貌を撮影されない権利と

いう憲法上の権利にも関わる。
　　したがって，対象者が何らかの罪を犯したと疑うに足りる合理的な理由があり，撮影の必要性緊急性を考慮したうえで，具体的状況下において相当といえる限りにおいて，撮影は適法であると解する。
　　本件において，本件領収書にはＡ工務店と記載されていたところ，実際にＡ工務店の事務所である本件事務所が実在していた。とすると，そこに出入りしている者については，本件の詐欺事件にかかわっていると思慮する相当な理由があるといえ，上記合理的な理由があるといえる。
　　そして，ビデオ撮影をすることによって，甲がＶに対し詐欺を行った犯人かを確認する必要があり，詐欺は法定刑が10年以下の懲役という重大な被疑事実である。また，その時に撮影をしないと，容貌を保存する手段はなかったから緊急性も認められる。
　　これらを考慮すると，甲の容貌が映っていたとしても，それは他人に見られることを予定している公道上のものにとどまり，また，撮影時間も全体で20秒間にとどまるのであるから，手段は相当なものといえる。
　　したがって，任意捜査として適法である。
2　②について
(1)　本件において，Ｐはビデオカメラによって本件事務所内の工具箱を撮影しているところ，これについても，法に明文なき強制処分に当たり，強制処分法定主義に反しないか。

● 強制処分と任意処分の区別基準を的確に論じることができている。強制処分に対する規律の趣旨・根拠も明確に踏まえた論述ができれば，なお良かった。

● 甲のプライバシーの内容を具体的に検討できている点は出題趣旨に合致するが，「観察」されること（見られること）と「撮影」されることの違いが意識されていない（採点実感参照）。また，具体的な撮影時間についても摘示・評価すべきである。

● 本答案は，再現答案①と同様，判例（最決平20.4.15／百選［第10版］〔8〕）を意識した規範定立がなされている。

● 具体的な被害額についても言及して，評価を加えるべきである。

● 「その時に撮影」しなければならないような緊急性を基礎付ける事情は，本問では特に示されていない。なお，上記判例（最決平20.4.15／百選［第10版］〔8〕）は，「緊急性」に言及していないことから，「緊急性」は，任意処分が適法とされるための不可欠の要件ではないと解されている。

(2) まず，本件の撮影も，甲に無断でなされているところ，これは合理的に推認される甲の意思に反するものであり，甲の黙示の意思に反するものといえる。

　そして，本件での被制約利益は，本件事務所内の私物を公権力によって撮影されない権利である。これについても，外から見える限りは，プライバシーとしての要保護性は低いようにも思える。しかし，事務所内の私物については，通常他人にみだりに覗き込まれることを予定しておらず，公道上のものと異なりプライバシーとしての要保護性は高いといえる。また，本件では公道上から通常見える範囲にとどまらず，望遠レンズを用いて撮影を行っており，私的領域への侵入を伴うといえる。

　たしかに，撮影は５秒間のみにとどまり，甲の姿は撮影されていないが，所持品についても住居権（憲法３５条）による保護が及ぶものであり，それについてのプライバシーは重要なものといえる。よって，重要な権利利益への実質的制約が認められる。

(3) とすると，これはビデオカメラを用いて住居内の私物につき，五官によりその状態を認識する作用であるといえるから，これは強制処分たる検証（２１８条１項）に当たる。それにもかかわらず，検証令状なくこれを行っているので，これは強制処分法定主義に反し違法である。

第２　設問2.1

1　本件メモについて，これは「公判期日における供述に代え」た「書面」であるとして，伝聞証拠（３２０条）に当たり，本件では弁護人の不同意（３２６条１項）がなされていることから，証拠能力が否定されないか。

2　３２０条の趣旨は，知覚，記憶，叙述といった供述の各過程に誤りが含まれるおそれがあるところ，公判廷外の供述は反対尋問などによる正確性の確認ができないことから，誤判を防止するため証拠能力を否定することにある。

　よって，伝聞証拠とは，公判廷外供述の内容の真実性を立証に用いるものをいうと解する。そして，伝聞か否かは要証事実との相関において判断される。

3　本件メモについて，検察官の立証趣旨は，「本件メモに記載された内容」どおりの文言を甲がVに対して申し向けたことであるところ，甲の欺罔行為を立証するためには，本件メモのとおりの内容の発言があることを立証する必要がある。

　よって，要証事実は本件メモの内容であり，これは伝聞証拠に当たる。

4　そこで，本件メモについて３２１条以下の伝聞例外に当たらないか検討する。本件でVは被告人以外の者であるので，３２１条１項３号の要件該当性を検討すべきである。

(1) まず，「供述することができず」という供述不能要件については，伝聞例外の趣旨は特信性の担保と供述証拠の必要性にあるので，３号に掲げられている事由は例示列挙であると解される。本件で，Vが脳梗塞で倒れており，意識が回復する見込みがない。さらに仮に意識を回復したとしても，記憶障害が残り取調べは不可能で

<table><tr><td>●</td><td>出題趣旨によれば，下線部②と下線部①の捜査は，制約される権利・利益の内容やその要保護性の程度，撮影方法等が異なっていることから，この点を意識して論じる必要があるところ，本答案は，制約を受けるプライバシーの違いに言及しつつ，撮影方法の違いにも着目し，説得的に論述することができている。</td></tr></table>

<table><tr><td>●</td><td>本答案は，「強制処分法定主義に反し違法である」としているが，正しくは令状主義違反である。強制処分法定主義違反とするのであれば，下線部②の捜査は，法定される強制処分のいずれにも該当しないことを論じるべきであった。</td></tr></table>

<table><tr><td>●</td><td>伝聞法則の趣旨を踏まえ，伝聞と非伝聞の区別基準を示すことができており，出題趣旨に合致する。</td></tr></table>

<table><tr><td>●</td><td>本答案は，要証事実の設定と立証趣旨との関係について，再現答案①のように，判例（最決平17.9.27／百選［第10版］〔83〕）を明確に意識した論述はできていないが，「立証趣旨を踏まえ」という設問に答えることはできている。</td></tr></table>

<table><tr><td>●</td><td>採点実感によれば，「供述不能」の要件については，321条1項3号に列挙された事由が例示か否かについて検討する前に，まずVの心身の状態が同号に規定された事由のいずれかに該当しないのかを検討すべ</td></tr></table>

あるとの医者からの意見がある。とすると、Vが供述することはほぼ不可能であるといえ、「身体の故障」に比すべき供述不能事由があるといえる。

(2) 「犯罪事実の存否の証明に欠くことができない」とは、その供述証拠の有無により事実認定に違いが生ずるようなものをいい、本件メモは甲による欺罔行為という構成要件に該当する行為を証明するほぼ唯一の証拠であることから、これに当たる。

(3) 「特に信用すべき情況」とは、絶対的特信情況をいい、証拠能力の有無を判断することから、外部的付随的状況により判断する。

本件メモは、Vが甲とみられる者に欺罔行為を受けた後、すぐに作成しており、Vの記憶は鮮明なものであったと考えられる。また、本件メモは、VがWに促され、その場ですぐに記載したものであるから、虚偽が含まれるおそれは小さいといえる。

よって、絶対的特信情況が認められる。

(4) 作成者はV本人であり、署名押印は不要である。

(5) よって、証拠能力が認められる。

5 としても、本件メモには甲とみられる男が発言した内容を記載したものであるから、この部分についても伝聞性があり、証拠能力は否定されないか。

本件メモの立証趣旨は上のとおりであるところ、甲の欺罔行為を推認するためには、発言内容の真実性は問題とならない。とすると、要証事実は甲の発言の存在であり、これは非伝聞である。

よって、本件メモの証拠能力は認められる。

第3 設問2.2

1 本件領収書は伝聞証拠に当たるか。

まず、本件領収書の立証趣旨は「甲が平成30年1月10日にVから屋根裏工事代金として100万円を受け取ったこと」である。

(1) まず、要証事実を「V方に行ったこと」とすると、本件の作成者が甲であり、かつ甲からVへと交付されたという事実を介して、本件領収書の存在自体から、甲がV方へ行ったことを推認しうる。

よって、非伝聞である。

(2) 次に、甲がVから金銭の交付を受けたことを要証事実とすることが考えられる。これについて、領収書が交付されたら、金銭が交付されることが通常であると経験則上推認できるので、本件領収書の存在自体から推認可能である。

よって、非伝聞である。

(3) さらに、交付を受けた金額が100万円であることを要証事実とすることもあり得る。これについては、領収書中に¥1,000,000と記載があるところ、これの内容が真実であるか否かが問題となる。

よって、伝聞証拠である。

(4) 最後に、交付の日時が平成30年1月10日であることを要証事実とすることも考えられる。

これについても、領収書中の「平成30年1月10日」という記載の真実性が問題となる。よって、伝聞証拠である。

2 伝聞に該当する場合、伝聞例外により証拠能力が認められないか。

きである。

● 「その供述が犯罪事実の存否の証明に欠くことができない」という文言に対する理解を示し、本件メモがそうした証拠に該当すると論じることができている。

● Vによる本件メモの作成状況や作成に至る経緯等に着目できているが、事実の摘示の仕方がやや抽象的である。

● 本件メモの立証の対象は、「犯人（被告人甲）がVに対して本件メモに記載された内容の文言を言ったこと」であり、これを証明するためには、Vの供述内容が真実かどうかが問題となる（採点実感参照）。そうすると、Vの供述内容が真実であることが明らかになれば、「犯人（被告人甲）がVに対して本件メモに記載された内容の文言を言ったこと」も真実ということになり、改めて、甲がそのような発言をしたのかどうかは問題とならない。

なお、甲の発言の真実性を問題にして、本件メモが再伝聞証拠であるとするのは誤りである（再現答案④コメント参照）。ちなみに、再伝聞とは、「甲がVを射殺した」という乙の話を聞いた丙の供述を、甲のVに対する殺人の事実の証明に用いるような場合である。

● 本件領収書の立証趣旨は、あくまで「甲が平成30年1月10日にVから屋根裏工事代金として100万円を受け取ったこと」であり、これを合理的な理由もなく細分化して検討すると、題意の把握を誤るおそれがある。

(1) まず，本件領収書が「特に信用すべき情況の下に作成された書面」（323条3号）に該当しないか。

323条の趣旨は，1号や2号に匹敵するような特信性の担保された書面について，無条件で証拠能力を肯定することにあるので，3号の書面はかような特信性を備えている必要がある。

本件領収書は，商業帳簿のように法律上の規定に基づき作成されるようなものでなく，また，定型的なものとまではいえない。

よって，3号に当たらない。

(2) そこで，322条の要件をみたさないか。

まず，本件領収書は詐欺の構成要件中，金銭の交付を証するものであるから，「被告人に不利益な事実の承認」を内容とするものといえる。

そして，作成と交付はあくまでも甲の自発的意思によってなされており，「任意にされたものでない疑」がないといえる。

よって，証拠能力が認められる。

以　上

● 出題趣旨・採点実感に照らすと，本件領収書については，端的に，322条1項該当性のみを論述すれば十分である。

● 出題趣旨によれば，本件領収書を伝聞証拠として用いる場合については，322条1項該当性を検討することが求められており，本答案は，問題文の具体的な事実の引用が十分ではないにしても，要件充足性の検討自体はできている。

第1　設問1

1　下線部①

(1)　下線部①が，強制処分（「強制の処分」（刑訴法197条1項但書））にあたらないか。強制処分の場合，強制処分法定主義（同条項但書），令状主義（憲法33条，35条等）の観点から違法となりうるため，問題となる。

　　強制処分は，強制処分法定主義や令状主義といった厳格な手続，要件に服する。そこで，強制処分とは，㋐相手方の意思に反し，㋑重要な権利・利益を実質的に制約する処分をいい，それ以外は任意処分（法197条1項本文）にあたると解する。

ア　①の捜査は，公道上の人物の容ぼうを撮影するものであるが，対象者はこれを望まないと考えられる。よって，①は合理的に推認される個人の意思に反するものといえ，㋐にあたる。

イ　本件の被制約利益は，公道上で容ぼうをみだりに撮影されない利益である。

　　この利益はプライバシー権の一種であることから，重要な権利とも思える。

　　しかし，公開された空間である公道上から見える範囲内での撮影であることから，プライバシー権の要保護性は低下しているといえる。

　　また，肉眼で見える範囲内での撮影であり，撮影時間も約20秒と短いことから，制約態様が軽微だったといえる。

　　したがって，①では重要な権利・利益への実質的な制約が認

● 　強制処分と任意処分の区別基準を的確に論じることができている。強制処分に対する規律の趣旨・根拠も明確に踏まえた論述ができれば，なお良かった。

● 　出題趣旨によれば，強制処分該当性については，下線部①の捜査により甲のいかなる権利・利益が制約され得るかを具体的に指摘した上で，具体的事実を摘示・検討することが求められるところ，本答案は，甲のプライバシーの内容を具体的に指摘し，具体的事実も端的に摘示・検討できており，出題趣旨に合致する。

められないため，㋑にあたらない。

ウ　よって，①は強制処分にあたらず，任意処分となる。

(2)　では，①が任意処分として適法か。

　　任意処分は，捜査比例の原則（197条1項本文）に服する。そこで，必要性，緊急性等を考慮の上，具体的事情の下相当といえる限度においてのみ，任意処分は適法となると解する。

ア　本件の被疑事実は，100万円の詐欺事件であり，被害金額が多額のため，重大事件といえる。

　　また，本件事務所の住所や事務所名は，本件領収書と合致している。そして，対象者は中肉中背の男であり，本件メモの特徴と合致している。そのため，対象者の男について，嫌疑が濃厚といえる。

　　さらに，被害者Vに本件の男が犯人であるか確認させ，犯人を特定するためには，カメラによる撮影が最適である。

　　以上から，捜査①について高い必要性が認められる。

イ　また，早期検挙の観点から，緊急性も認められる。

ウ　本件の被制約利益は，みだりに公道上で容ぼうを撮影されない利益であるところ，前述の通り，プライバシー権の要保護性が低下しており，撮影時間も短時間である。

　　そのため，前記の高度な必要性，緊急性に照らせば，①は具体的事情の下，相当といえる。

エ　よって，①は任意処分として適法である。

2　下線部②

● 　任意捜査の許容性の判断方法について，判例（最決昭51.3.16／百選［第10版］〔1〕）を意識した論述ができている。

● 　本答案は，本件が被害額100万円の詐欺事案であることを指摘し，評価を加えることができているが，「必要性・緊急性」，「相当性」のいずれの要素にどう関連するのかが不明確である（この点については，再現答案①参照）。

(1) ②が強制処分にあたらないか。前記⑦, ④により判断する。

　ア　②は事務所内の物を撮影するものであるが, 通常屋内の所有物を撮影されることは望まないと考えられる。したがって, 合理的に推認される個人の意思に反するものといえ, ⑦にあたる。

　イ　本件の被制約利益は, 建物内の所有物をみだりに撮影されない利益である。この利益もプライバシー権の一種である。

　　②では, 甲の姿は撮影しておらず, 物のみを撮影しており, 撮影時間も５秒と短いことから, プライバシー権への制約が弱いとも思える。

　　しかし, 本件事務所にはブラインドカーテンがあることから, その事務所内部は公開されることが予定されていない場所といえ, プライバシーの要保護性が高い場所といえる。

　　また, ②では向かい側のマンションの２階から撮影しているが, マンションは公道と違い, 誰でも出入りできる場所ではない。さらに, 本件では望遠レンズを利用しており, 肉眼で見える範囲を超えたものを撮影している。加えて, 建物内部の物を撮影することは, 「侵入」（憲法３５条１項）と同視できる行為である。そのため, 制約態様は重大といえる。

　ウ　以上から, 重要な権利・利益の実質的な制約が認められ, ④にあたる。

　　よって, ②は強制処分にあたる。

(2)ア　②は, 人の五官の作用によって事物を感知する性質を有するか

ら, 「検証」（法２１８条１項前段）に該当する。そのため, 強制処分法定主義の点では, 違法はない。

　イ　一方, 検証には検証令状が必要となる（憲法３５条１項, 法２１８条１項前段）。しかし, 本件では②について無令状で行っているため, ②は令状主義違反となる。

　ウ　よって, ②は令状主義違反として違法である。

第２　設問２

１　小問１

(1) 本件メモが, 伝聞証拠（３２０条１項）にあたり証拠能力が否定されないか。

　　伝聞証拠とは, ⑦公判期日外の供述を内容とする証拠であり, ④要証事実との関係で内容の真実性が問題となるものをいう。

(2) 本件メモは書面であるから, ⑦にあたる。

　　次に, 本件メモの内容は, 犯行時に犯人がVに対して申し向けた発言である。

　　そして, 立証趣旨は, 「甲が, 平成３０年１月１０日, Vに対し, 本件メモに記載された内容の文言を申し向けたこと」である。

　　そうすると, 本件メモによって, 甲が本件メモの内容通りの発言をしたことを立証し, 甲が詐欺を行ったことを証明することが目的といえる。そこで, 本件メモの要証事実は甲が本件メモの内容通りの発言をしたことである。

　　この場合, 本件メモ全体（Vの供述）及び, 甲の発言部分

● 出題趣旨によれば, 下線部②と下線部①の捜査は, 制約される権利・利益の内容やその要保護性の程度, 撮影方法等が異なっていることから, この点を意識して論じる必要があるところ, 本答案は, 制約を受けるプライバシーの違いに言及しつつ, 撮影方法の違いにも着目し, 説得的に論述することができている。

● 下線部②の捜査が強制処分法定主義, 令状主義のいずれに違反するかについて, 的確に論じることができている。

● 出題趣旨によれば, 伝聞法則の趣旨を踏まえ, 伝聞と非伝聞の区別基準を示すことが求められているが, 本答案は, 伝聞法則の趣旨を論じることができていない。

● 本答案は, 要証事実の設定と立証趣旨との関係について, 再現答案①のように, 判例（最決平17.9.27／百選 ［第10版］ 〔83〕）を明確に意識した論述はできていないが, 「立証趣旨を踏まえ」という設問に答えることはできている。

（「屋根裏……可能。」の部分）の内容の真実性が問題となり、①にもあたる。

　よって、本件メモは伝聞証拠にあたり、原則として証拠能力が否定される。

(3)　もっとも、伝聞例外（321条以下）として、例外的に証拠能力が認められないか。

　ア　本件メモ全体

　　321条1項3号に該当しないか。

　(ア)　本件メモは「被告人以外の者」（1項柱書）であるVの「供述書」（1項柱書）にあたる。また、「前2号に掲げる書面以外の書面」（3号本文）にもあたる。

　(イ)　供述不能（3号本文前段）は、例示列挙である。

　　そして、本件ではVの意識が回復する見込みがなく、仮に意識が回復しても取調べを行うことは不可能だから、供述不能といえる。

　(ウ)　不可欠性（3号本文後段）とは、事実認定に著しい差異を生じさせることをいう。

　　本件では、甲はメモの内容の発言をしたことを否認しており、本件メモ以外に甲の犯行時の発言を証明できる証拠がない。

　　よって、本件メモは事実認定に著しい差異を生じさせるため、不可欠性が認められる。

　(エ)　絶対的特信情況（3号但書）は、外部的事情を基礎とし

● 後記コメントのとおり、甲の発言内容の真実性を問題とするのは誤りである。

● まずは、Vの心身の状態が321条1項3号に規定された事由のいずれかに該当しないのかを検討すべきである。

● 「不可欠性」に対する理解を示し、本件メモがそうした証拠に該当すると論じることができている。

て、供述内容も補助的に考慮して判断する。

　　本件メモはVが被害に遭ってから、7時間後に作成されており、記憶が鮮明なうちに作成されたものであり、誤りが入り込む余地が少ない。

　　また、長男Wの目の前で作成しており、虚偽を書き込む可能性は低い。

　　そのため、絶対的特信情況が認められる。

　(オ)　よって、321条1項3号の要件をみたす。

　イ　甲の発言部分（「屋根裏……可能。」の部分）

　　甲の発言部分も内容の真実性が問題となることから、この部分は再伝聞となる。

　　そして、再伝聞では、伝聞の各過程について伝聞例外の要件をみたす限り証拠能力が認められると解する。

　　本件ではメモ全体について321条1項3号の要件をみたすため、甲の発言部分については324条1項が類推適用され、322条1項が適用される。

　　甲の発言部分は、甲の詐欺の実行行為にあたるから、不利益事実の承認（322条1項本文前段）にあたる。

　　また、任意性（同条項但書）も認められる。

　　よって、甲の発言部分について322条1項の要件をみたす。

　ウ　以上から、本件メモの証拠能力が認められる。

2　小問2

● Vによる本件メモの作成状況や作成に至る経緯等の具体的事実を指摘して論じることができている。なお、本答案は「供述内容も補助的に考慮して判断する」としているが、そうであれば、本件メモの内容と客観的に一致する事実も指摘すべきだった（再現答案①参照）。

● 再現答案③において詳しくコメントしたとおり、本件メモを再伝聞証拠とするのは誤りである。

　本件メモには「屋根裏に耐震金具は付いているが、耐震金具に不具合がある」などの記載があるところ、重要なポイントは、この記載された内容の文言を甲がVに申し向けたかどうかであり、この記載自体が真実かどうかではない（本当に耐震金具に不具合があるかどうか等は立証の対象ではない）。したがって、この記載された内容の文言を甲がVに申し向けたかどうかを証明するには、Vの供述内容が真実であることを証明しなければならないが、甲の発言

(1) 物証としての使用

　　甲はV方に行ったことはないとの弁解をしている。

　　一方，本件領収書には，甲の指紋と合致する指紋が付着していた。また，本件事務所から発見された認印の印影と本件領収書の印影が合致している。

　　そして，本件の立証趣旨も踏まえると，本件領収書の要証事実は，甲がV方に出向き本件領収書をVに手渡したことと考えられる。

　　この場合は，本件領収書を物証として利用することになり，内容の真実性は問題にならず，伝聞法則は適用されない。

　　そして，本件領収書は関連性を有するから，証拠能力が認められる。

(2) 書証としての使用

　ア　本件領収書は「甲が平成30年1月10日にVから屋根裏工事代金として100万円を受け取ったこと」を内容とするから，この事実が要証事実となる場合も考えられる。

　　この場合は，本件領収書を書証として使用することになり，内容の真実性が問題となる。

　　よって，伝聞証拠にあたる。

　イ　しかし，伝聞例外として322条1項の要件をみたさないか。

　　本件領収書は，「被告人が作成した供述書」（322条1項本文）にあたる。

　　また，不利益事実の承認（同条項本文前段）にあたる。

　　さらに，任意性（同条項但書）も認められる。

　　よって，322条1項の要件をみたすため，証拠能力が認められる。

(3) 弾劾証拠（328条）としての使用

　　甲は100万円の受取を否認している。

　　一方，本件領収書は，同一人の自己矛盾供述にあたる内容である。よって，本件領収書は弾劾証拠として使用することが考えられる。

　　この場合も伝聞証拠にあたらず，本件領収書の証拠能力が認められる。

　　　　　　　　　　　　　　　　　　　　　　　　　以　上

が真実であることを証明しても意味がない。

● 設問2・小問2の問題文には，「本件領収書が甲からVに交付されたものであることは，証拠上認定できるものとする」と記載されているが，本答案は，この記載を見落とした上，本件領収書の要証事実を，現金授受の事実ではなく「本件領収書をVに手渡したこと」としており，二重にミスを犯している。

● 出題趣旨によれば，本件領収書を伝聞証拠として用いる場合については，322条1項該当性を検討することが求められているところ，本答案は，322条1項該当性を検討していること自体は出題趣旨に沿うが，問題文の具体的な事実を全く引用していないにもかかわらず，322条1項の要件を充足する旨論述しており，説得力に欠け，不適切な論理展開といわざるを得ない。

● 本問は，本件領収書の証拠能力の有無を論じさせる問題であるところ，本答案は，本件領収書は「322条1項の要件を満たすため，証拠能力が認められる」としている以上，弾劾証拠としての使用を論述したところで，特に評価の対象とはならなかったものと考えられる（出題趣旨・採点実感にも弾劾証拠についての言及は一切ない）。

令和元年

[刑事系科目]

〔第２問〕（配点：１００）

次の【事例】を読んで，後記〔設問１〕及び〔設問２〕に答えなさい。

【事　例】

1　平成３１年２月１日，Ｇ市内の路上において，徒歩で通行中のＶ（７０歳，女性）が，原動機付自転車に乗った犯人からバッグを引っ張られて路上に転倒し，バッグを奪われた上，同月２日，被害時に頭部を路上に強打した際に生じた脳挫傷により死亡する強盗致死事件が発生した（以下「本件強盗致死事件」という。）。Ｖは，被害直後，臨場した警察官に対し，「バッグに５０万円を入れていた。犯人は，ナンバーが『Ｇ市（ひらがなは不明）１２３４』で黒色の原動機付自転車に乗っていた。」旨供述した。

2　司法警察員Ｐ及びＱが本件強盗致死事件について捜査した結果，上記ナンバーに合致する黒色の原動機付自転車は，甲（２３歳，男性）名義のもののほか２台あることが判明した。そこで，Ｐらが甲について捜査したところ，甲は，アパートで単身生活していること，平成３０年１２月末にＸ社を退職した後は無職であったこと，平成３１年２月１日における甲名義の銀行口座の残高は１万円であったものの，同月２日に甲が同口座に現金３０万円を入金したことが判明したが，甲方アパート駐輪場には甲名義の原動機付自転車は見当たらなかった。

Ｐは，本件強盗致死事件で甲を逮捕するには証拠が不十分であるため，何か別の犯罪の嫌疑がないかと考え，Ｘ社社長から聴取したところ，同社長から，「甲は，売掛金の集金及び経理業務を担当していたが，平成３０年１１月２０日に顧客Ａから集金した３万円を着服したことが発覚して同年末に退職した。」旨の供述が得られた。そこで，Ｐは，同社長に対し，甲による現金３万円の業務上横領の被害届を出すよう求めたが，同社長は，被害額が少額であることや世間体を気にして，被害届の提出を渋ったため，Ｐは，繰り返し説得を続け，同社長から被害届の提出を受けた（以下「本件業務上横領事件」という。）。

3　その後，Ｐらは，本件業務上横領事件の捜査を行い，上記内容のＸ社社長の供述調書のほか，「平成３０年１１月２０日，自宅に集金に来た甲に３万円を渡した。領収書は捨ててしまった。」旨のＡの供述調書や，Ａから集金した３万円がＸ社に入金されたことを裏付ける帳簿類は見当たらなかった旨の捜査報告書等を疎明資料として，甲に対する逮捕状の発付を受け，①平成３１年２月２８日，甲を本件業務上横領の被疑事実で通常逮捕した。同年３月１日，検察官Ｒは，同事実で甲の勾留を請求し，同日，甲は，同事実で勾留された。甲は，ＰやＲによる弁解録取手続や裁判官による勾留質問において，「平成３０年１１月２０日にＡから集金したかどうかは覚えていない。」旨供述した。なお，甲の送致に先立ち，Ｒは，Ｐから，甲に本件強盗致死事件の嫌疑がある旨を聞き，同事件での逮捕も視野に入れて，両事件の捜査を並行して行うこととした。

平成３１年３月２日以降の捜査経過は，以下のとおりである（なお，その概要は，**資料１**記載のとおり。）。

4　Ｐは，同月２日，３日及び５日，本件業務上横領事件について甲を取り調べたが，甲は，前同様の供述を繰り返した。また，同月４日から６日にかけて，Ｐは，甲に対し，任意の取調べとして行う旨を説明した上で本件強盗致死事件について取り調べたが，甲は，「やっていない。平成３１年２月１日に何をしていたか覚えていない。」旨の供述に終始した。

また，Ｑは，同年３月２日から６日にかけて，本件業務上横領事件及び本件強盗致死事件に関する捜査として，甲の周辺者から聞き込みを行うとともに，逮捕時に押収した甲のスマートフォンに保存されたメール等を精査した結果，甲は，平成３０年秋頃，Ｙから借金の返済を迫られていたこと，同年１１月２３日にＹと待ち合わせる約束をしていたことが判明した。そこで，Ｑは，本件業務上横領事件の犯行日の特定や被害金額の裏付けとしてＹの取調べが必要と考え，Ｙに連絡したが，Ｙの出張等の都合により，平成３１年３月１６日にＹを取り調べることとなった。

同月７日，Ｒが本件業務上横領事件について甲を取り調べたところ，甲は，「事件当日は，終日，パチンコ店のＨ店かＩ店にいたような気もする。」旨供述したことから，Ｒは，Ｐらに対し，同店での裏付け捜査を指示した。

そこで，Ｑは，同月８日から１０日にかけて，Ｈ店及びＩ店において裏付け捜査したところ，Ｈ店では，防犯カメラ画像で犯行日に甲が来店していないことが確認できたが，Ｉ店では，防犯カメラが同月１４日まで修理中だったため，修理後にその画像を確認することとなった。

他方，Ｐは，同月８日から１０日にかけて，連日，本件強盗致死事件について甲を取り調べたが，甲は前同様の供述を繰り返して否認し続けた。

Ｒは，更に本件業務上横領事件の捜査が必要と判断し，同月１０日，甲の勾留期間の延長を請求し，勾留期間は，同月２０日まで延長された。

5　同月１１日及び１２日，Ｑが，Ａの供述を客観的に裏付けるため，甲がＸ社の業務で使用していた甲所有のパソコンのデータを精査したところ，金額の記載はないものの，Ａ宛ての平成３０年１１月２０日付け領収書のデータが発見された。そこで，Ｐは，平成３１年３月１３日，取調べにおいて同データについて追及したが，甲は，「日付はとりあえず記入しただけで，その日にＡ方に行ったかは分からない。」旨供述した。

また，同月１４日，Ｑが，Ｉ店の防犯カメラ画像を確認したところ，犯行日に甲が来店していないことが判明した。そこで，Ｐは，同月１５日，取調べにおいてＨ店等での裏付け捜査を踏まえて追及したところ，甲は，「平成３０年１１月２０日にＡから集金したが，金額はよく覚えていない。」旨供述した。

平成３１年３月１６日，ＱがＹを取り調べたところ，Ｙが，「甲に１０万円を貸していたが，平成３０年１１月２３日に３万円の返済を受けた。その後，甲は，金がないと言っていたのに，平

３１年２月初め頃だったと思うが，『臨時収入があったから金を返す。』と電話をかけてきて，甲から７万円の返済を受けた。」旨供述したため，Ｑは，その旨の供述調書を作成した。

その後，ＲがＹに確認したところ，返済日及び金額を記載した手帳があることが判明した。そこで，Ｒは，同年３月１９日，Ｙの持参した手帳を確認しながらＹを取り調べ，Ｙが，甲から平成３０年１１月２３日に３万円，平成３１年２月６日に７万円の返済を受けた旨の供述調書を作成した。Ｙの上記取調べに引き続き，Ｒが本件業務上横領事件について甲を取り調べたところ，甲が，「平成３０年１１月２０日にＡから３万円を集金し，これを自分のものとした。その３万円はＹへの借金返済に充てた。」旨供述したため，Ｒは，その旨の供述調書を作成した。

6　一方，Ｑは，平成３１年３月１５日，甲の家賃の支払状況等についてアパートの大家を取り調べ，平成３０年１２月以降家賃を滞納していた甲が，平成３１年２月２日に２か月分の家賃として１０万円を支払った旨の供述調書を作成した。

また，同年３月１７日，Ｑが，甲の周辺者から，甲名義の原動機付自転車の所在について聞き込みをした結果，甲が，同年２月初旬に同原動機付自転車を知人に１万円で売却したことが判明した。

Ｐは，同年３月１１日，１２日，１４日及び１６日から１８日まで，本件強盗致死事件について甲を取り調べた。Ｐは，Ｘ社を退職した後の生活費等の入手先や，同年２月１日の行動について追及したが，甲は，「どの店かは忘れたが，パチンコで勝った金で生活していた。」「２月１日は何をしていたか覚えていない。」旨の供述を繰り返し，同年３月１７日まで否認し続けた。しかし，同月１８日，甲は，Ｐから，家賃の支払状況や銀行口座への３０万円の入金について追及されたのを契機に，本件強盗致死事件に及んだ旨自白したため，Ｐは，その旨の供述調書を作成した。

7　Ｒは，同月２０日，甲を本件業務上横領の事実でＧ地方裁判所に公判請求した（公訴事実は**資料２**記載の公訴事実１のとおり。）。

8　その後，甲は，本件強盗致死の被疑事実で逮捕，勾留され，Ｒは，同年４月１６日，甲を本件強盗致死の事実でＧ地方裁判所に公判請求した。同裁判所は，本件強盗致死事件と本件業務上横領事件を併合して審理することとし，公判前整理手続に付した。公判前整理手続の結果，各公訴事実に争いはなく，量刑のみが争点とされたほか，本件業務上横領事件も裁判員裁判で審理されることを考慮し，Ｘ社社長及びＡの証人尋問を実施することが決定された。なお，公判前整理手続において，弁護人から，甲の集金権限に関する主張はなかった。

しかし，公判期日において，同社長は，「これまで警察官及び検察官に話していなかったが，よく思い出してみると，甲が無断欠勤するようになったので集金等の業務を任せられないと考え，別の部署に異動させたので，平成３０年１１月２０日当時，甲には集金権限がなかった。急な異動のため，甲が担当していたＡなどのお客様への連絡が遅くなってしまった。」旨証言した。また，Ａは，「平成３０年１１月２０日に集金に来たのは甲である。当時，甲に集金権限がないことは知ら

なかった。甲は，いつものように，『集金に来ました。合計で３万円です。』と言ったので，甲が
Ｘ社の集金担当者だと思い，Ｘ社への支払として３万円を甲に渡した。」旨証言した。さらに，甲
は，被告人質問において，「確かに，平成３０年１１月２０日当時集金権限はなく，それは分かっ
ていたが，とにかく金が欲しかった。」旨供述した。

　その後，検察官は，②資料２記載の公訴事実２のとおり訴因変更する旨請求した。なお，検察官
及び弁護人から追加の証拠調べ請求はなかった。

〔設問１〕　下線部①の逮捕，勾留及びこれに引き続く平成３１年３月２０日までの身体拘束の
　適法性について，
　１　具体的事実を摘示しつつ，論じなさい。
　２　１とは異なる結論を導く理論構成を想定し，具体的事実を摘示しつつ，論じなさい。なお，
　　その際，これを採用しない理由についても言及すること。

〔設問２〕　下線部②の訴因変更の請求について，裁判所はこれを許可すべきか。公判前整理手
　続を経ていることを踏まえつつ，論じなさい。

資料1

年月日 (平成31年3月)	甲の取調べ時間		その他の捜査	
	本件業務上横領事件	本件強盗致死事件	本件業務上横領事件	本件強盗致死事件
2日	3時間			
3日	3時間			
4日		5時間	スマートフォンのデータ精査 周辺者への聞き込み	
5日	2時間	2時間		
6日		3時間		
7日	3時間			
8日		3時間		
9日		2時間	H店及びI店への 裏付け捜査	
10日		3時間		
11日		5時間	パソコンデータ精査	
12日		5時間		
13日	3時間			
14日		3時間	I店への裏付け捜査	
15日	3時間			大家の取調べ
16日		3時間		Yの取調べ
17日		3時間		原動機付自転車に関する捜査
18日		3時間		
19日	3時間			Yの取調べ
20日	本件業務上横領事件で公判請求			
合計時間	20時間	40時間		

資料２

公訴事実１

　被告人は，Ｘ社に勤務し，同社の売掛金の集金業務等に従事していたものであるが，平成３０年１１月２０日，同社の顧客であるＡから売掛金の集金として受け取った現金３万円を同社のため業務上預かり保管中，同日，Ｇ市Ｊ町１番地所在のＡ方付近において，自己の用途に使う目的で，着服して横領したものである。

公訴事実２

　被告人は，平成３０年１１月２０日，Ｇ市Ｊ町１番地所在のＡ方において，Ｘ社の顧客であるＡに対し，真実は被告人に同社の売掛金を集金する権限がないのに，これがあるように装い，「集金に来ました。合計で３万円です。」などとうそを言い，Ａをその旨誤信させ，よって，同日，同所において，同人から現金３万円の交付を受け，もって人を欺いて財物を交付させたものである。

【刑事系科目】

〔第2問〕

　本問は，強盗致死，業務上横領事件を素材として，捜査公判に関連する具体的事例を示し，各局面で生じる刑事手続上の問題点，その解決に必要な法解釈，法を適用するに当たって重要な具体的事実の分析・評価及び具体的帰結に至る思考過程を論述させることにより，刑事訴訟法に関する基本的学識，法適用能力及び論理的思考力を試すものである。

　〔設問1〕は，路上で発生した強盗致死事件（本件）について，警察官及び検察官は，甲が犯人ではないかとの嫌疑を抱き，同事件の捜査を視野に入れて，甲を業務上横領事件（別件）の被疑事実で逮捕・勾留し，同勾留期間中には，甲に対し，強盗致死事件の取調べを行っていることから，甲の逮捕・勾留が，いわゆる別件逮捕・勾留に当たり違法と評価されないかが問題となる。〔設問1−1〕では，いわゆる別件逮捕・勾留に関する捜査手法の適法性の判断基準について，まず，自己の拠って立つ理論構成を示した上，【事例】の具体的事実に当てはめて，甲の逮捕・勾留の適法性を論ずることが求められる。次に，〔設問1−2〕では，自己の結論とは異なる結論を導く理論構成を示し，【事例】の具体的事実に当てはめて，甲の逮捕・勾留の適法性を論じた上，その理論構成を自己が採用しない理由についても言及することが求められる。

　いわゆる別件逮捕・勾留に関する捜査手法の適法性の判断基準については，大別すると，逮捕・勾留の基礎となっている被疑事実（別件）を基準に判断する見解（別件基準説）と，実質的に当該被疑事実とは別の犯罪事実（本件）についての身体拘束と評価し得るかという観点から判断する見解（本件基準説）とに分かれており，さらに，どのような場合に逮捕・勾留が違法となるかという点をめぐり，別件についての逮捕・勾留の要件（犯罪の嫌疑，身体拘束の必要性）を充足しているかを重視する考え方，別件の起訴・不起訴の判断に必要な捜査がいつ完了したかを重視する考え方，逮捕・勾留に当たっての捜査官の意図・目的を重視する考え方，逮捕・勾留の期間がいずれの事件の捜査のために利用されている（いた）かを重視する考え方などが主張されている。〔設問1−1〕では，まず，いわゆる別件逮捕・勾留の適法性について，いかなる基準ないし観点から判断するのか，そして，どのような場合に逮捕・勾留が違法となるのかについて，その根拠も含め，自己の理論構成を明示し，【事例】の具体的事実の中から重要な事実に自己の理論構成を当てはめて，甲の逮捕・勾留の適法性について論じることが求められる。

　本問の検討に当たり，考慮されるべき要素として，以下のものを挙げることが可能であろう。

① 　逮捕・勾留の理由とされた被疑事実である業務上横領事件について，逮捕（刑事訴訟法第199条第1項，同条第2項但書，刑事訴訟規則第143条の3），勾留（刑事訴訟法第207条第1項により準用される同法第60条第1項）及び勾留延長（刑事訴訟法第208条第2項）の要件の充足

② 　（強盗致死事件を捨象した場合における）業務上横領事件それ自体の重要性（立件ないし起訴の見込み）

③ 　逮捕・勾留請求時の捜査状況

- ・ 強盗致死事件については，甲が犯人との嫌疑はあったが，逮捕できるだけの証拠はなかった
- ・ 業務上横領事件は，強盗致死事件の捜査の過程で発覚したものであり，警察官は，被害届の提出を渋る被害者を繰り返し説得して，業務上横領事件の被害届を提出させた
④ 業務上横領事件で逮捕・勾留した捜査官の意図
- ・ 警察官は，強盗致死事件で甲を逮捕するには証拠が不十分であったため，甲を逮捕できる他の犯罪事実はないかと考えていた
- ・ 検察官も，甲を強盗致死事件で逮捕することを視野に入れて，捜査することを考えていた
⑤ 別件と本件の重大性，別件と本件との関連性
- ・ 「本件」は人が死亡している強盗致死事件であり，「別件」は被害金額が３万円の集金横領事件である
- ・ 強盗致死事件（路上のひったくり強盗）と業務上横領事件（集金横領）との間に関連性はない
⑥ 逮捕・勾留後の取調べの状況
- ・ 勾留期間中の取調べ日数は，業務上横領事件の取調べが，３月１９日まで断続的に行われ，合計７日である一方，強盗致死事件の取調べは，３月１８日までほぼ連日，合計１２日にわたっており，取調べ時間の合計も，業務上横領事件の取調べは合計２０時間である一方，強盗致死事件の取調べは合計４０時間にわたっている
- ・ 甲は当初，強盗致死事件について否認しており，警察官による追及の結果，３月１８日に自白した（自ら積極的に本件を自白したものではない）
⑦ 逮捕・勾留後の業務上横領事件の捜査状況
- ・ 甲は，弁解録取時，犯行を否認し，３月７日には，パチンコ店にいた旨のアリバイ主張をし，同月１５日には，Ａからの集金事実は認めたが，具体的な金額については否認し，同月１９日に横領金額も含め自白した
- ・ 勾留期間中，甲の弁解に対応した裏付け捜査（パチンコ店の防犯カメラの捜査，甲のパソコンの精査，Ｙの取調べなど）が継続的に行われており，捜査官の懈怠による捜査の遅延もない

　以上の考慮要素の中から，自己の拠って立つ理論構成において着目・重視すべきものを取り出し，具体的事実を摘示しながら，甲の逮捕・勾留の適法性について論じることになろう。

　次に，〔設問１－２〕では，自己の結論と異なる結論を導く理論構成を示した上（ここでは，結論と理論構成の双方が異なるものを示さなければならないことに留意する必要がある），その理論構成において着目・重視すべき考慮要素に関わる具体的事実を摘示しながら，甲の逮捕・勾留の適法性について論じることになろう。また，当該理論構成を採用しない理由については，いわゆる別件逮捕・勾留の適法性の判断基準に関する各見解に対し，それぞれ指摘や批判もあるところであり，そのような指摘や批判を踏まえつつ，具体的に論述することが求められる。

　〔設問２〕は，訴因変更の可否及び許否を問う問題である。【事例】において，検察官は，甲がＡから集金し，Ｘ社のために保管していた３万円を横領したという業務上横領罪の訴因（公訴事実１）で起訴したが，審理の途中で，甲がＡから集金名下で３万円をだまし取ったという詐欺罪（公訴事実２）へ訴因変更を請求している。訴因の変更は，「公訴事実の同一性を害しない限度において」認められる（刑事訴訟法第３１２条第１項）ことから，本問の解答に当たっては，公訴

令和元年・司法

事実の同一性の意義・判断基準についての理論構成を示した上、具体的事実に当てはめることが求められる。加えて、本問の訴因変更請求は、公判前整理手続を経た裁判員裁判の審理の中で行われているため、公判前整理手続後の訴因変更が許されるかについて、公判前整理手続の制度趣旨に照らした論述が求められる。

公訴事実の同一性の意義については、従来から、「単一性」と「狭義の同一性」に分けられているが、本件で問題になるのは「狭義の同一性」である。「狭義の同一性」の判断基準について、判例は、変更前後の両訴因の間の「基本的事実関係が同一か」という観点から判断しており、その判断に当たっては、犯罪の日時、場所の同一性や近接性、行為、客体、被害者等の事実の共通性に着目している。また、事実の共通性に加えて、両訴因が両立しない関係にあること（非両立性）に言及するものもある。そこで、関連する判例の立場や学説を踏まえつつ、「公訴事実の同一性」の判断基準について、その根拠も含め、自己の理論構成を示した上で、【事例】の両訴因（公訴事実1と公訴事実2）の間に、公訴事実の同一性が認められるか的確に論じることが求められる。

次に、訴因変更の請求が許される手続段階について、刑事訴訟法は特に制限を付しておらず、公判前整理手続が導入された平成16年の同法改正においても、公判前整理手続後の証拠調べ請求が制限された（刑事訴訟法第316条の32）のとは異なり、訴因変更の請求に関する制限は設けられていない。

しかし、公判前整理手続は、充実した公判の審理を継続的、計画的かつ迅速に行うため、事件の争点及び証拠を整理する手続であり、公判前整理手続を経た事件については、同手続で策定された審理計画に従い、集中的かつ迅速な審理が進められることとなるが、公判前整理手続後に訴因変更がなされると、変更後の訴因について、当事者双方の追加立証が必要となる場合も考えられ、公判前整理手続で策定された計画どおりに審理ができなくなるおそれがある。

もとより、公判前整理手続に付された事件においても、証拠調べの結果、公判前の当事者の主張と異なる事実が明らかとなることは、制度上織り込み済みであるとはいえ、公判前整理手続に付しながら、その意味を失わせるような訴因変更の請求を許すことは不合理であるから、訴因変更の請求に対する制限を基礎付ける根拠として、公判前整理手続の制度趣旨を援用することが説得的だということができるであろう（「公判前整理手続を経た後の公判においては、充実した公判審理のための争点整理や審理計画の策定がされた趣旨を没却するような訴因変更は許されない」とした下級審裁判例として、東京高判平成20年11月18日・高刑集61巻4号6頁がある。）。本問においても、公判前整理手続の制度趣旨を論じた上で、これを踏まえた訴因変更の許否について判断基準を示し、【事例】の具体的事実に当てはめて、検察官の訴因変更請求が許されるかを丁寧に論じることが求められる。そして、検討に当たっては、公判前整理手続の中で訴因変更を請求することが可能であったか（検察官が訴因変更の必要性を意識する契機があったか）、また仮に訴因変更を許した場合、公判前整理手続で策定された審理計画の大幅な変更が必要となるかといった点が重要な考慮要素となるであろう。

採点実感

1 採点方針等

　本年の問題も昨年までと同様に比較的長文の事例を設定し，捜査・公判の過程に現れた刑事手続上の問題点を的確に把握し，その法的解決に必要な具体的事実を抽出・分析した上，これに的確な法解釈を経て導かれた法準則を適用して一定の結論を導くとともに，その過程を筋道立てて説得的に論述することを求めるものである。法律実務家として求められる事案分析能力，法解釈・適用能力，事実認定能力，論理的思考力，論述能力及び刑事訴訟法に関する基本的学識等を試すための問題である。

　出題の趣旨は，既に公表したとおりである。

　〔設問１〕は，路上で発生した強盗致死事件（本件強盗致死事件）について，警察官及び検察官は，甲が犯人ではないかとの嫌疑を抱き，同事件の捜査を視野に入れて，甲を業務上横領事件（本件業務上横領事件）の被疑事実で逮捕・勾留した上，勾留中に本件強盗致死事件の取調べを行っていることから，いわゆる別件逮捕・勾留に当たり，違法と評価されないかを問うものである。まず，〔設問１－１〕において，別件逮捕・勾留に関する捜査手法の適法性の判断基準について，自己の拠って立つ理論構成（自説）を示し，本事例の具体的事実に当てはめて，甲の逮捕・勾留の適法性を論じ，次に〔設問１－２〕において，自己の結論とは異なる結論を導く理論構成（反対説）を示し，本事例の具体的事実に当てはめて，甲の逮捕・勾留の適法性を論じ，さらに，その理論構成を採用しない理由についても論じることが求められる。

　〔設問２〕は，訴因変更の可否及び許否を問う問題である。検察官は，公判審理の途中で，甲がAから集金し，X社のために保管していた３万円を横領したという業務上横領罪の訴因（公訴事実１）から，甲がAから集金名下で３万円をだまし取ったという詐欺罪（公訴事実２）の訴因への変更を請求している。訴因変更の「可否」について，訴因の変更は，「公訴事実の同一性を害しない限度において」（刑事訴訟法第３１２条第１項）認められることから，公訴事実の同一性（公訴事実の同一性の意義は，従来から，「単一性」と「狭義の同一性」に分けられているが，本件で問題となるのは「狭義の同一性」である。）の意義・判断基準についての理論構成を示した上，上記両訴因について公訴事実の同一性が認められるかを具体的事実に当てはめて論ずることが求められる。次に，訴因変更の「許否」について，検察官の訴因変更請求は，公判前整理手続を経た審理の中で行われているところ，公判前整理手続後の訴因変更が許されるか否かについて，公判前整理手続の制度趣旨に則った論述が求められる。

　採点に当たっては，このような出題の趣旨に沿った論述が的確になされているかに留意した。

　前記各設問は，いずれも，捜査及び公判に関して刑事訴訟法が定める制度・手続及び関連する判例の基本的な理解に関わるものであり，法科大学院において刑事手続に関する科目を履修した者であれば，本事例において何を論じるべきかはおのずと理解できるはずである。

　まず，〔設問１〕のいわゆる別件逮捕・勾留と呼ばれる捜査手法の適法性は，種々の裁判例及び学説において論じられている。その判断基準は，逮捕・勾留の基礎となっている被疑事実（別件）を基準に判断する見解（別件基準説）と，実質的に当該被疑事実とは別の犯罪事実（本件）につい

ての身体拘束と評価し得るかという観点から判断する見解（本件基準説）という，視座を異にする二つの考え方に大別され，さらに，どのような場合に逮捕・勾留が違法となるかという点をめぐり，別件についての逮捕・勾留の要件（犯罪の嫌疑，身体拘束の必要性）を充足しているかを重視する考え方，別件の起訴・不起訴の判断に必要な捜査がいつ完了したかを重視する考え方，逮捕・勾留に当たっての捜査官の意図・目的を重視する考え方，逮捕・勾留の期間がいずれの事件の捜査のために利用されている（いた）かを重視する考え方などが主張されている。解答に当たっては，これらの主要な考え方を踏まえて自説・反対説の理論構成を提示した上で（なお，これには，適法性の判断基準のみならず，その基準を導く理論的根拠を示すことも含まれる。），それぞれの理論構成の下で重視すべきであろう具体的事実を本事例の中から的確に抽出して，結論を導くことが求められる。なお，自説の理論構成の提示と具体的事実への当てはめのみならず，反対説の理論構成の提示とその当てはめをも求めている趣旨は，別件逮捕・勾留の適法性の論点に関する諸学説を闇雲に暗記することを求めるものではなく，別件逮捕・勾留の適法性について，視座を異にする二つの考え方を検討するよう求めることで，両者の考え方にどのような違いがあり，なぜそうした違いが生じるのか，すなわち別件逮捕・勾留の問題が議論される本質的理由がどこにあるのかについて深く理解できているかを問う趣旨である。さらに，そのような理解を前提に，自己の拠って立つ理論構成を示すに当たって，自説の正当性のみならず，反対説に対する批判・反論を論じさせることにより，別件逮捕・勾留の問題への対処についての理解の深さも問う趣旨である。

　〔設問2〕に関し，訴因変更の可否，すなわち公訴事実の同一性の有無の判断基準のうち，本件で問題になるいわゆる「狭義の同一性」の有無の判断基準については，判例は，変更前後の両訴因の間の「基本的事実関係が同一か」という観点から判断しており，その判断に当たっては，犯罪の日時，場所の同一性や近接性，行為，客体，被害者等の事実の共通性に着目するもののほか，事実の共通性に加えて，両訴因が両立しない関係にあること（非両立性）に言及するものもある。解答に当たっては，法科大学院の授業でも取り上げられる主要な判例や学説を踏まえ，自らの採用する判断基準を，そうした判断基準を導く理論的根拠をも明らかにしながら提示した上で，当該基準を本事案の具体的事実に的確に当てはめ，結論を導くことが求められる。理論的根拠を論じる際には，現行刑事訴訟法における訴因変更の制度の意義・機能や，それを公訴事実の同一性という概念によって限界づける実質的理由を検討することが，また，具体的事実への当てはめに際しては，例えば，判例の判断基準に則して言えば，本事案の両訴因におけるどの具体的事実がどのような意味で「同一」の「基本的事実関係」であると言えるのか，あるいは両訴因が具体的にどのような意味で「両立しない」のか等を検討することが求められる。他方，訴因変更の許否と公判前整理手続との関係については，下級審の裁判例はあるものの，受験生にとっては若干なじみのない論点であったかもしれない。しかし，公判前整理手続が設けられた趣旨及び公判前整理手続とその後の公判審理の関係や，動的な刑事裁判手続において，訴因変更がその後の審理手続にどのような影響をもたらすかについて思いを致せば，問題点は自ずと浮き彫りになってくるはずであり，その上で，本事案において訴因変更が請求されるに至った経緯及び変更を許した場合に予想される審理の内容等を具体的に検討して論述すれば，十分に解答可能な問題であると思われる。

2　採点実感

　各考査委員の意見を踏まえた感想を記す。

(1) 概ね出題の意図に沿った論述をしていると評価できる答案としては，次のようなものがあった。

　まず，〔設問１〕では，本事例について，いわゆる別件逮捕・勾留が問題となることを的確に捉え，その適法性の判断基準について，問題の所在ないし主要な考え方の対立点がどこにあるかを意識しながら，〔設問１－１〕では，自説を示し，本事例の具体的事実関係の中から重視すべき事情を的確に抽出して当てはめを行い，〔設問１－２〕では，反対説を示し，同様に，本事例の具体的事実関係の中から重視すべき事情を的確に抽出し，当てはめを行って，異なる結論を導き出し，さらには，反対説を採用しない理由についても説得的に論じている答案が見受けられた。

　〔設問２〕では，本事例において，訴因変更の可否と許否が問題になることを的確に捉え，前者については，新旧両訴因間における公訴事実の同一性，そのうち，いわゆる「狭義の同一性」の有無の問題であることを指摘し，その意義・判断基準について，自己の理論構成を示した上，具体的事実を当てはめて，本件の訴因変更の可否について説得的に結論を導き出し，また，後者については，検察官の訴因変更請求が，公判前整理手続を経た公判審理の中で行われていることを指摘し，それが公判前整理手続の制度趣旨を没却するものではないかとの観点に立って，本事例の具体的事実を検討し，許否の結論を説得的に導いている答案が見受けられた。

　他方，問題解決に必要な法解釈に関する自己の見解を論述するに当たり，機械的に暗記した判例や学説の表現，判断基準を記述するのみで，そのような表現・基準が用いられていることの意味や，自己の見解を妥当とする理由付けについて，理論的に掘り下げた論述ができていない答案や，判例や学説の議論についての理解が不十分であるために，理論構成において論理矛盾を来していたり説明不足であったりする答案，自己が示した判断基準を具体的事実に的確に適用することができていない答案，そもそも，具体的事実の抽出が不十分であったり，その意味の分析が不十分・不適切であったりする答案が見受けられた。

(2) 〔設問１〕について，大多数の答案が，本件においていわゆる別件逮捕・勾留の適否が問題になることを指摘していたものの，別件逮捕・勾留の適法性についての判断基準を述べ，それを本事案の事実に当てはめるにとどまり，なぜそのような判断基準を採用するのかについての理論的根拠の説明が不十分であり，それゆえ別件逮捕・勾留の問題が議論される本質的理由を理解しているかが疑わしい答案が少なくなかった。

　また，例えば，別件逮捕・勾留が問題視される根拠として，「別件逮捕・勾留は，実質的に捜査・取調べをしようとする本件についての司法審査を経ない点で令状主義を潜脱するものであり，違法である。」とする一方，自説の理論構成として，別件逮捕・勾留の適否について，「別件について逮捕・勾留の要件（犯罪の嫌疑，身体拘束の必要性）を満たしていれば適法である。」と論じる答案が見られたが，別件逮捕・勾留の違法性について，本件についての司法審査を経ない点を捉えて令状主義の潜脱を理由とする指摘は，まさに，「別件について逮捕・勾留の要件を満たしていれば適法である。」とする考え方に対する批判と位置付けられるものであって，両者を単純に並列させて論述するのは，論理矛盾であるか又は少なくとも説明不足であると言えよう。

　別件について逮捕・勾留の要件（犯罪の嫌疑，身体拘束の必要性）を満たしていれば適法だとする立場を基本的に是としつつ，さらに，勾留期間中の本件強盗致死事件の取調べについて，身

体拘束中の被疑者の余罪取調べの適否ないし余罪取調べの限界を超えているかという観点から論じ，余罪取調べとして許容されるから勾留は適法，あるいは違法な余罪取調べであるから勾留は違法と結論付ける答案が多く見られた。しかし，逮捕・勾留中の被疑者の取調べに違法があったからといって，逮捕・勾留までもが直ちに違法となるわけではない。身体拘束の適否を問う本問において，余罪取調べの適否を論じるのであれば，なぜ余罪取調べが違法と評価されると身体拘束が違法と評価されるのかについて説得的な説明が必要となるが，この点まで踏み込んだ論述がなされた答案は多くなかった。逆に，専ら，身体拘束中の被疑者の余罪取調べが許されるか否かという観点から自説及び反対説を立てて論じ，結論の記述においても，取調べが適法又は違法と述べるにとどまるなど，身体拘束中の被疑者の余罪取調べの可否の問題と，本問で問われている別件逮捕・勾留の問題すなわち身体拘束それ自体の適否の問題とをそもそも区別できていないと思われる答案も少なからず見受けられた。

　自説又は反対説として本件基準説を取り上げる答案の中には，これを単に，「本件」である本件強盗致死事件について，刑事訴訟法が定める逮捕・勾留の要件（犯罪の嫌疑，身体拘束の必要性）を満たしていれば適法，これを満たしていなければ違法とするものと理解しているように思われる答案が散見された。しかし，そもそも，本件基準説の考え方は，逮捕・勾留の要件が満たされている別件による身体拘束であっても，請求時の捜査官の意図や，あるいは逮捕・勾留後の捜査・取調べ状況の実質に鑑み，本件の身体拘束と評価される場合には違法とするものであり，単に，本件についての逮捕・勾留の要件（犯罪の嫌疑，身体拘束の必要性）が整っているか否かを問題とするものではない。

　逮捕・勾留後の取調べ等の捜査状況に鑑み，別件による身体拘束としての実体を喪失したと評価できる場合には違法となるとの判断基準を示し，勾留後の本件業務上横領事件と本件強盗致死事件の各捜査の具体的状況を列挙して，適法又は違法との結論を導く答案も少なくなかった。しかし，この場合，刑事訴訟法の定める逮捕・勾留の要件（犯罪の嫌疑，身体拘束の必要性）を満たした別件による身体拘束が，どのような場合に，その「実体を喪失」したと評価されるのかの判断基準を示す必要があるし，そもそも，なぜ別件による身体拘束の「実体を喪失」したと評価されれば違法となるのかについての理論的根拠の説明が必要であるが，これらの点にまで踏み込んで論述した答案は多くはなかった。

　ところで，設問は，本件業務上横領事件による逮捕・勾留及び３月２０日までの身体拘束の適法性についての検討を求めるものであるから，身体拘束の理由となっている業務上横領事件について逮捕・勾留の要件を満たしているか，また，１０日間の勾留延長がなされていることから勾留延長の要件を満たしているかについての論述が必要であるが，この点の検討を欠く答案が少なくなかった。特に本件基準説に立つ場合，別件の逮捕・勾留の要件の具備以外の事情を考慮して適法性を判断するため，理論的には，上記要件の検討を経ることなく違法の結論を導くことも可能であり，実際にも本件基準説を自説とする答案にはこの点の検討を行わないものが多かった。しかし，別件逮捕・勾留の問題についていかなる立場に立とうとも，身体拘束の理由となっている被疑事実について刑事訴訟法上の逮捕・勾留の要件が満たされていなければ違法であることは明らかである以上，法律実務家としては，まずはその点の検討を行うことが適切であると思われるし，また，本問において，自説として本件基準説に立ち，かつ違法の結論を採る場合でも，自説と異なる結論を導く反対説を検討する際には，上記要件の具備の点の検討は不可欠であろう。

　なお，本事例の解答としては，理論的には，適法・違法のいずれの結論も考えられるところであり，さらに，判断基準の立て方によっては，勾留期間中のある時点以降が違法となるという一部違法の結論も取り得るところである。もっとも，相当早い段階から，その後の勾留を違法とする結論を基礎付ける説明は十分説得的であることが求められよう。

　答案の中には，「逮捕」，「勾留」，「その後の身体拘束」とに分けて解答する答案も散見された。しかし，「その後の身体拘束」も「勾留」期間の一部であり，単に形式的にこれを区別して論じるのは無意味であろう。身体拘束の法律上の単位は，逮捕，当初の勾留及び延長後の勾留であるから，各身体拘束の開始から終了まで所定の要件を満たすか，順次検討するのが一般的な対応だと思われる。この点に関連して，本件の勾留期間を，本件強盗致死事件の取調べのみが行われている期間とそうでない期間とに細切れに分断し，当初勾留は適法であったものの，本件強盗致死事件の取調べが行われている期間については勾留は違法となるとし，さらには，その後の本件強盗致死事件の取調べが行われていない期間の勾留は再び適法となると結論付けるといった答案も見受けられた。しかし，刑事手続における身体拘束は，逮捕，勾留，勾留延長と続く一連の継続的処分であって，勾留期間を更に細分化して部分部分の適否を独立して評価すべきものではないことに鑑みると，上記のような結論を正当化するには，相当説得的な論述が必要であろう。

(3)　〔設問１−２〕で論ずべき反対説については，自己の結論と異なる結論を導く理論構成，すなわち，自説と結論及び理論構成の双方が異なるものを示すことが求められるところ，理論構成は同じで，当てはめの評価を異にするにすぎないもの，あるいは理論構成は異なっているが同じ結論になってしまっている答案が散見された。また，自説については，理論構成及び当てはめを丁寧に論述しているものの，反対説については３〜４行程度の論述しかなく，理論構成及び当てはめのいずれについても質及び量ともに明らかに不十分な答案も見受けられた。

　反対説に対しては，これを採用しない理由の論述が求められているところ，反対説の内容とこれを採用しない理由とがかみ合っていない答案も見られた。例えば，反対説として請求時の捜査官の目的が専ら又は主として本件の捜査・取調べにある場合を違法とする見解を挙げた答案の多くが，これを採用しない理由として，「令状審査する裁判官において捜査官の目的を判断するのが困難である。」ことを指摘していたが，答案の中には，反対説における考慮要素として，事後的に判明した逮捕・勾留中の捜査状況や取調べ状況についても，請求時の捜査官の目的を推認する事情として挙げていながら，反対説を採用しない理由として上記指摘のみを挙げているものが少なくなかった。

(4)　〔設問２〕については，「業務上横領罪の訴因に対して，詐欺罪で有罪の認定をするのに訴因変更が必要か。」という訴因変更の要否を論じている答案が多く見られた。しかし，本事例は，検察官が既に訴因変更を請求しているのだから，業務上横領罪の訴因のまま，詐欺罪の認定をしてよいかという訴因変更の要否の問題ではなく，業務上横領罪から詐欺罪への訴因変更ができるか，すなわち，両者の間に「公訴事実の同一性」（刑事訴訟法第３１２条第１項）が認められるかという訴因変更の可否が問題となる事案である。訴因変更の可否を論ずる前提として，訴因変更の要否を論じることが誤りとまでは言えないものの，訴因変更の要否を長大に論じる一方，訴因変更の可否についての論述が極めて薄い（あるいは論述がない）答案などは，訴訟手続の中で，訴因変更の要否と可否がそれぞれどのような場面で問題となるのかについての理解が不十分であると言えよう。

訴因変更の可否を論ずるに当たり，新旧両訴因の間に公訴事実の同一性が要求される趣旨について，例えば，「二重処罰の回避」とか「処罰の一回性の要請」などと述べ，しかしそれのみにとどまっている答案が少なからず見られたが，これだけでは説明として不十分であろう。この点について，例えば，「旧訴因との関係では一回的な処罰の対象となるべき事実関係であるにもかかわらず，訴因変更を許さずに別訴の提起を許すことになるとすれば二重処罰の危険が生じる。」などと具体的な言葉で丁寧に論述し，訴因変更制度及び「公訴事実の同一性」基準の意義についての理解の深さを窺わせる答案が少数ではあったが見られた（なお，このような二重処罰の危険の回避に着目した立論以外にも種々の考え方があり得るところ，そうした立場に立つ答案の中にも，制度趣旨を踏まえた説得的な理論的説明を行う答案が少数ながら見られた。）。他方，公訴事実の同一性の有無の判断基準を示すのみであり，その意義について制度の趣旨に遡った論述をおよそ欠いている答案や，訴因変更の要否に関する議論と混同しているのではないかと思われる答案なども散見された。

　公訴事実の同一性の有無の判断基準については，「両訴因の間の基本的事実関係が同一かを判断し，補充的に，両訴因が両立しない関係にあるか否かを判断する。」と述べる答案が圧倒的に多く，また，基本的事実関係の同一性について，「社会通念上の同一性」とか「社会的事実の同一性」と説明するものが多かった。もっとも，「社会通念上の同一性」や「社会的事実の同一性」の意味についての理解を明確に示している答案は多くなく，同一性についての当てはめも，両訴因の記載を単純に列挙するだけの答案や，「公訴事実１と公訴事実２については，犯行日時・場所，被害金，被害者が同一である。」としか書かれていない答案も少なくなかった。しかし，本事例の両訴因は，犯行日こそ同一であるものの，犯行場所は，公訴事実１は「Ａ方付近」である一方，公訴事実２は「Ａ方」であり，被害金については，公訴事実１は「Ｘ社のために預かり保管している現金３万円」である一方，公訴事実２は「Ｙから交付を受けた現金３万円」であり，被害者については，公訴事実１は「Ｘ社」である一方，公訴事実２は「Ａ」であり，訴因に記載された字面を単純比較しただけでは，両者が同一であるとは直ちに言えないはずである。この点について，例えば，「両事実は，いずれも，平成３０年１１月２０日に，ＸがＡから売掛金の集金として現金３万円を受け取り，これを自己のものとして領得したものであり，社会的事実として同一であって，単に，その３万円について，Ｘのために預かっているものを横領したのか，Ａからだまし取ったのかという点に違いがあるにすぎない。」などと具体的な言葉で，その同一性について明確に論述している答案もあり，このような答案は，公訴事実の同一性の概念に関する理解の深さを窺わせるものである。他方，上記のような字面の違いをもって，社会的事実としての同一性を否定し，基本的事実関係は同一ではなく，また，業務上横領罪と詐欺罪は両立し得るので，公訴事実の同一性は認められないと結論付けるなど，この問題に関する理解が明らかに不十分と見られる答案も見受けられた。

　次に，訴因変更の許否について，設問は，公判前整理手続を経ていることを踏まえて論述するように求めているにもかかわらず，公判前整理手続について全く触れていない答案が少なからずあった。

　また，公判前整理手続後の訴因変更の許否について，被告人の防御の観点のみから論ずる答案も多く見られた。しかし，公判前整理手続は，あらかじめ事件の争点及び証拠を整理することにより，公判審理を継続的，計画的かつ迅速なものにして，充実した公判審理を実現することを目

的とする制度であるのだから，訴因変更を許可することによって，公判前整理手続で行った争点と証拠の整理が無意味化してしまうのではないかという，公判前整理手続の制度趣旨に立ち返った観点からの検討が欲しいところである。

これに関連して，訴因変更を許すと被告人の不意打ちになると論じている答案も少なからず見受けられた。しかし，不意打ちというのは，およそ被告人に防御の機会を与えずに，被告人にとって不利益な事実を認定することをいうのであって，訴因変更を通じて防御の機会を得ることのできる（むしろ訴因変更は被告人の防御の機会を保障する最も手厚い手段とも言い得る。）本事例には当てはまらない。

公判前整理手続後の訴因変更が制限される根拠として，刑事訴訟法第３１６条の３２第１項を挙げる答案も見受けられたが，同条項は，公判前整理手続終了後の証拠調べ請求を制限するにとどまり，当事者の主張の追加・変更まで制限するものではないことに留意する必要がある。仮に同条項を根拠とするにしても，やはり，同条項の趣旨について，公判前整理手続の制度趣旨に遡って論じ，その趣旨が訴因変更請求にも当てはまることについての丁寧な説明が必要であろう。

本事例の訴因変更請求について，公判前整理手続の制度趣旨を没却するものではなく，訴因変更が許されると結論付けた答案の多くは，その理由として，Ｘ社社長が証人尋問において，突然，甲の集金権限の有無についての供述を変えたことを挙げ，検察官において，公判前整理手続の中で訴因変更請求できなかったことはやむを得ないとするものが多かったが，さらに，被告人自身も被告人質問で自己に集金権限がなかったことを認めていることや，検察官及び弁護人から追加の証拠調べ請求がなかったことを摘示して，訴因変更を認めても，公判前整理手続で決められた審理計画に変更を来すものではないことまで論じられた答案は多くなかった。本事例の訴因変更請求について，公判前整理手続の制度趣旨を没却するものであるかという観点から検討するのであれば，検察官において，公判前整理手続の中で訴因変更の必要性を意識できる契機があったかという観点からの検討はもとより，訴因変更によって，公判前整理手続で定められた審理計画がどれだけの修正・変更を余儀なくされるかという観点からの検討も欲しいところである。

3 答案の評価

(1) 「優秀の水準」にあると認められる答案

〔設問１〕については，身体拘束の理由となっている本件業務上横領事件の被疑事実について，刑事訴訟法の定める逮捕・勾留及び勾留延長に係る根拠条文を摘示して，それぞれ要件を満たしているかを具体的に検討している答案，別件逮捕・勾留の適法性について，問題の所在ないし主要な考え方の対立点を意識しながら，自説と反対説のいずれについても的確かつ十分な理論構成（判断基準及びその理論的根拠の双方）を示している答案，本事例の具体的事実の中から，自説と反対説それぞれの理論構成の下で重要となる事情を的確に選別して摘示し，甲の逮捕・勾留が適法ないし違法と評価される結論とその理由を明確に示している答案，反対説を採用しない理由についても，自説を正当と考える理由と反対説を不当と考える理由を連動させて説得的に論じている答案である。

〔設問２〕については，訴因変更の可否と許否が問題になることを明確に意識し，訴因変更の可否については，新旧両訴因間における公訴事実の同一性の有無が問題となることを根拠条文を

挙げて示した上，公訴事実の同一性が要求される理由とその判断基準を明確に論じている答案，当てはめにおいても，上記理論的根拠を踏まえつつ，本事例の両訴因の事実を丁寧に摘示して，公訴事実の同一性が認められる理由を理論的に論じている答案，訴因変更の許否については，公判前整理手続の制度趣旨を論じた上，本件訴因変更が公判前整理手続の制度趣旨を没却するものでないことについて，本事案において訴因変更が請求されるに至った経緯及び変更を許した場合に予想される審理の内容を踏まえ，公判前整理手続において検察官に訴因変更の必要性を意識する契機があったか否か及び公判前整理手続で決まった審理計画がどれだけ修正・変更を余儀なくされるかの両観点に着目して，丁寧に論述している答案である。

　なお，このように，出題の意図に沿った十分な論述がなされている答案は僅かであった。

(2)　「良好の水準」にあると認められる答案

　〔設問1〕については，別件逮捕・勾留の適法性について，自説と反対説の理論構成（判断基準及びその理論的根拠の双方）を示すことが一応できており，当てはめも，それぞれの理論構成の下で重視すべき事情を意識した具体的事実の摘示が一応できている答案である。他方，「優秀の水準」と比較した場合，当てはめにおいて，事実の羅列にとどまり，個々の事情が自己の理論構成で示した判断基準に対して具体的にどのような意味を持つのかについての説明が物足りない答案，自説については理論構成及び当てはめが丁寧かつ的確に論述されている一方，反対説の論述が質及び量ともに，やや不十分であって物足りない答案などである。

　〔設問2〕については，訴因変更の可否と許否が問題になることをきちんと理解し，訴因変更の可否については，公訴事実の同一性の概念とその当てはめについて一応の論述がなされており，訴因変更の許否についても，公判前整理手続の制度趣旨を論じた上で，検察官の訴因変更請求が公判前整理手続の制度趣旨を没却するものではないかとの見地からの一応の論述がなされている答案である。他方，「優秀の水準」と比較した場合，訴因変更の可否の問題に関しては，公訴事実の同一性が要求される理由についての論述がやや不十分であったり，当てはめにおいて，自己の結論を導くために抽出すべき事実は概ね摘示されているものの，単なる事実の羅列に終始してしまい，例えばなぜそれらが「同一」の「基本的事実」であると言えるかについての説明が不十分だったりするもの，訴因変更の許否の問題に関しては，本問の訴因変更請求が公判前整理手続の制度趣旨を没却するものではないことについて，当てはめにおける事実の摘示・分析がやや不十分であった答案である。

(3)　「一応の水準」に達していると認められる答案

　〔設問1〕については，別件逮捕・勾留の適法性について，自説・反対説の理論構成において一応の判断基準が示されている一方，判断基準を導く理論的根拠の説明が不十分である答案，当てはめにおいて，本事例に現れた具体的事情の抽出が全体的に不十分な答案，別件逮捕・勾留の適法性についての理解が表層的な答案（例えば，反対説の内容とこれを採用しない理由とがかみ合っていない答案）である。

　〔設問2〕については，公訴事実の可否及び許否が問題となることに気付き，公訴事実の同一性の意義や公判前整理手続の制度趣旨についての言及があり，かつ妥当な結論に至ってはいるものの，全体的に見て，公訴事実の同一性の概念や公判前整理手続の制度趣旨の理論構成に不十分・不正確さがみられる答案，当てはめにおいて，自己の結論を導き得るだけの具体的事実の抽出が全体的に不十分であったりする答案である。

(4)　「不良の水準」にとどまると認められる答案

　　上記水準に及ばない不良なものをいう。一般的には，刑事訴訟法上の基本原則の意味を理解することなく機械的に暗記し，これを断片的に（更に正確さを欠いた形で）記述するだけの答案や，関係条文・法原則を踏まえた法解釈を論述・展開することなく，事例中の事実をただ羅列するだけの答案など，法律学に関する基本的学識と能力が欠如しているものである。具体的な例を挙げれば，〔設問1〕では，別件逮捕・勾留の適法性の問題と余罪取調べの可否の問題とを混同し，もっぱら後者の観点から自説と反対説を立てて論じている答案，別件逮捕・勾留の適法性に関する主要な考え方について，誤った理解をしている答案（例えば，「本件基準説」に立つと述べた上で，本件強盗致死事件について逮捕・勾留の要件（犯罪の嫌疑，身体拘束の必要性）を満たしているかの検討しかしていない答案），〔設問2〕では，訴因変更の要否について長大に論じる一方，訴因変更の可否及び許否の問題についての検討が極めて薄い（あるいは全くなされていない）答案，訴因変更の許否について，公判前整理手続の制度趣旨に関する記述を欠く，又はそれが著しく不十分な答案などがこれに当たる。そのほか，問題文の問いに正確に答えていない答案，例えば〔設問1−1〕と〔設問1−2〕とで，理論構成は同じで，当てはめの評価を異にするにすぎない答案や，理論構成は異なっているが同じ結論になっている答案などもこれに属する。

4　法科大学院教育に求めるもの

　　このような結果を踏まえると，今後の法科大学院教育においては，刑事手続を構成する各制度の趣旨・目的を，判例も踏まえながら基本から深くかつ正確に理解すること，見解に対立の見られる問題について，単にそれらの見解を表面的に暗記するのではなく，それらの見解の基本的な考え方や，見解の対立が生じる本質的理由を正確に理解すること，これらの制度や考え方を具体的事例に当てはめて適用できる能力を身に付けること，法律実務家として，論理的で筋道立てた分かりやすい文章を記述する能力を培うことが強く要請される。

　　特に，法適用に関しては，生の具体的事実に含まれた個々の事情又はその複合が法規範の適用においてどのような意味を持つかを意識的に分析・検討し，それに従って事実関係を整理できる能力の涵養が求められる。

　　また，実務教育との有機的連携の下，通常の捜査・公判がどのように進行するのかを理解すること，そして，その過程を俯瞰し，刑事手続の各局面において，各当事者がどのような活動を行い，それがどのように積み重なって手続が進むのかなど，刑事手続を動態として捉えることの重要性を強調しておきたい。

令和元年・司法

第1 設問1小問1
1 下線部①の逮捕，勾留は，身体拘束をするに足りる証拠がない本件（本件強盗致死事件）についての取調べを目的とした，十分な証拠のそろった軽微な別件（本件業務上横領事件）での逮捕，勾留，いわゆる別件逮捕・勾留として違法とならないか。

(1) そもそも逮捕の要件は，⑦逮捕の理由（刑事訴訟法（以下，法令名略）１９９条１項本文），④逮捕の必要（１９９条２項但書，刑事訴訟規則（以下，規則）１４３条の３）であり，勾留の要件はⓐ勾留の理由（６０条１項柱書），ⓑ６０条１項各号該当性，ⓒ勾留の必要性（８７条１項）である。よって，これらの要件さえ満たせばその目的の如何にかかわらず逮捕，勾留は適法であると解する。

(2) 下線部①の逮捕について，別件については被害届が提出されており，甲に３万円を渡したというＡの供述調書や，３万円がＸ社に入金されたことを裏付ける帳簿類は見当たらなかったという捜査報告書などがあり，甲が３万円を着服した可能性は高い。よって，⑦が認められる。また，甲はアパートで単身生活をしており，逃亡の恐れは高く，甲は証人となり得るＸ社社長やＡと面識があるから，甲がこれらの者に働きかけ，証拠の隠滅を図る可能性は高い。よって，④も認められる。
　　以上により，下線部①の逮捕は逮捕の要件を満たす適法なものである。

(3) 下線部①の勾留について，(2)で述べた⑦に関する事情が，ⓐの事情としても十分である。そして，上述のように罪証を隠滅すると疑

うに足りる相当な理由があり，逃亡すると疑うに足りる相当な理由もあるから，６０条１項２号，３号に該当する（ⓑ充足）。そして，勾留の必要性がないという特段の事情もない（ⓒ充足）。
　　以上により，下線部①の勾留は勾留の要件を満たす適法なものである。

(4) よって，下線部①の逮捕，勾留は適法である。
2 もっとも，その後の身体拘束の適法性は別途問題になる。
(1) 身体拘束期間は，起訴・不起訴の判断をするための期間としての性質をも有する。そのため，この判断が可能になれば，その時点で直ちに判断をし，公訴提起ないし釈放をすべきである。よって，別件について上記判断が可能になったにもかかわらず，本件取調べを行うために不当に身体拘束を継続した場合は，当該身体拘束は違法である。また，別件の取調べや捜査と本件の取調べや捜査を並行して行うことによって，本来別件について上記判断が可能であった時期に判断ができなくなった場合にも，同様にその時点以降の身体拘束が違法となる。以下，本件について検討する。

(2) Ｑは，別件及び本件に関する捜査として甲のスマートフォンに保存されたメール等を精査した結果，甲が別件直後の平成３０年１１月２３日にＹと待ち合わせる約束をしていたことが判明した。そうすると，Ｙが別件について何らかの情報を有している可能性が高いから，別件に関してＹに対する取調べを行う必要があった。しかし，Ｙの出張の都合により平成３１年３月１６日にＹを取り調べることとなった。よって，同日までにＹという決定的な証人となりう

● 出題趣旨によれば，〔設問１−１〕では，別件逮捕・勾留の適法性の判断基準について，まず，自己の理論構成を明示することが求められている。本答案は，別件逮捕・勾留の適法性が問題となることを正確に論じた上で，別件基準説に立つ理由を述べている。

● 業務上横領を被疑事実とする甲の逮捕の要件が充足されることについて，的確かつ端的に論述できている。

● 採点実感によれば，本設問において，形式的に「逮捕」「勾留」「その後の身体拘束」とに分けて検討するのは意味がないとされる（∵「その後の身体拘束」も「勾留」期間の一部である）。
　　もっとも，採点実感は，「判断基準の立て方によっては，勾留期間中のある時点以降が違法となるという一部違法の結論も取り得る」としているところ，本答案は，別件の「起訴・不起訴の判断」が可能になった時点以降等の身体拘束が違法となるという規範を定立し，詳細に事実を摘示して検討を加え，結論を導き出している点で，他の再現答案と一線を画している。

る者の取調べを行わなかったことは不合理とはいえない。他方，甲は別件当日H店がI店にいたという供述をしていることから，Qは裏づけ捜査を行っていたところ，Iのカメラは同月１４日まで修理中であったため，修理後に確認をすることとなった。これは捜査機関側に帰責性がない遅延であるから，捜査を不当に遅延させるものではない。

　　また，同年３月２日から１０日までの間，別件と本件の取調べが共に行われているものの，甲は両者について覚えていない，やっていないと供述しており，決定的な証言が得られたわけではない。

　　以上から，別件に関して適切な捜査・取調べが行われており，本件の捜査・取調べが行われたことによって別件に関する上記判断が遅延したとはいえない。したがって，同年３月１０日までの身体拘束及び同日に行われた勾留期間の延長請求は適法である。

(3)　３月１１日及び１２日には別件についての取調べは行われていないが，別件についての客観的な証拠収集がなされている。３月１３日から１５日の間も，別件についての取調べもしくはIへの裏付け捜査が行われており，なお別件について判断が可能となったとはいえない。

　　そして，同月１６日に決定的な証人となりうるYの取調べが行われた。同日及び同月１９日のYの証言によって，別件直後の平成３０年１１月２３日に３万円をYが甲から受け取ったことが判明し，そのことを甲に示したところ，甲は別件について認めた。

　　そして，その翌日である平成３１年３月２０日に，別件について公判請求がなされた。

　　確かに，３月１１日から１９日までの間の取調べは本件についてのものが多い。しかし，以上のように取調べ以外の別件に関する捜査は行われているし，別件について甲の自白が得られた直後に公判請求がなされているから，別件についての判断が可能になってすぐ公訴提起がなされたものであって，不当に身体拘束を継続したとはいえない。

　　したがって，ここまでの身体拘束も適法である。

(4)　よって，その後の身体拘束は適法といえる。

3　以上により，下線部①の逮捕，勾留及びその後の身体拘束は適法である。

第2　設問1小問2

1　逮捕，勾留の要件を形式的には満たしていたとしても，その逮捕，勾留の主たる目的が本件についての取調べである場合には，当該逮捕，勾留は違法となると解すべきである。この場合，本件について令状主義及び厳格な身体拘束期間を定めた趣旨が害されるからである。

　　本問において，別件の被害者であるX社社長は，被害が少額であることや世間体を気にして被害届の提出を渋っていた。それにもかかわらずPは繰り返し説得を続け，これにより同社長は被害届を提出した。Pはそもそも本件で甲を逮捕するには証拠が不十分であるため，何か別の犯罪の嫌疑がないかと考えて，同社長から聴取を行っており，このような説得を行ったことは，同目的の発現であるということ

● 本答案は，単に事実を摘示するだけでなく，「起訴・不起訴の判断」が可能となったかどうかという自己の規範に照らして逐次評価を加えている。

● 勾留延長の要件を検討できていれば，さらに高得点を得ることができたと考えられる（採点実感参照）。

● 再現答案④のような自己の結論を導くための無理な当てはめはなされておらず，一つ一つの事情が自己の定立した規範に結び付いており，高く評価されたものと思われる。

● 「厳格な身体拘束期間を定めた趣旨が害される」との本件基準説の根拠に対しては，改めて本件による逮捕・勾留が予定されているとはいえ，必ずしも本件による逮捕・勾留が行われるとは限らず，これがいまだ行われていない段階である以上，厳格な期間制限を潜脱しているというに

ができる。

　　そして，実際逮捕後の甲の取調べ時間は別件について２０時間，本件について４０時間であり，本件の取調べは別件の取調べの２倍である。また，甲は平成３１年３月１８日に本件について自白をしたところ，同月２０日，別件について公判請求がされている。このことは本件についての身体拘束の必要がなくなったため，別件について公判請求がなされたと推認させるものである。

　　以上のような事情から，捜査機関側には下線部①の逮捕当時から主目的として本件取調べ目的があったということができる。

　　よって，下線部①の逮捕は違法であり，それに引き続く勾留及び身体拘束も違法である。

２　しかし，この見解は採ることができない。本件取調べ目的があるかどうかは令状審査を行う裁判官にとっては判断を行うことが非常に困難である。それにもかかわらず目的の有無を適法・違法の判断要素とすることは，捜査手続の安定性を害するからである。

第３　設問２

１　そもそも，訴因変更をすることが可能か。

　(1)　訴因変更は「公訴事実の同一性を害しない限度において」可能である（３１２条１項）。この趣旨は，刑事訴訟は特定の犯罪の成否について判断する場であるところ，審判対象の渉猟的な探索によって処罰範囲が拡大することを防止することにある。したがって，公訴事実の同一性は，基本的事実関係の同一性によって判断すべきである。両訴因が事実上もしくは法律上両立しない場合，量的には審

判対象が一つであるから，処罰範囲の拡張が防止できそうである。もっとも，審判対象は質的にも一つである必要がある。よって，両訴因の事実関係の主要部分が同一であることを要する。

　(2)　本問において，公訴事実１は甲に集金権限があることを前提に，甲がＡから受け取った３万円を着服したとする業務上横領罪の訴因である。他方，公訴事実２は，甲に集金権限がないことを前提に，甲がＡから３万円を受け取ったとする詐欺罪の訴因である。

　　確かに当初集金権限を有していた者が後に集金権限を有さないことになる場合もあるから，両訴因は両立しうるとも思える。しかし，両公訴事実は平成３０年１１月２０日という同一の日に，Ａ方という同一の場所で甲が行った行為についてのものであって，同一の行為について集金権限の有無について差異が生じることはあり得ないから，両公訴事実は非両立であるといえる。

　　そして，上述のように両訴因は集金権限の有無は異なるものの，日時，場所，被害者，金額等が一致しており事実関係の主要部分が同一ということができる。

　(3)　よって，公訴事実の同一性が認められるから，訴因変更は可能である。

２　では，裁判所は訴因変更を許可すべきか。

　　この点，訴因の設定権限は検察官にあるから（２４７条），訴因変更の請求があれば裁判所はこれを許可すべきであることが原則である。もっとも，訴因設定権限の濫用といえる場合には，例外的に訴因変更を拒否すべきである。具体的には，それまでの訴訟進行を無にす

は無理があるとの指摘がなされている。

● 採点実感によれば，反対説（本件基準説）における考慮要素として，事後的に判明した逮捕・勾留中の捜査状況や取調べ状況についても，請求時の捜査官の目的を推認する事情として挙げていながら，反対説を採用しない理由として，本答案のように「本件取調べ目的があるかどうかは令状審査を行う裁判官にとっては判断を行うことが非常に困難である」という指摘のみを挙げているものは，「反対説の内容とこれを採用しない理由とがかみ合っていない答案」と評されている。もっとも，ほとんどの答案が本答案のような論述にとどまっているため，他の受験生との差は，「採用しない理由」の部分ではさほど開かなかったものと推察される。

● 具体的な言葉で狭義の同一性が認められることを明確に論述しており，公訴事実の同一性の概念に関する理解の深さが窺われる。

● 公訴事実１の「被害者」は「Ｘ社」，「場所」は「Ａ方付近」，被害金は「Ｘ社のために預かり保管している現金３万円」であるのに対し，公訴事実２の「被害者」は「Ａ」，「場所」は「Ａ方」，被害金は「Ｙから交付を受けた現金３万円」であるから，被害者，場所，被害金は一致していない。

るような訴因変更請求は，訴因設定権限の濫用といえる。

　本問において，公判前整理手続を経ていることが問題となる。公判前整理手続は，争点及び証拠を整理するための手続であるところ，この手続が行われた後に訴因変更をすると，同手続を無に帰することになるから，原則として訴因変更権限の濫用となる。

　もっとも，本問では公判前整理手続の段階では量刑のみが争点とされており，集金権限に関する主張を甲の弁護士もしていなかった。集金権限についての争点は公判期日におけるＸ社社長に対する証人尋問によって初めて顕在化しており，捜査機関は当該争点の存在をこの段階まで知りえなかったということができる。この場合，公判前整理手続の段階では訴因変更をしたくてもできなかったのであるから，公判前整理手続後に訴因変更することを訴因変更権限の濫用と解するのは捜査機関にとって酷である。よって，この場合は例外的に権限の濫用が認められない。

　したがって，訴因変更請求は原則通り許可すべきである。

以　上

● 公判前整理手続後の訴因変更に関して，判例（東京高判平20.11.18／百選［第10版］〔56〕）は，「公判前整理手続は，……充実した公判の審理を継続的，計画的かつ迅速に行うことができるようにするための制度である。このような公判前整理手続の制度趣旨に照らすと，公判前整理手続を経た後の公判においては，充実した争点整理や審理計画の策定がされた趣旨を没却するような訴因変更請求は許されない」としている。

令和元年・司法

設問1
1 小問1について
 (1) 問題の所在
  Ｐは、本件強盗致死事件の取調べを目的として、本件業務上横領事件につき逮捕状を請求しているところ、別件逮捕の適法性の判断基準が問題となる。
 (2) 別件基準説
  専らある犯罪事実（以下「本件」とする）の取調べを目的として、別の犯罪事実（以下「別件」とする）につき、逮捕がなされる場合、逮捕の要件の存否は、別件を基準として判断されるべきと解される。なぜならば、別件につき要件を充足している以上、逮捕を違法とすべき理由がないからである。
 (3) あてはめ
  そこで、別件たる本件業務上横領事件について、逮捕要件を充足するか検討する。逮捕状請求にかかる疎明資料として①平成30年11月20日、甲が集金した3万円を着服した旨のＸ社社長の供述を内容とする供述調書、②同日、Ａが甲に対して3万円を交付した旨のＡの供述を内容とする供述調書、③Ａから集金した3万円がＸ社に入金されたことを裏付ける帳簿類は見当たらなかった旨の捜査報告書が挙げられているところ、本件業務上横領事件について、甲が「罪を犯したと疑うに足りる相当な理由」があるといえる（刑事訴訟法（以下、法令名省略）199条1項2項）。したがって、下線部①の逮捕は適法である。

 (4) 勾留について
  別件勾留についても、別件逮捕と同様の理由から、別件を基準とすべきと解される。勾留要件たる「罪を犯したことを疑うに足りる相当な理由」（207条1項、60条1項）は、勾留による身体拘束が、逮捕によるそれよりも長期にわたることから、逮捕理由よりも厳格に解されるが、本件においては、前記の各疎明資料から、これを満たすといえる。また、甲は、勾留請求段階で否認を続けており、Ａ又はＸ社社長に対する働きかけを行うことで、これらの者の供述の信用性を害し、これらの者の証言を妨害する等により、「罪証を隠滅すると疑うに足りる相当な理由」があるといえる（60条1項2号）。したがって、下線部①の勾留も適法である。
2 小問2について
 (1) 本件基準説
  別件逮捕にかかる逮捕の要件の存否は、本件を基準として判断すべきと解される。なぜなら、令状主義（憲法35条）は、事前の司法審査により、捜査機関の恣意を抑制し、もって国民の権利を保護することを趣旨とするが、別件逮捕は、実質的に裁判所が審査していない本件の捜査を理由として行われるものであり、令状主義を潜脱するものであるといえ、このような潜脱を認めないためには、本件を基準として逮捕の要件の存否を判断すべきであるからである。
 (2) あてはめ

● 再現答案①と同様、本答案も、別件逮捕・勾留の適法性が問題となることを明確に論述し（勾留については後に述べている）、自己の理論構成を、理由を付して述べることができている。

● なお、狭山事件決定（最決昭52.8.9）は、別件逮捕・勾留について、「専ら、いまだ証拠の揃っていない『本件』について被告人を取り調べる目的で、証拠の揃っている別件の逮捕・勾留に名を借り、その身柄の拘束を利用して、『本件』について逮捕・勾留して取り調べるのと同様の効果を得ることをねらいとしたもの」と判示している。

● 逮捕の要件は、逮捕の理由（199Ⅰ本文）と逮捕の必要性（199Ⅱただし書、規143の3）であるので、これについても検討しなければ不十分である。

● 勾留の必要性（・相当性）も独立の要件である（87Ⅰ）と解されているから、この点についても検討を加えるのが望ましい。

● 本問では、勾留延長（208Ⅱ）の要件が充足されているかどうかについても検討を加える必要がある。

● 本件基準説は、逮捕・勾留の要件が満たされている別件による身体拘束であっても、請求時の捜査官の意図や、逮捕・勾留後の捜査・取調べ状況の実質に鑑み、本件の身体拘束と評価される場合には違法とするものである。本答案は、「別件逮捕にかかる逮捕の要件の存否は、本件を基準として判断すべき」としているが、本件基準説は、本件についての

そこで，本件たる本件強盗致死事件について逮捕要件を充足するか検討する。逮捕状の請求時点において，甲が本件強盗致死事件の犯人であることを基礎づける証拠としては，①犯人が，ナンバーが「G市1234」で黒色の原動機付自転車に乗っていたという旨のVの供述と②甲が上記ナンバーに合致する黒色の原動機付自転車の所有名義人であること③本件強盗致死事件において，Bがバッグを奪われた後，甲が甲名義の銀行口座に30万円を入金したことが挙げられる。しかし，上記ナンバーに合致する黒色原動機付自転車は，甲のもののほか2台あり，証拠①②による，甲の犯人性の推認は困難である。また，③についても，甲の犯人性を強く推認させる事情とはいえない。そうすると，本件強盗致死事件については，甲が「罪を犯したと疑うに足りる相当な理由」があるとはいえない。

したがって，下線部①の逮捕は違法である。

(3) 勾留について

下線部①の勾留に関しても，本件強盗致死事件については，甲が「罪を犯したことを疑うに足りる相当な理由」を認めることができないから，勾留は違法であるというべきである。

(4) 本件基準説を採用しない理由

裁判所としては，疎明資料に基づいて，逮捕，勾留要件の存否を判断するほかない。本件基準説は裁判所の審査能力を度外視したものであり，実務上の運用に堪えないから，採用できない。

設問2

1 公訴事実の同一性について

(1) 問題の所在

訴因変更は，「公訴事実の同一性を害しない限度において」認められる。そこで，本件において，訴因変更につき公訴事実の同一性が認められるかが問題となる。

(2) 「公訴事実の同一性」の意義・内容

訴因変更制度の趣旨は，一個の刑罰権の実現に関し二個以上の訴因が構成されて，それらが別訴で審判されることにより，二個以上の有罪判決が下されるおそれを回避する点にある。したがって，公訴事実の同一性は，変更前後の訴因が，同一の刑罰関心の範囲内であるときに認められると解される。具体的には，変更前後の訴因が①その主体，日時，場所，方法，被害者等において共通し，基本的事実関係の同一性が認められる場合，または②実体法上一罪の関係にある場合，変更前後の訴因について，刑罰関心は同一であるから，公訴事実の同一性が認められると解される。

(3) 本件についての検討

公訴事実1と2とは，その主体（いずれも被告人），日時（平成30年11月20日），場所（G市J町1番地所在のA方付近），方法（Aから売掛金として3万円の交付を受けたこと）において共通し，基本的事実関係の同一性が認められる。したがって，公訴事実1と2について，公訴事実の同一性が認められる。

2 公判前整理手続の趣旨との関係について

(1) 問題の所在

逮捕・勾留の要件が整っているか否かを問題とするものではない（整っていないからこそ別件で逮捕・勾留している）から，本答案は誤った理解をしている。

● 上記コメントのとおり，本件について逮捕の要件が備わっていないのは当然である（備わっていれば別件で逮捕しない）。本答案は，本件基準説の理解が誤っているために，当てはめもポイントが外れた内容のものとなっている。

● 条文の摘示は答案を作成する上で欠かせない作業の1つであるから，条文の文言を引用するときは，必ずその根拠条文を摘示すべきである。

● 訴因変更の可否に関し，公訴事実の同一性が要求される趣旨について，本答案は，「二重処罰の回避」や「処罰の一回性の要請」といったキーワードだけを述べるにとどまる答案とは異なり，具体的な言葉で丁寧に論述することができている。

● 出題趣旨によれば，本問では「狭義の同一性」が問題となっており，「単一性」は問題となっていないから，「実体法上一罪の関係にある場合」について述べる必要はない。

● 採点実感によれば，公訴事実1と2の基本的事実関係の同一性は，字面の単純な比較のみでは認められない。したがって，本答案の検討は不十分である。

令和元年・司法

本件においては，公判前整理手続を経た後に，検察官が公訴事実２への訴因変更を請求している。公判前整理手続の趣旨は，「充実した公判の審理を継続的，計画的かつ迅速に行う」ことにある（３１６条の２第１項）ところ，公判前整理手続後の訴因変更は，このような趣旨に反し許されないのではないかが問題となる。

(2) 公判前整理手続後の訴因変更の可否

この点，公判前整理手続の趣旨たる，充実した審理の継続的，計画的かつ迅速な実施の要請も，唯一絶対のものではなく，公正な裁判の要請（１条，憲法３７条１項）との調和のもと実現されるべきものと解される。したがって，公判前整理手続後の訴因変更が許されるか否かは，これを許すことによる，充実した審理の継続的，計画的かつ迅速な実施にかかる不利益と，これを許すことにより得られる，公正な裁判にかかる利益とを比較衡量して判断すべきと解される。

(3) 本件についての検討

本件において，訴因変更は，証拠調べの後になされたものではある。しかし，訴因変更により，争点が拡散したわけではなく，検察官や被告人において追加の主張を要することとなったわけでもない。また，検察官及び弁護人から追加の証拠調べ請求はなされていない。そうすると，訴因変更を認めることによる，充実した審理の継続的，計画的かつ迅速な実施にかかる不利益は，大きいものではないというべきである。

他方で，訴因変更を認めないことによる不利益を検討すると，甲の集金権限を否定するＸ社社長の証言から，公訴事実１の事実を認定することはできなくなるところ，裁判所としては，甲に対し無罪判決を言い渡すほかはない。そして，公訴事実１にかかる無罪判決が確定すると，公訴事実の同一性が認められる公訴事実２について別訴を提起したとしても，一事不再理効により，甲は免訴判決を受け，刑事責任を負わないこととなってしまう。これは，公正裁判の要請を著しく害する事態といえる。

以上からすれば，本件においては，訴因変更を許すことによる不利益よりも，これを認めないことによる不利益の方が，著しく重いものであるから，訴因変更は許容されるべきである。

以　上

● 公判前整理手続の制度趣旨に照らした論述がなされており，出題趣旨に合致する。

● 自分なりに公判前整理手続後の訴因変更の許否の判断基準を示している。そして，以下の当てはめでも「公正な裁判にかかる利益」と結び付けた検討が詳しくなされており，他の再現答案よりも踏み込んだ丁寧な論述がなされている。

● 検察官及び弁護人から追加の証拠調べ請求がなかったことを摘示することができている。この点から，訴因変更を認めても公判前整理手続で定められた審理計画に変更を来すものではない，といった論理展開ができれば，さらに高く評価されたものと思われる。

► **MEMO**

第1　設問1
1　問1
(1)　逮捕の要件充足性について（刑事訴訟法（以下略）199条1項）
ア　まず，「罪を犯したことを疑うに足りる相当な理由」が必要である。
本件において，X社社長は「甲は，売掛金の集金…退職した」と述べており，この発言から，甲が業務上横領罪を行ったとの嫌疑が生じる。また，同社長の被害届もある。そして，Aの「平成30年11月20日，…捨ててしまった」との発言から，X社社長の発言の信用性も高まっている。
したがって，甲が業務上横領罪という「罪を犯したことを疑うに足りる相当な理由がある」。
イ　次に逮捕の必要性が要件として要求される（199条2項，刑事訴訟規則143条の3）。
業務上横領罪は懲役刑となる重大犯罪であるため，逃亡のおそれが認められ，逮捕の必要性は認められる。
ウ　よって，逮捕の要件は充足する。
(2)　勾留の要件充足性について（204条，60条，87条）
ア　まず，「罪を犯したことを疑うに足りる相当な理由」が必要である。
本件において，前述の通り，X社社長やAの発言から，甲が業務上横領罪を行った可能性があるため，「罪を犯したことを

疑うに足りる相当な理由」が認められる。
イ　次に60条の各号該当性が必要となる。
甲はアパートで単身生活をしているため，定まった住居を有する者ではある。しかし，上記の通り業務上横領罪は重大犯罪であるため，罪証隠滅のおそれ，逃亡のおそれは十分に認められる。
したがって，2号，3号の該当性が認められる。
ウ　最後に，勾留の必要性が要件となる。
上記の通り，逃亡，罪証隠滅の防止のためには，勾留を行う必要があるため，勾留の必要性は認められる。
エ　よって，勾留の要件も充足する。
(3)　本件逮捕勾留が別件逮捕でないかという点について
ア　捜査官がいかなる意図をもって逮捕勾留を申し出ているかという点について，裁判官は判断することは不可能である。そこで，捜査官の主観にかかわらず，別件について逮捕勾留の要件を充足していれば，原則として身体拘束は適法である。しかし，その後の身体拘束期間が，主として本件のために用いられており，もはや別件の逮捕勾留としての実体を失ったといえる場合には，当該逮捕勾留は違法となると解する。判断においては，①別件本件の事実の関連性，②捜査官の主観的意図，③両捜査にかけた時間等を考慮する。
イ　本件において，まず，平成31年3月2日から6日はスマートフォンのデータ精査と周辺者への聞き込みに捜査時間があて

● 本答案は，再現答案①②と異なり，別件逮捕・勾留の適法性が問題となることを示していない。そのため，本答案は，自己の理論構成を示すことなく甲の逮捕・勾留の適法性を論述しており，出題趣旨が期待する論理展開から外れてしまっている。

● 逮捕の必要性の有無は，犯罪の軽重のみならず，その態様や被疑者の年齢・境遇その他諸般の事情を総合的に考慮して判断するから，単に法定刑が懲役刑のみであることをもって犯罪が重大であると結論付けたり，逃亡のおそれがあると認定するのはやや短絡的である。

● 逃亡・罪証隠滅のおそれに関する論述は，再現答案①②と比べて抽象的であり，説得力に乏しい。

● なお，勾留の必要性は，勾留によって得られる捜査上の利益の程度と，勾留によって生じる権利・利益の侵害の程度とが明らかにバランスを失する場合に否定される（事案が軽微で起訴の可能性に乏しい場合，住居不定だが確実な身元引受人が存在し逃亡のおそれがないと認められる場合等）。また，勾留延長の要件充足性も検討すべきだった。

● 本答案は，「別件の逮捕勾留としての実体を失ったといえる場合には，当該逮捕勾留は違法となる」としているが，その理論的な根拠についての説明がなされていない（採点実感参照）。

られている。これは甲が金銭トラブルや金に困っていたなどの事情がないかを調べるためのものであり，別件たる業務上横領罪及び本件である強盗致死罪の両罪に関わる捜査である。次に同月８日から１０日及び１４日は業務上横領罪が行われたとされる日の甲のアリバイを調べるためにＨ店及びＩ店への裏付け調査が行われている。また１１日から１２日の二日間は甲の供述の確認をするためパソコンのデータの精査を行っている。そして，同月１６日１９日は前述のスマートフォンのデータ精査から判明した甲と金銭トラブルを有しているＹの取調べが行われている。これらの捜査が行われていない日は基本的に別件についての甲の取調べがなされている。これらの事実から，甲が逮捕勾留されていた期間中，捜査官は毎日何かしら別件についての取り調べや捜査を行っていたことがわかる。それゆえ，本件身体拘束期間が，主として本件のために用いられており，もはや別件の逮捕勾留としての実体を失ったといえる場合には当たらない。

ウ　よって，本件身体拘束は適法である。
2　問2
(1)　異なる結論を導く理論構成について
　ア　逮捕勾留の要件について
　　まず，逮捕勾留の「罪を犯したことを疑うに足りる相当な理由」について，本件ではＸ社社長の供述以外に上記疑いを十分に感じさせる証拠はなく，「罪を犯したことを疑うに足りる相

当な理由」の要件を充足しない。
　イ　別件逮捕勾留について
　　別件逮捕勾留の成否についても，まず本件では，本件たる強盗致死事件が発生して，当該事件についての証拠が不十分であったから，甲についてなにか別の犯罪の嫌疑がないかをＸ社社長に聴取したという事情がある。また，被害届についても社長が，被害額が少数であることや世間体を気にして提出を渋っていたにも関わらず，説得を繰り返すことで半ば無理やり提出をさせている。このことから，捜査官の本件捜査への意図が読み取れる。次に身体拘束期間についても別件の取調べが２０時間であるのに対し，本件の取調べ時間は４０時間もかけており，約２倍の時間があてられている。またＩ店への裏付けや，Ｙの取り調べなど数日にわたっている捜査も多く，この無駄な時間によって，本件強盗事件の捜査が行われている。
　　したがって，本件逮捕勾留は，主として本件のために用いられており，もはや別件の逮捕勾留としての実体を失ったといえるため違法である。
(2)　採用しない理由
　ア　逮捕勾留の要件について
　　確かに，「罪を犯したことを疑うに足りる相当な理由」を充足するための証拠が少ないようにも思える。しかし，逮捕は捜査の初期段階で行われるものであり，この時点では完全な嫌疑を生じさせるような決定的証拠は要求されない。

● 本答案は，再現答案①と比較すると，摘示された事実に対する評価が十分に加えられていない。もっとも，採点実感によれば，「当てはめにおいて，事実の羅列にとどまり，個々の事情が自己の理論構成で示した判断基準に対して具体的にどのような意味を持つのかについての説明が物足りない答案」は，「良好の水準」にあると認められている。

● 出題趣旨によれば，〔設問1－2〕では，自己の結論と異なる結論を導く理論構成を示す必要があったが，本答案はこれを明示していない。また，結論部分では，「別件の逮捕勾留としての実体を失ったといえるため違法である」としているが，これは〔設問1－1〕と同じ理論構成であり，問いに答えることができていない。

令和元年・司法

したがって，証拠が不十分とはいえず，上記見解は採用できない。

イ　別件逮捕について

確かに，強盗致死事件について証拠がなかった点，被害届を強引に提出させている点から，捜査官に本件について取り調べる意図があったことは否定できない。しかし，本件についての取調べが４０時間にもわたったのは，別件についてのデータ精査，裏付け調査などの身柄を用いない捜査を行っている間に，甲の身柄が空いたためであり，主として本件の取調べが行われていたとはいえない。また，Ｉ店への裏付け調査やＹの取調べ等の捜査に時間がかかったのは，Ｉ店の防犯カメラが修理中であったり，Ｙの出張の予定に合わせたりしたためであるから，この点にも捜査官の不当な意図は見られない。

したがって，やはり身体拘束が主として本件のために用いられていたとはいえず，身体拘束は適法であり，上記見解は採用できない。

第２　設問２

1　訴因変更の可否の要件について

(1)　訴因変更を広く認めると，被告は防御範囲の拡大という不利益を被る。その反面，被告人は一事不再理効の拡大という利益も得られる。そこでこれらの不利益と利益を調整するために，訴因変更が認められる「公訴事実の同一性」（３１２条１項）の有無は，基本的事実関係の同一性を考慮して判断すべきである。また補充的に非両

立性も考慮する。

(2)　本件において，新旧両訴因は，日時，場所，被告人が行った行為，被害額等の点で基本的事実関係の同一性が認められる。そして，横領行為は甲に集金権限がなければできない行為であるのに対し，詐欺行為は甲に集金権限がある場合には行えない行為であるから，両訴因の犯罪事実は非両立の関係にあるといえる。

(3)　したがって，「公訴事実の同一性」は認められ，訴因変更の可否の要件は満たす。

2　本件が公判前整理手続を経ている点について

(1)　公判前整理手続の趣旨は３１６条の２第１項から，充実した公判の審理を継続的，計画的かつ迅速に行うことにあると考えられる。また，３１６条の５は１号において，公判前整理手続では訴因を明確にすべきことを定めている。そのため，原則として公判前整理手続終了後に訴因変更を行うことは許されないと解する。しかし，公判前整理手続時点では判明していなかった事実に基づき訴因変更を行うことは，上記趣旨に反する訴因変更とはいえないため例外的に認められる。

(2)　本件において，確かに公判前整理手続の時点では量刑のみが争点とされており，甲の集金権限に関する主張は行われていなかった。そのため，原則として訴因変更は認められない。しかし，検察官が訴因変更をすることとなったきっかけは，Ｘ社社長が公判期日において「これまで…遅くなってしまった」と証言したためである。この証言にあるように社長は公判前整理手続の時点では，犯行時に甲

が集金権限を有していたと考えており，実際にはこれがなかったと思いだしたのは，公判が始まってからである。そうすると公判前整理手続の時点では判明していなかった事実に基づき訴因変更を行う場合にあたり，同手続の趣旨に反しない変更といえる。

(3) よって，裁判所は訴因変更を許可すべきである。

以　上

どれだけの修正・変更を余儀なくされるかという観点からの検討がなされれば，さらに高く評価されたものと考えられる。

令和元年・司法

第1　設問1

1　小問1

(1)　まず，被疑事実に関する逮捕等の身体拘束の要件が充足しているかどうか判断する。なぜなら，捜査機関の主観的な意図を令状裁判官が判断するのは困難だからである。

ア　通常逮捕（１９９条１項）するためには，「被疑者が罪を犯したことを疑うに足りる相当な理由」（同項本文）がなければならない。

本件被疑事実は，本件業務上横領罪である。本件業務上横領罪の被害者であるＸ社長の供述書がある。そして，「平成３０年１１月２０日，自宅に集金に来た甲に３万円を渡した。領収書は捨ててしまった。」旨のＡの供述調書や，Ａから集金した３万円がＸ社に入金されたことを裏付ける帳簿類は見当たらなかった旨の捜査報告書がある。これらを疎明資料として，甲に対する逮捕状の発付を受けているところ，これらの疎明資料があれば，甲が本件業務上横領を「犯したことを疑うに足りる相当な理由」があるといえる。

したがって，通常逮捕の要件を充足する。

イ　次に，勾留が認められるためには，被疑者が「罪を犯したことを疑うに足りる相当な理由」（２０７条１項本文，６０条１項柱書）と６０条１項各号のいずれかに該当しなければならない。

本件で，上記の疎明資料があれば，本件業務上横領を甲が

「犯したことを疑うに足りる相当な理由」があるといえる。

そして，甲は，勾留質問（６１条本文）において「平成３０年１１月２０日にＡから集金したかどうかは覚えていない。」旨供述していることから，犯行を一切否認しているといえる。そのため，甲が「逃亡し又は逃亡すると疑うに足りる相当な理由があるとき」（６０条１項３号）といえる。

したがって，勾留の要件は充足する。

ウ　さらに，勾留を同月２０日まで延長するためには，「やむを得ない事由があると認めるとき」（２０８条２項前段）でなければならない。

本件で，甲は，平成３０年秋頃，Ｙから借金の返済を迫られていたこと，同年１１月２３日にＹと待ち合わせる約束をしていたことが判明した。その日は，本件業務上横領があったとされる同月２０日のわずか３日後である。そうだとすれば，甲は，本件業務上横領した金銭でＹへの借金を返済した疑いがある。そのため，本件業務上横領事件の犯行日の特定や被害金額の裏付けとしてＹの取調べをすることが必要不可欠であるところ，Ｙの出張等の都合により，平成３１年３月１６日までＹを取調べることができない。

また，同月７日，甲は本件業務上横領の事件の当日，パチンコ店のＨ店かＩ店にいたような気がすると供述している。Ｈ店では，防犯カメラ画像で犯行日に甲が来店していないことが確認できたが，Ｉ店では防犯カメラが同月１４日まで修理中だっ

● 本答案は，何が問題となるのかを示すことなく，いきなり別件基準説とその理由を述べている。しかし，別件逮捕・勾留の適法性が問題となることを示さなければ，自己の理論構成を示すこともできないはずであり，論理展開に難がある。

● 事実の羅列に終始し，事実の評価が一切加えられていない。

● 逮捕の要件は，逮捕の理由（199Ⅰ本文）と逮捕の必要性（199Ⅱただし書，規143の３）であるので，これについても検討しなければ不十分である。

● 勾留の必要性（・相当性）も独立の要件である（87Ⅰ）と解されているから，この点についても検討を加えるのが望ましい。

● 被疑者が犯行を否認すれば逃亡のおそれが認められると判断することについては，実務的にも疑問を呈する見解が多い。

● 勾留延長（208Ⅱ）の要件が充足されているかどうかについて，検討を加えることができている。

なお，「やむを得ない事由があると認めるとき」について，判例（最判昭37.7.3）は，「事件の複雑困難（被疑者もしくは被疑事実多数のほか，計算複雑，被疑者関係人らの供述又はその他の証拠のくいちがいが少からず，あるいは取調を必要と見込まれる関係人，証拠物等多数の場合等），あるいは証拠収集の遅延若しくは困難（重要と思料される参考人の病気，旅行，所在不明もしくは鑑定等に多くの日時を要すること）等により勾留期間を延長して更に取調をするのでなければ起訴もしくは不起訴の決定をすることが困難な場

たため，修理後にその画像を確認することになった。Ｉ店の防犯カメラの映像を確認することができれば，甲のアリバイを崩すことができるので，Ｉ店の防犯カメラを確認することが必要不可欠といえる。

したがって，「やむを得ない事由があると認めるとき」といえ，勾留延長の要件を充足する。

(2)ア　上記通常逮捕，勾留及びこれに引き続く平成３１年３月２０日までの身体拘束の要件が充足したとしても，本件と別件の犯罪の軽重，両者の取調べ時間及び本件と別件の関連性を考慮して，余罪の取調べが主たる目的である場合には，身体拘束の要件充足の実体は喪失したとして違法となる。

イ　確かに，Ｐは，本件強盗致死事件で甲を逮捕するには証拠が不十分であるため，何か別の犯罪の嫌疑がないかと考えていたところ，本件業務上横領事件が発覚し，これを理由に身体拘束し，本件強盗致死事件について取調べようとしている。そのため，本件強盗致死事件（本件）を取調べる目的で，本件業務上横領事件を被疑事実として身体拘束している。

また，本件業務上横領事件についても被害額が３万円と，横領事件としては少なかったことから，Ｘ社社長が被害届の提出を渋っていたのに，Ｐが半ば強引に提出させている。

そして，本件業務上横領事件の取調べは計７日で時間は２０時間である。他方，本件強盗致死事件の取調べは計１２日で時間は４０時間と２倍も違いがある。

そうだとすれば，本件の取調べが主たる目的だったといえ，身体拘束の要件充足は，実体的に喪失していたと思える。

しかし，それは妥当ではない。

本件業務上横領事件は，被害額が少ないが，犯罪として重大である。また，ＰがＸ社社長に被害届を提出するように説得はしているが，最終的には自らの意思で提出している。

そして，本件業務上横領事件と本件強盗致死事件で取調べ時間が倍も異なるが，それは前述したとおり，Ｙの取調べやＩ店の防犯カメラの映像を確認しないと本件業務上横領事件の取調べを進行できなかったためである。また，本件強盗致死事件についてＰが甲を取調べる際には，任意の取調べとして行う旨を説明して取調べているから適正な手続を踏んでいる。

さらに，Ｙの取調べで平成３０年１１月２３日に返済を受けた金銭が３万円であることから，本件業務上横領事件の被害額とも一致する。また，Ｙは，平成３１年２月初め頃に甲から臨時収入があったとして，７万円の返済を受けている。その時期は，本件強盗致死事件の直後である。そして，甲は本件強盗致死事件の翌日に２か月分の家賃として１０万円を支払っている。平成３０年１２月末から無職である甲が急に借金を返済できるわけがない。そうだとすれば，Ｙへの借金の返済と家賃は，本件強盗致死事件で得た３０万円の一部である可能性が高い。そのため，Ｙの取調べは，本件業務上横領事件と本件強盗致死事件とも関連する。

合をいう」とし，この「やむを得ない事由」の存否の判断には「当該事件と牽連ある他の事件との関係も相当な限度で考慮にいれることを妨げるものではない」としている。

● 逮捕・勾留の目的は逃亡・罪証隠滅の防止であって，取調べがその目的ではない。したがって，別件基準説に立ちつつ，刑訴法上の要件を充足すると論じた甲の逮捕・勾留が，「余罪の取調べが主たる目的である場合」に「身体拘束の要件充足の実体は喪失し」違法になるというためには，なぜ「余罪の取調べが主たる目的である場合」に身体拘束の要件充足の実体が喪失することになるのかについて論じる必要がある。しかし，本答案はこの点について何も述べておらず，説得的な論理展開となっていない。

● 本答案は，自己の結論（甲の逮捕・勾留等は適法）を導くために，無理な当てはめをしている。本件（強盗致死事件）と別件（業務上横領事件）の比較において別件の重大性を論じるべきであるし，Ｘ社社長が被害届の提出を渋ったためＰが繰り返し説得したという事実を指摘・評価すべきである。

● 「余罪の取調べが主たる目的」といえるかどうかを検討する中で，余罪（本件）の取調べが任意の取調べとして適正な手続を踏んでいるということは，何らの関係もなく，説得力に欠ける。

● 出題趣旨によれば，本件と別件との間に関連性はない。本答案は，自己の結論を導くために，無理やり「関連する」と論述しており，この点に関しては「不良の水準」にとどまるものと思われる。

そうだとすれば，本件の取調べをすることに主たる目的があったとはいえない。

ウ　したがって，上記身体拘束の実体を喪失しない。

(3)　よって，下線部①の逮捕，勾留及びこれに引き続く身体拘束は，適法である。

2　小問2

(1)　上記の結論と異なる理論構成

ア　本件を取調べることが主たる目的で，別件を被疑事実に身体拘束した場合には，違法となる。

イ　本件で，Pは，本件強盗致死事件で甲を逮捕するには証拠が不十分であるため，本件業務上横領事件で逮捕している。そのため，本件を取調べる目的で，別件を被疑事実に逮捕等している。そして，本件業務上横領事件は，被害額がわずか3万円であるのに対し，本件強盗致死事件は，被害者が死亡するという重大事件である。そうだとすれば，別件は，本件に比べて軽微である。また，本件の取調べ時間は，別件に比べて2倍も長い。

そのため，本件を取調べることが主たる目的であったといえる。

ウ　したがって，下線部①の逮捕，勾留及びこれに引き続く平成31年3月20日までの身体拘束は，違法である。

3　上記構成を採用しない理由

前述したとおり，令状裁判官が捜査機関の主観的意図を探知するこ

● 反対説の理論構成についての根拠等に係る論述がなく，不十分である。
● 本答案は，ここでは「本件を取調べることが主たる目的であったといえる」と結論付けているが，小問1では「本件の取調べをすることに主たる目的があったとはいえない」としており，論述間に明らかな矛盾がある。

とは困難であること，別件について，身体拘束の要件を充足するのに令状を発付しないことは不当であることから，上記構成を採用しない。

第2　設問2

1　訴因変更の要否

(1)　訴因（256条3項）とは，検察官が提示する具体的犯罪事実をいう。その機能は，審判対象を画定するとともに被告人の防御の範囲を示すことにある。

そのため，審判対象の画定に必要不可欠な事実の変動がある場合には，訴因変更が必要である。

(2)　本件で，公訴事実1は，業務上横領事件についての訴因である。一方，公訴事実2は，詐欺事件に関する訴因である。そのため，両者には，審判対象画定に必要な事実について変動がある。

(3)　したがって，訴因変更が必要である。

2　訴因変更の可否

(1)　公判前整理手続が終了した後にも訴因変更をすることができるか（316条の21第1項）。

(2)　公判前整理手続（316条の2以下）の趣旨は，争点を事前に整理することで迅速な審理を行い，速やかに判決を出すことで被告人の利益を保護することにある。

かかる趣旨から，公判前整理手続が終了した後に訴因変更を認めてしまうと，上記趣旨が没却されてしまうので原則として訴因変更を許すことはできない。

● 本問において，訴因変更の要否を検討する実益はない。採点実感によれば，本事例は，「検察官が既に訴因変更を請求しているのだから，業務上横領罪の訴因のまま，詐欺罪の認定をしてよいかという訴因変更の要否の問題ではなく，……訴因変更の可否が問題となる事案」である。

● 他の受験生の多くは，訴因変更の可否に関して，公訴事実の同一性の有無の判断基準やその当てはめについて論述しているが，本答案はこれらが欠けており，この点で他の受験生との間で大きな差が開いたものと推察される。

　　しかし，上記趣旨を没却することにならない場合には，訴因変更を許可することができる。

(3)　公判期日で，Ｘ社社長は，集金権限がないと証言し，Ａも集金権限がないことを知らなかったと証言しており，被害者の両方が甲の行った行為が業務上横領罪ではなく詐欺罪に該当する事実があるという点で一致している。さらに，甲も自己に集金権限なかったことを証言している。

　　そうだとすれば，公訴事実１から公訴事実２に訴因を変更したとしても，公判前整理手続を行った趣旨を没却するわけではない。

(4)　したがって，裁判所は，訴因変更の請求を許可すべきである。

以　上

● 被告人自身も被告人質問で自己に集金権限がなかったことを認めていることを指摘できている。

● 本答案は，なぜ上記事実がある場合に，訴因変更を許しても公判前整理手続の趣旨を没却することにならないのかについての説明を欠き，事実の羅列に終始しているため，低く評価されたものと思われる。

予備試験

平成27年

[刑事訴訟法]

次の【事例】を読んで，後記〔設問1〕及び〔設問2〕に答えなさい。

【事　例】

　甲は，平成27年2月1日，L県M市内の路上において，肩が触れて口論となったVに対し，携帯していたサバイバルナイフで左腕を切り付け，1か月間の加療を要する傷害を負わせた。司法警察員Pらは，前記事実で逮捕状及び捜索差押許可状（捜索すべき場所及び差し押さえるべき物の記載内容は，後記のとおり）の発付を受けた上，同月2日，甲を立ち回り先で逮捕した。また，Pらは，同日，甲と同居する乙を立会人として，甲方の捜索を行った。

　甲方の捜索に際し，Pは，玄関内において，乙に捜索差押許可状を呈示するとともに，部下の司法警察員Qに指示して，呈示された同許可状を乙が見ている状況を写真撮影した（①）。続いて，Pは，玄関脇の寝室に立ち入ったが，同寝室内には，机とベッドが置かれていた。Pは，Qに指示して，同寝室内全体の写真を撮影した上，前記机の上段の引出しを開けたが，その際，引出し内の手前側中央付近に，血の付いたサバイバルナイフを発見し，その左横に，甲名義の運転免許証及び健康保険証を認めた。Pは，その状況を写真撮影することとし，Qに指示して，前記サバイバルナイフ及び運転免許証等を1枚の写真に収まる形で近接撮影した（②）。Pは，引き続き，前記机の下段の引出しを開けたところ，覚せい剤の使用をうかがわせる注射器5本及び空のビニール小袋1枚を認めた。そこで，Pは，Qに指示して，前記注射器及びビニール小袋を1枚の写真に収まる形で近接撮影した（③）。その後，Pは，前記サバイバルナイフを押収し，捜索を終了した。

　前記サバイバルナイフに付いた血がVのものと判明したことなどから，検察官Rは，同月20日，L地方裁判所に甲を傷害罪で公判請求した。甲は，「身に覚えがない。サバイバルナイフは乙の物だ。」旨供述して犯行を否認している。

（捜索すべき場所及び差し押さえるべき物の記載内容）
　捜索すべき場所　L県M市N町○○番地甲方
　差し押さえるべき物　サバイバルナイフ

〔設問1〕

　【事例】中の①から③に記載された各写真撮影の適法性について論じなさい。

〔設問2〕

　Pは，捜索終了後，「甲方の寝室内には，机及びベッドが置かれていた。机には，上下2段の引出しがあり，このうち，上段の引出しを開けたところ，手前側中央付近に，サバイバルナイフ1本

が置かれており，その刃の部分には血液が付着していた。そして，同サバイバルナイフの左横に，甲名義の運転免許証及び健康保険証があった。」旨の説明文を記した上，【事例】中の②の写真を添付した書面を作成した。Rは，同書面によって前記サバイバルナイフと甲との結び付きを立証したいと考えた。同書面の証拠能力について論じなさい（②に記載された写真撮影の適否が与える影響については，論じなくてよい。）。

　本問は，サバイバルナイフを用いた傷害事件について，司法警察員が，捜索すべき場所を被疑者方，差し押さえるべき物をサバイバルナイフとする捜索差押許可状による捜索を実施した際，①玄関内において，呈示された同許可状を被疑者と同居する乙が見ている状況を写真撮影し，②寝室の机の上段の引き出しから発見された血の付いたサバイバルナイフ並びに被疑者名義の運転免許証及び健康保険証を1枚の写真に収まる形で近接撮影し，③同机の下段の引き出しから発見された注射器及びビニール小袋を1枚の写真に収まる形で近接撮影するという各写真撮影を行った上，捜索終了後，捜索実施時の前記寝室内の机等の配置状況，前記サバイバルナイフの発見状況並びにその際の同ナイフの状態及び前記運転免許証等との位置関係を記載し，前記②の写真を添付した書面を作成したとの事例において，前記①ないし③の各写真撮影の適法性及び前記書面を被疑者とサバイバルナイフの結び付きを立証するための証拠として用いる場合の証拠能力に関わる問題点を検討させることにより，捜索差押許可状の執行現場における写真撮影行為の性質及びその適法性，伝聞法則とその例外について，基本的な学識の有無及び具体的事案における応用力を試すものである。

▶ MEMO

第1　設問1
1　①の撮影について
　　本件撮影は，個人の住居内というプライバシーの要保護性の高い場所において，強制的に撮影し，そのプライバシーを侵害するものであるから，「強制の処分」（197条1項但書）たる検証（218条1項）にあたる。そうとすると，検証令状を得ていない以上，令状主義（218条1項）に反し，違法となるとも思える。
　　もっとも，本件撮影は甲方の捜索差押えに際して行われている。
　　捜索差押えに際しては，「必要な処分」を行える（218条1項，222条1項本文，111条）ところ，執行手続の適法性を担保するための撮影や証拠の存在状況を保存するための撮影は，捜索差押えに「必要な処分」として許容されるというべきである。なぜなら，上記のような撮影は捜索差押えの結果得られた証拠物の価値を保全するために必要である一方で，上記の範囲にとどまる限り，そのプライバシー侵害の程度は，令状による捜索差押えに伴う侵害として受忍すべき範囲にとどまるからである。
　　本件①は，乙が呈示された許可状を見ている状況を撮影している。捜索の執行に当たっては，令状の呈示が要求される（218条1項，222条1項本文，110条）のであるから，上記のような状況を撮影することは，乙に対する令状呈示が適法

に行われたという執行手続の適法性を担保する目的でなされたといえる。
　　したがって，①の撮影は捜索に伴う「必要な処分」として適法である。
2　②の撮影
　　②の撮影も①同様，強制処分たる検証に当たるため，捜索差押えに伴う「必要な処分」といえない限りは，令状主義に反し，違法となる。
　　本件②は，サバイバルナイフと運転免許証等を撮影したものである。
　　まず，本件被疑事件がサバイバルナイフを用いて，左腕を切り付けるという傷害事件であるから，本件の血のついたサバイバルナイフは凶器と目されるもので，被疑事件の証拠物と思料される。したがって，サバイバルナイフを撮影することは，証拠物の存在状況を保全する目的といえるから，差押えに伴う「必要な処分」として適法である。
　　次に，免許証等については，免許証のような文書は，物それ自体にではなく，そこに記載された情報にこそ価値がある。したがって，撮影により情報のすべてを取得できる以上，文書の撮影は実質的な差押えにあたるというべきである。そして，本件の捜索差押許可状には，差し押さえるべき物として免許証等が挙げられていない以上，免許証を差し押さえることは，本件

● 　出題趣旨によると，設問1では，①捜索差押許可状の執行現場における写真撮影行為の性質と，②その適法性について検討することが求められていた。本答案は，①各写真撮影が強制処分である検証に当たることを認定した上で，②捜索差押許可状の効力との関係において各写真撮影の適法性を検討するという流れとなっており，出題趣旨に合致する。検証の定義も簡潔に示せるとなお良かった。

● 　「必要な処分」として一定の行為が許容される理由を，必要性と許容性の観点から説得的に述べることができている。しかも，他の受験生と異なり，厚く理由付けをした上で正確な規範を定立できている。

● 　①の撮影状況が令状呈示時であることに着目し，令状呈示の条文を引用した上で，適切に評価を加えられている。

● 　本件②が「証拠」の存在状況を保存するための撮影であることを，本件被疑事件とサバイバルナイフとの関連性を具体的に検討した上で当てはめており，「具体的事案における応用力」を問う出題趣旨に合致する。捜索差押許可状に記載された差押目的物がサバイバルナイフであることも指摘できると良かった。

● 　本件②の免許証については，サバイバルナイフという「証拠」が，本人の管理下にあることを強く推認させる運転免許証の入った引出しに入っていたという「発見状況」を撮影するものと捉えれば，「証拠の存

捜索差押許可状で許容されるものでない（２１９条１項）。したがって，免許証等を撮影することは違法である。

以上より，免許証等も一緒に撮影している点において，②の撮影は違法である。

3 ③の撮影

③の撮影も①同様，強制処分たる検証に当たるため，捜索差押えに伴う「必要な処分」といえない限りは，令状主義に反し，違法となる。

本件③は，注射器及びビニール小袋を撮影したものである。本件被疑事件はサバイバルナイフを用いた傷害事件であるから，注射器やビニール小袋は証拠物に当たるとはいえない。そうとすると，③の撮影は証拠物の存在状況を保全する目的を有するものではない。

したがって，捜索差押えに伴う「必要な処分」といえず，③の撮影は違法である。

第2 設問2

1 本問の書面は公判廷外の供述を内容としているから，伝聞証拠にあたり，証拠能力が認められないのではないか（３２０条１項）が問題となる。

伝聞法則の趣旨は，供述証拠は知覚・記憶・表現の各過程に誤りが混入しやすいことから，かかる誤りの有無を反対尋問などを通じてチェックする機会を保証する点にある。したがって，伝聞証拠は，チェックする必要のあるもの，すなわち，要証事実との関係でその内容の真実性が問題となるものに限られる。

2 本件書面の説明文部分について

(1) 本件の立証趣旨はサバイバルナイフと甲の結びつきであって，甲は犯人性を否認している以上，これがそのまま立証趣旨であると考えられる。そうとすると，かかる結びつきを立証するには，甲名義の免許証等が入っているため甲が管理していると考えられる引き出しから，本件のサバイバルナイフが発見されたという内容が真実でなければならないから，本件説明部分の内容の真実性が問題となっているといえる。

したがって，伝聞証拠にあたり，伝聞例外の要件をみたさない限りは証拠能力が認められない。そこで，いかなる要件を満たせばよいかが問題となる。

(2) 本件書面は，捜索差押えに伴う撮影の結果が記載された書面であって，検証の結果が記載された書面ではない。しかし，捜査官が五官の作用によって感知した結果を記載したもので，客観的事実を記載したものであるから，捜査官の恣意が混ざりにくいという点は検証と変わらない。したがって，３２１条３項を準用し，作成者の真正作成供述があれば，伝聞例外としての要件を満たすというべきである。

(3) よって，Pが真正作成供述をすれば，証拠能力が認められる。

3 本件書面の写真部分について

在状況を保存するための撮影」として適法とする余地があった。ただ，捜索差押許可状に記載のない物を撮影することが実質的には差押えに当たり得ることを論じている点は一定程度評価されたものと思われる。

● ③の撮影については，「執行手続の適法性を担保するための撮影」に当たらないこと，被疑事実と関連性（２２２Ⅰ本文，９９Ⅰ）がないことに明確に言及できれば，なお良かった。

● 出題趣旨によると，設問2は「伝聞法則とその例外」についての基本的な理解と具体的事案における応用力を試すものであった。本答案は，伝聞法則とその例外についての一般的な規範を定立した後，本件書面の説明文部分と写真部分をそれぞれ具体的に検討しており，出題趣旨に合致する。

● 「要証事実との関係でその内容の真実性が問題となるもの」に該当するか否かを論ずるに当たり，本答案は，立証趣旨や説明文部分の要証事実を具体的に認定し，それとの関係で内容の真実性が問題になるかという順序で具体的に検討できており，「具体的事案における応用力」を問う出題趣旨に合致する。

● 伝聞証拠と認定するにとどまらず伝聞例外を検討する流れは，司法試験の出題趣旨でも求められており，適切である。なお，本答案は，②の撮影は検証の性質を有する旨論述する一方，「検証の結果が記載された書面ではない。」としている。これは，検証令状に基づく検証の結果が記載された書面ではない，との趣旨と思われる。

本件写真部分は，サバイバルナイフの左に甲名義の免許証等が存在したという客観的事実がそのまま機械的に記録されたものである。そうとすると，機械により正確に記録されている以上，供述証拠のように誤りが混入することはほとんどないといえる。したがって，本件写真部分は非供述証拠というべきであるから，そもそも伝聞法則の適用を受けない。

よって，本件写真部分にも証拠能力が認められる。

以　上

※　実際の答案は4頁以内におさまっています。

● 写真を非供述証拠とする判例（最決昭59.12.21／百選［第10版］〔89〕）に沿った論述がなされており，適切である。

MEMO

1 設問1
(1) ①の写真撮影について

　捜査の現場における写真撮影について，写真撮影は五官の作用によって対象となる物の存在を認識する行為であって，検証たる性質を有する。そこで，強制処分にあたり，令状がない限り許されないとも思える。しかし，捜索令状の執行の際には，その適法性を確保することや当時の状態を保存するために写真撮影の必要性が高く，捜索をうけている以上，写真をとってもその権利侵害の程度は重大とはいえず，相当の範囲内といえる。そこで，捜索の現場における写真撮影は，必要かつ相当の範囲内である場合には，「必要な処分」（１１１条１項，２２２条１項）として許されると解する。

　本問において，①の写真は令状呈示（１１０条）の方法の適法性を担保するための必要性があるといえる。また，その方法も乙が見ている状況をとるのみで，他の物をことさら写そうとすることはないため，相当の範囲といえる。したがって，「必要な処分」として許される。

(2) ②の写真撮影について

　上記基準によって判断すると，②の写真撮影について，サバイバルナイフの左横に甲名義の運転免許証等があったという事実は，サバイバルナイフと甲を結びつける証拠として重要である。そして，その証拠はそれぞれを証拠として押収しては証拠化できず，机の中にあったままの状態で証拠化する必要がある。したがって，写真撮影の必要性が高いといえる。一方で，サバイバルナイフは押収対象物であるから，写真をとっても法益侵害は内包されているといえ，運転免許証等も第三者等に公開を予定するものであるから，プライバシー性が低い。したがって，相当の範囲内といえ，「必要な処分」として適法である。

(3) ③の写真撮影について

　上記基準によって判断すると，③の写真撮影について，注射器やビニール袋は覚せい剤取引や覚せい剤使用を疑わせる証拠ではあるが，これを写真撮影できるとすると，差押令状なく証拠化できることになり，令状主義を没却することになる。また，差押えの対象物ではないので，被疑者の権利侵害も重大であるといえる。とすると，写真撮影は相当な範囲内とはいえず，「必要な処分」としては許容されない。したがって，本件の写真撮影は不適法である。

2 設問2について
(1) 捜査報告書自体の証拠能力について

　本件の捜査報告書は，警察官が捜索をした状況を記録したものであり，実況見分調書たる性質を有する。また，要証事実をサバイバルナイフと甲との結びつきを立証するた

● 本答案のように，写真撮影という行為の性質に着目するのみだと，強制処分である検証と任意処分である実況見分を区別することができない。①の写真撮影が「強制処分」に当たることの論述が必要になる。

● 捜索・差押えに際して行われる写真撮影の適法性の判断基準は，抽象的な必要性・相当性の基準を定立するよりも，具体的な基準（①令状呈示の状況等，令状執行の適法性に関わる状況を記録する写真撮影，②差押物の発見状況等，証拠価値に関わる差押えの状況を記録する写真撮影は，令状執行上相当な処分であり，「必要な処分」として許容される，など）を定立できると良い。

● ②の写真撮影が，差押目的物であるサバイバルナイフの発見状況を保存するために必要であることが具体的に論じられており，適切である。

● 本答案のように，「運転免許証等も第三者等に公開を予定するものであるから，プライバシー性が低い」とすると，そもそもこれらの写真撮影は検証に当たらず，問題提起と齟齬が生じ得る点で，不適切である。

● ③の写真撮影について，令状主義に遡った論述や，差押目的物の有無の検討をできている点は適切である。さらに，「執行手続の適法性を担保するための撮影」に当たらないこと，被疑事実と関連性（222Ⅰ本文，99Ⅰ）がないことに明確に言及できれば，なお良かった。

めに用いようとしているところ，その内容の真実性が問題になる。そこで，本件捜査報告書は伝聞証拠（320条）にあたる。

そこで，同意（326条）がない限り，証拠能力がないといえる。では，伝聞例外にあたり証拠能力が認められないか，321条3項の準用ができるか問題となる。

この点，321条3項が緩やかな要件で証拠能力を認める趣旨は，専門技術的な作業であり誤りが介在するおそれが低いこと，言葉より書面の方がわかりやすいことがある。これは，実況見分調書についても妥当しているといえる。したがって，321条3項が準用でき，「真正に作成された」ものであることを述べれば証拠能力が認められるといえる。

本問において，本件捜査報告書自体としては，真正に作成されたこと，すなわち，名義の真正と，作成の真摯性について証言した場合には証拠能力が認められる。

(2) 写真の証拠能力について

つぎに，写真部分について，これは写真撮影の過程に誤りが介在するおそれがあり，供述証拠たる性質を有するか。

この点，写真は機械的に記録するものであり，誤りが介在するおそれは著しく低い。また，写真に細工をしたかど

● 内容の真実性が問題になる理由が論じられていない。また，内容の真実性が問題となる書面が伝聞証拠に当たるとする理由も論じられていない。出題趣旨によると，設問2では，「伝聞法則とその例外」についての基本的な理解の有無と具体的事案における応用力が試されている以上，基本的な論証を省略すると，その分評価も低下すると考えられる。

うかは証明力の判断で考慮すればよい。したがって，証拠としての関連性が認められる限り，添付された書面と一体として証拠能力を有する。

本問について，写真はサバイバルナイフと甲名義の免許証等が同じ写真に写っているものであり，甲とナイフを関係づける立証に役立つものである。したがって，関連性があり，書面と一体として証拠能力を有するといえる。

(3) 説明文の証拠能力について

この説明文において，サバイバルナイフと甲の関連性という要証事実については，サバイバルナイフの左横に甲名義の運転免許証等があったという事実が重要となる。とすると，その事実の真実性が問題となっており，これは実況見分調書についての作成の真正についての証言だけでは不十分であり，もはやPの供述書たる性質を有する。したがって，この部分については，別途321条1項3号の要件を満たさなければ，証拠能力が認められない。

本問において，Pは供述可能であるから，供述不能要件を満たさず，321条1項3号の証拠能力は認められない。よって，説明文については証拠能力を認めることができない。

以　上

● 写真を非供述証拠とする点は，判例（最決昭59.12.21／百選［第10版］〔89〕）と合致しており，適切である。また，理由付けも適切である。

● 写真を非供述証拠とする場合，その証拠能力は，事件との関連性の有無によって判断され，また，その関連性は当該写真自体から判断することも可能である（最決昭59.12.21／百選［第10版］〔89〕参照）。この点，本答案が写真の内容を検討して関連性を肯定している点は，判例に沿うものであり，適切である。

● 本答案は，本件書面自体については321条3項を準用して証拠能力を認めながら，本件書面の作成者であるPの説明文は別途321条1項3号の要件を満たす必要があるとしている。しかし，Pの供述は，立会人によるいわゆる現場供述ではないから，本答案のような構成をとる場合，合理的な理由付けが必要となると思われる。

第1　設問1
1　まず，強制処分（刑訴法（以下省略）１９７条１項但書）
　とは，相手方の意思に反してその重要な権利利益を制約する
　処分をいうと解されるところ，本件各写真撮影は，甲及び同
　居人乙のプライバシー保護への信頼が厚く保護されるべき甲
　方の室内で行われているため，強制処分にあたる。
　　そして，写真撮影は捜査官が認識した内容を記録するもの
　であるから，検証（２１８条１項前段）としての性質を有す
　る。
　　そのため，検証令状なくされた本件各写真撮影は，原則と
　して令状主義（憲法３５条）に反し，違法である。
2　もっとも，本件各写真撮影は適法な捜索差押えに伴ってな
　されている。そして，捜索差押えに必要かつ相当な付随的処
　分は，「必要な処分」（２２２条１項，１１１条１項）とし
　て許容される。
　　そこで，捜索差押許可状の執行の適法性を担保するために
　令状呈示（１１０条）の状況を撮影すること，及び差押対象
　物につき証拠価値を保存するためにその物を撮影すること
　は，「必要な処分」として許容されると解する。
3　これを①から③の各写真撮影について検討する。
　(1)　①については，捜索差押えの適法性を担保するため，捜
　　査官が甲の同居人乙に対して捜索差押許可状を呈示する様

　　子を撮影したものである。
　　　したがって，写真撮影①は適法である。
　(2)　②については，令状執行の状況を撮影したものではな
　　い。また，差押対象物でない甲名義の運転免許証等が収め
　　られている。
　　　しかし，差押対象物であるサバイバルナイフが甲名義の
　　運転免許証等とともに発見されたという状況は，サバイバ
　　ルナイフの証拠価値を高めるものである。そして，その証
　　拠価値を保存するためには，甲名義の運転免許証等も写真
　　に収まる形でサバイバルナイフを撮影することが必要であ
　　る。
　　　したがって，写真撮影②は，差押対象物であるサバイバ
　　ルナイフの証拠価値を保存するためにその物を撮影したも
　　のといえるから，適法である。
　(3)　③については，令状執行の状況を撮影したものではな
　　い。また，その対象は注射器及びビニール小袋であり，こ
　　れらは差押対象物ではないし，差押対象物であるサバイバ
　　ルナイフの証拠価値保存のために役立つものでもない。
　　　そうすると，写真撮影③はむしろ無令状の捜索差押えに
　　近く，令状主義に反し，違法である。
第2　設問2
1　本件書面が伝聞証拠にあたれば，原則として証拠能力が認

● 「強制の処分」（１９７Ⅰ但書）の意義を述べている点は良いが，「強制の処分」の意義と当てはめが対応していない。

● 「検証」の意義を論じると，より丁寧な論述になった。

● 「必要な処分」の意義が述べられており，基本的な理解を示すことができている。

● 捜索・差押えに際して行われる写真撮影の適法性の判断基準について，具体的な基準を定立することができている。

● 令状呈示時である事実に着目した上で，具体的な条文（２２２Ⅰ・１１１Ⅰ）を指摘できるとなお良かった。

● ②の写真撮影については，まず，サバイバルナイフを撮影することの可否を検討すべきである。また，差押対象物であるサバイバルナイフが甲名義の運転免許証等とともに発見されたという状況が，なぜサバイバルナイフの証拠価値を高めるのかについて，具体的に検討する必要がある。

● 本件各写真撮影は「検証」に当たるとしながら，ここでは「無令状の捜索差押え」に近いとしているのは，不適切である。

められない（３２０条１項）。
　　そこで，本件書面が伝聞証拠にあたるかが問題となる。
２　思うに，伝聞法則の趣旨は，各供述過程で誤りの介在しやすい供述証拠につき，公判廷における反対尋問等で真実性を担保する機会を保障する点にある。
　　そのため，伝聞証拠とは，①公判廷外供述を内容とする証拠であって，②原供述の内容の真実性を立証するために用いられるものをいうと解する。
３　これを本件書面について，写真部分と説明部分に分けて検討する。
（１）まず，写真部分について，そもそも写真が供述証拠にあたらないかが問題となる。
　　確かに，写真には，対象物の選択など，撮影者の主観が入り込む余地がある。しかし，写真は対象物を機械的に正確に記録するものであって，人の供述過程とは質的に異なる。また，改ざんなどのおそれは関連性一般の問題として処理すれば足りる。
　　そこで，写真は供述証拠にあたらず，本件書面の写真部分も，他の証拠とあいまって被疑事実との関連性が証明されれば，証拠能力が認められると解する。
（２）次に，説明部分について，これは捜査官Ｐの①公判廷外供述を内容とするものである。

● 伝聞証拠の定義は正確に述べる必要がある。「原供述の内容の真実性」を立証するためのものではなく，要証事実との関係で「原供述の内容の真実性」が問題となるものが，伝聞証拠である。

● 写真を非供述証拠とする点は，判例（最決昭59.12.21／百選［第10版］〔89〕）と合致しており，適切である。また，理由付けも適切である。

　　そして，要証事項は「サバイバルナイフと甲との結びつき」にあり，その立証のためには，サバイバルナイフの発見状況を証明する必要がある。そのため，本件書面の説明部分は，それだけを証拠として用いる場合には②原供述の内容の真実性が問題となるから，伝聞証拠にあたる。
　　もっとも，当該要証事項を立証するためには，上記の写真部分だけで足りる。説明部分については，サバイバルナイフを撮影した動機を示したものにとどまり，説明部分の存在自体だけで，写真部分の関連性を証明できる。
　　そうすると，本件書面の説明部分は，②原供述の内容を立証するために用いられるものではないため，伝聞証拠にあたらない。
４　以上より，本件書面は全体として伝聞証拠にあたらないから，証拠能力が認められる。
　　　　　　　　　　　　　　　　　　　　　　　　以　上

● 本答案は，「サバイバルナイフと甲との結びつき」を立証するためには写真部分だけで足りるとするが，写真のみでは，どこで撮影されたのか，どのような状況下で撮影されたのか等が不明であり，要証事実の立証として不十分である。

平成28年

[刑事訴訟法]

次の【事例】を読んで，後記〔設問1〕及び〔設問2〕に答えなさい。

【事　例】

　平成28年3月1日，H県J市内のV方が放火される事件が発生した。その際，V方玄関内から火の手が上がるのを見た通行人Wは，その直前に男が慌てた様子でV方玄関から出てきて走り去るのを目撃した。

　V方の実況見分により，放火にはウィスキー瓶にガソリンを入れた手製の火炎瓶が使用されたこと，V方居間にあった美術品の彫刻1点が盗まれていることが判明した。

　捜査の過程で，平成21年1月に住宅に侵入して美術品の彫刻を盗みウィスキー瓶にガソリンを入れた手製の火炎瓶を使用して同住宅に放火したとの事件により，同年4月に懲役6年の有罪判決を受けた前科（以下「本件前科」という。）を有する甲が，平成27年4月に服役を終え，J市に隣接するH県K市内に単身居住していることが判明した。そこで，警察官が，甲の写真を含む多数の人物写真をWに示したところ，Wは，甲の写真を指し示し，「私が目撃したのはこの男に間違いありません。」と述べた。

　甲は，平成28年3月23日，V方に侵入して彫刻1点を盗みV方に放火した旨の被疑事実（以下「本件被疑事実」という。）により逮捕され，同月25日から同年4月13日まで勾留されたが，この間，一貫して本件被疑事実を否認し，他に甲が本件被疑事実の犯人であることを示す証拠が発見されなかったことから，同月13日，処分保留で釈放された。

　警察官は，甲が釈放された後も捜査を続けていたところ，甲が，同年3月5日に，V方で盗まれた彫刻1点を，H県から離れたL県内の古美術店に売却していたことが判明した。

　①甲は，同年5月9日，本件被疑事実により逮捕され，同月11日から勾留された。間もなく甲は，自白に転じ，V方に侵入して，居間にあった彫刻1点を盗み，ウィスキー瓶にガソリンを入れた手製の火炎瓶を玄関ホールの床板にたたきつけてV方に放火した旨供述した。検察官は，同月20日，甲を本件被疑事実と同旨の公訴事実により公判請求した。

　公判前整理手続において，甲及びその弁護人は，「V方に侵入したことも放火したこともない。彫刻は，甲が盗んだものではなく，友人から依頼されて売却したものである。」旨主張した。

　そこで，検察官は，甲が前記公訴事実の犯人であることを立証するため，②本件前科の内容が記載された判決書謄本の証拠調べを請求した。

〔設問1〕

　①の逮捕及び勾留の適法性について論じなさい。

〔設問２〕

②の判決書謄本を甲が前記公訴事実の犯人であることを立証するために用いることが許される
かについて論じなさい。

　本問は，犯人がＶ方に侵入し，彫刻１点を窃取し，手製の火炎瓶を用いて同方への放火に及んだ事件について，上記被疑事実で逮捕・勾留されるも処分保留で釈放された甲が，再逮捕・再勾留された後，同事実で公判請求され，検察官が同種前科の内容が記載された判決書謄本の証拠調べ請求を行ったとの事例において，同一被疑事実による再逮捕・再勾留の可否及び前科証拠による犯人性の立証の可否並びにこれらが認められる場合の要件を検討させることにより（なお，前科証拠による犯人性の立証の可否等に関し，最判平成２４年９月７日刑集６６巻９号９０７頁参照。），被疑者に対する身柄拘束処分及び証拠の関連性に関する各問題点について，基本的な学識の有無及び具体的事案における応用力を試すものである。

▶ MEMO

第1　設問1

1　①の逮捕・勾留は，平成28年3月23日から同年4月13日までの逮捕・勾留と同一の被疑事実による逮捕であるが，このような再逮捕及び再勾留は適法か。

2　刑事訴訟法が被疑者の身体拘束期間を厳格に制限している（203条ないし205条，208条等）ことに鑑みれば，同一被疑事実についての再逮捕及び再勾留は，これらの期間制限の潜脱手段になり得るため，許されないのが原則である。

　　しかし，被疑者を釈放した後に新証拠が見つかる等，新たな逮捕の必要性が出てきた場合にまで同一被疑事実による再逮捕及び再勾留が常に許されないとすると，真実発見（1条）の見地から妥当でない。

　　そこで，新たな逮捕・勾留の必要性があり，かつ法の身体拘束期間制限の潜脱とはいえないような場合，具体的には，①釈放後に新証拠が見つかる等の新たな逮捕・勾留の必要性があり，②被疑事実が重大である等，再び身体を拘束される被疑者の不利益を考慮してもなお再逮捕・勾留をすることが社会通念上相当といえ，③逮捕・勾留の不当な蒸し返しとはいえないような場合には，再逮捕及び再勾留も適法であるというべきである。

3　本問において，甲は本件被疑事実について一度逮捕・勾留された後に釈放されているが，その後，平成27年3月5日に甲がV方で盗まれた彫刻品を，L県内の古美術店に売却されたことが判明している。甲が盗品であり，かつ流通性が決して高いとはいえない彫刻品を，本件被疑事実から僅か4日後に所有していたことは，甲が窃盗犯であることを推認させ，また，売却は事件現場であるH県J市から離れているが，窃盗犯が足がつかないために窃盗現場から離れた場所で盗品を売却することは珍しいことではないため，甲が本件被疑事実の犯人である可能性は高いといえる。したがって，①の逮捕及び勾留には，再逮捕・再勾留の新たな必要性が認められる（①充足）。

　　また，本件被疑事実は住居侵入罪（刑法130条前段），窃盗罪（同235条），現住建造物放火罪（同108条）といった重罪であり，被疑事実は重大であるといえる。また，甲は一度逮捕・勾留されていることから，捜査機関から疑われていることを認識しているため，罪証隠滅や逃亡をするおそれが十分に考えられる（199条2項但書，60条1項2号，3号参照）。したがって，これらを防止するために甲を再逮捕・再勾留することは，再び身体を拘束される甲の不利益を考慮してもなお社会通念上相当であるといえる（②充足）。

　　そして，かかる必要性及び相当性に鑑みれば，逮捕・勾留の不当な蒸し返しとはいえない（③充足）。

4　よって，①の逮捕及び勾留は適法である。

第2　設問2

1　②の判決謄本は，甲の犯人性という刑罰権の存否及びその範囲

● 本答案のように，原則論を論じることで，問題の所在がより浮き彫りとなり，その後の論理展開もより的確なものとなる。

● 再逮捕の許容性に関しては，刑訴法199条3項や刑訴規142条1項8号を摘示する方が望ましい。

● 再逮捕・再勾留の可否に関する学説には，再勾留の可否の判断は再逮捕の可否の判断よりも厳格にすべきとするものが多い。そのため，再逮捕と再勾留とを分けて検討できれば，より分析的な解答が可能となる。

● 「流通性が決して高いとはいえない彫刻品を……僅か4日後に所有」，「窃盗犯が足がつかないために窃盗現場から離れた場所で盗品を売却することは珍しいことではない」などと，本問の事実に対する自分なりの評価を示して当てはめをすることができており，説得的な論述といえる。

● 本答案は，「一度逮捕・勾留されていることから，……罪証隠滅や逃亡をするおそれが十分に考えられる」として，要件②の充足を肯定しているが，このように考えると，再逮捕が問題となる場合にはほとんどの事案で要件②が肯定されることになりそうであり，要件②を必要とした意義が実質的に失われるおそれがある。

の確定にかかわる事実を立証するための証拠であるため，これを証拠として用いるためには，証拠能力が必要である（厳格な証明，３１７条）。

2　②の判決謄本は，甲の本件前科という本件被疑事実と同種の犯罪についての同様の手口の前科をその内容とするため，本件被疑事実との間に必要最小限度の関連性があるといえ，自然的関連性が認められる。

● 自然的関連性は認められることについて端的に述べることができており，設問２において最も比重を置いて検討すべき問題点を正しく把握できている。

3　もっとも，②の判決謄本は本件前科を内容とするものであるが，これは裁判官に不当な偏見を抱かせ，証明力の判断を誤らせるものとして，法律的関連性が否定されないか。

(1)　前科の存在は前科者の悪性格を推認させ，その悪性格から犯人性をさらに推認させ得るものであるが，後者の推認については，悪性格と犯人性の結びつきの根拠が非常に弱いにもかかわらず，犯人性を推認させるものである。したがって，犯人性を立証するために被告人の前科を内容とする証拠を用いる場合，かかる証拠は裁判官に不当な偏見を抱かせ，証明力の判断を誤らせるものとして法律的関連性が否定されるのが原則である。

しかし，一般に犯人性を証明し得る証拠は少ないため，常に前科を内容とする証拠の証拠能力が否定されるのでは，真実発見の見地から妥当でない。また，被告人の前科が被告人の悪性格を介在させなくとも，被告人の犯人性を推認させ得るものである場合には，かかる前科を内容とする証拠の必要性は高い。

● 判例（最判平24.9.7／百選［第10版］〔62〕）は，「同種前科については，被告人の犯罪性向といった実証的根拠の乏しい人格評価につながりやすく，そのために事実認定を誤らせるおそれがあり，……当事者が前科の内容に立ち入った攻撃防御を行う必要が生じるなど，その取調べに付随して争点が拡散するおそれもある」旨判示しており，判例も意識できるとなお良かった。

そこで，犯人性を推認させる証拠としての必要性が高く，かつ裁判官の証明力の判断を誤らせないといえる場合，具体的には，本件被疑事実の犯行態様が極めて特殊なものであり，かつこれが前科の犯行態様と一致する等，被告人の悪性格を介在させず，客観的に被告人の犯人性を推認することができる場合には，前科を内容とする証拠の法律的関連性は例外的に否定されないというべきである。

● 前掲判例によれば，「実証的根拠の乏しい人格評価によって誤った事実認定に至るおそれがないと認められるとき」，すなわち「前科に係る犯罪事実が顕著な特徴を有し，かつ，それが起訴に係る犯罪事実と相当程度類似する」ような場合に，初めて証拠とすることが許されるとしている。

(2)　本件被疑事実と②の判決謄本記載の前科は，ともに住居侵入をして住宅にガソリン入りウィスキー瓶という手製の火炎瓶を用いて放火した上で，美術品，特に彫刻品を盗むというものである。また，甲の前科による服役終了と本件被疑事実は，僅か１年間弱という期間の差しかない。このように，手製の火炎瓶や，住宅への放火の際に彫刻品を盗取するといった比較的特殊な点が同時に甲の前科と一致する犯罪が，甲の釈放後すぐに行われていることから，②の判決謄本は，客観的に被告人の犯人性を推認することができるといえ，法律的関連性が例外的に否定されない。

● 「甲の前科による服役終了と本件被疑事実は，僅か１年間弱という期間の差しかない」との事実は，犯行態様の特殊性や類似性とは無関係であるため，ここで言及すべきではなかった。

4　また，②の判決謄本は公判廷外の供述をその内容とするものであり，伝聞証拠（３２０条１項）にあたるが，３２３条１号の「公正証書謄本」にあたり，伝聞例外として証拠能力は否定されない。

5　よって，②の判決謄本を証拠として用いることは許される。

以　上

● 判決書謄本については，323条1号所定の特信書面とする見解，同条3号所定の特信書面に当たるとする見解があるが，理由を摘示して端的に論述できれば，いずれでも良い。

第1　設問1
1　①の逮捕および勾留の適法性は, 平成28年3月23日に甲が既に逮捕されていることから, 再逮捕・再勾留の可否の問題として考える。
2　刑訴法は, 203条以下で逮捕及びそれに引き続く勾留手続に関して, 身柄拘束につき厳格な時間制限規定を置いている。そこで, このような時間制限を置いて被疑者の身体拘束による人権を不当に害さないようにするという趣旨を踏まえて, 原則として, 再逮捕・再勾留は認められない。

　　もっとも, 法199条3項及び規則142条1項8号は, 再逮捕を予定した規定となっており, また, 現実にも新事実や新証拠が発見された場合には, 再逮捕・再勾留を認めることで真実解明を図る必要性が高い（1条参照）。また, 再勾留については明文規定がないが, 逮捕手続と一連一体をなすものであることから, 逮捕と同様に再勾留を認めるべきである。

　　そこで, 例外的に, 再逮捕・再勾留が認められる場合があると考える。具体的には, 法の厳格な時間制限の趣旨を没却しないように, 新たな証拠の存在や事案の重大性を踏まえた再逮捕・再勾留の必要性と, これをすることにより害される被疑者の人権保障とを比較考量して判断する。
(1)　再逮捕について
　　本件では, 平成28年4月13日に甲が処分留保で釈放され

ているところ, その後の捜査において, 甲が同年3月5日にV方で盗まれた彫刻1点を古美術店に売却していたことが明らかになっている。上記逮捕にかかる同年3月1日V方放火事件において, V方居間にあった美術品の彫刻1点が盗まれていることが明らかになっており, 臓物をわずか4日後に保有していた甲は, V方に侵入して彫刻品を盗んだ上で放火したと強く推認できる。また, 被疑事件は窃盗のみならず現住建造物等放火であり, 生命, 身体, 財産に対して強い侵害要素を持つ重大犯罪であることからすれば, 再逮捕を認めて犯罪を解明すべき必要性は非常に強い。一方, 逮捕期間は2日間にすぎないため, 新証拠の存在及び事案の重大性からすれば, これを繰り返しても甲の身体の自由を不当に害するとまではいえず, なお相当性を有する。

　　以上より, 再逮捕は認められる。
(2)　再勾留について
　　再勾留の可否については, 明文規定が許容しているのではないこと, 及び最長20日間（208条1項, 2項）であり, 逮捕より強い人権制約があることから, より厳格に判断すべきである。

　　本件では, 同年3月25日から同年4月13日まで20日間いっぱいを初回の勾留で使っているため, 再勾留の必要性がより強く要求される場合に限るべきだと考える。再逮捕の検討に

● 法が厳格な時間制限を設けている趣旨から, 再逮捕・再勾留禁止の原則を導いた上で, 再逮捕・再勾留の必要性にも配慮して, 上記趣旨を没却しない場合には例外的に再逮捕・再勾留が許容されるとしており, 正確な理解に基づく適切な論述ができている。

● 刑訴法199条3項, 及び刑訴規142条1項8号もきちんと摘示できている。

● 本答案は, 平成28年3月5日, 甲がV方で盗まれた彫刻1点をL県内の古美術店に売却していたという事実について, 甲が本件事件の4日後に盗品を有していたという点に着目することで, 甲の犯人性を推認できる（近接所持の法理）とし, かかる新事実の発見によって再逮捕の必要性が肯定されるとしており, 説得力のある論述ができている。

● 本答案は, 再勾留について, 先行する勾留において勾留期間が既に満了していたことを考慮し, 例外的に再勾留が認められる場合をさらに限定しており, 分析的な論述として適切といえる。もっとも, 再逮捕とほぼ同様の検討（放火が重大犯罪であることや, 甲が盗品である彫刻を犯

みたように，甲が臓物を近接した日時で所持していたこと，及び不特定多数人の生命，身体，財産が害され得る重大犯罪であることからすれば，たとえ２０日の勾留期間を踏まえたとしても，再勾留を認めるべきである。

以上より，再勾留も認められる。

第２　設問２

1　②の判決書謄本を甲の公訴事実における犯人性認定のための証拠として用いるためには，同証拠が，自然的関連性・法律的関連性・証拠禁止に当たらないことが必要である（３１７条参照）。

2　自然的関連性について

本件前科は，平成２１年１月に甲が住宅に侵入して美術品の彫刻を盗みウイスキー瓶にガソリンを入れた手製の火炎瓶を使用して同住宅に放火したとの事件に係るものである。本件では，Ｖ方の実況見分により，住宅に侵入して居間にあった美術品の彫刻１点が盗まれており，かつ放火にウイスキー瓶にガソリンを入れた手製の火炎瓶が使用されていることから，窃取された物品・放火の態様・窃盗と放火が一体としてなされていることなどの共通点を捉えれば，本件前科を行った甲が本件犯行を行ったと一定程度推認できるため，自然的関連性を有する。

3　法律的関連性について

(1)　前科によって犯人性を認定することは，前科から同人がその

ような犯罪を行う者であることを推認し，その悪性格から本件犯行の犯人であることを推認するという二重の推認過程を経る。そして，この推認力は一般に低いものであるにもかかわらず，前科は強い証拠となることがあり，裁判官に不当な心証形成作用を有するものであることから，原則として法律的関連性を欠くものと考える。もっとも，このような理由に基づいて法律的関連性を欠くとするのであるから，この不安を凌駕する強い推認ができる場合には，例外的に法律的関連性を肯定する。

犯人性を前科によって立証しようとする場合，犯罪の犯行手口が顕著な特徴を有し，犯人性が強く推認できる場合には，法律的関連性を肯定する。

(2)　本件において，美術品の彫刻が盗まれていることという点での一致は，窃盗の目的物として彫刻を盗むことが不自然ではなくよくあることといえるため，これのみをもって犯行手口に顕著な特徴があるとはいえない。

また，放火に際して，ウイスキー瓶にガソリンを入れた手製の火炎瓶を使用することも，火炎瓶を自作するに際してガソリンを用いることが何ら不自然ではないため，顕著な特徴とはいえない。

もっとも，ウイスキー瓶を使用すること，それにガソリンを入れた手製の火炎瓶を使用すること，放火の際に彫刻品のみを盗取すること，というすべての点が揃って共通する犯罪が行わ

● 行日時に近接した日時に所持していたこと）をもって再勾留の必要性を認めている点で，「より厳格に判断すべき」とした本答案の論述と整合的であるといえるかは疑問である。

● 本問では，主として法律的関連性が問題となるから，自然的関連性については端的に検討すれば足りる（再現答案①参照）。なお，判例（最判平24.9.7／百選［第10版］〔62〕）は，「前科証拠は，一般的には犯罪事実について，様々な面で証拠としての価値（自然的関連性）を有している」旨判示している。

● 出題趣旨によれば，前科証拠による犯人性の立証の可否及びこれらが認められる場合の要件（最判平24.9.7／百選［第10版］〔62〕参照）に関する検討が求められている（判旨については，再現答案①コメント参照）。本答案は，上記判例に基づいて論述しているわけではないが，本論点に関する学説の一般的理解に従って前科証拠が認められる場合の要件を挙げており，この問題に対する基本的理解を示すことができている点で出題趣旨に沿う。

● 本答案は，ウイスキー瓶にガソリンを入れた手製の火炎瓶を使用する手口や，放火の際に彫刻品のみを窃取する手口等は，それ単体では顕著

れることはありふれたものとはいえない。そうだとすれば，すべてを総合考慮すると，犯行の手口が顕著な特徴を有しているものといえ，本件事情の下では法律的関連性が認められる。

4　証拠禁止に当たるような証拠の収集過程の違法性もない。

5　以上より，②の判決書謄本を犯人性の立証のために証拠として用いることができる。

以　上

※　実際の答案は4頁以内におさまっています。

● な特徴とまでいえないが，これらの手口全てが同時に揃って行われる犯行手口はありふれたものとはいえないとして，本件犯行の手口は顕著な特徴を有していると認定しており，説得的かつ適切な論述といえる。

● 判決書謄本は323条1号（又は3号）所定の特信書面として許容される旨端的に論述できると，さらに丁寧な論述となった。

▶ MEMO ────────────────────────────

第1　設問1について
1　再逮捕・再勾留について
　(1)　①の逮捕・勾留は，平成２８年３月２３日の本件被疑事実による逮捕・勾留と，それからの釈放に続く再逮捕・再勾留である。そこで，このような再逮捕・再勾留が適法かどうかが問題になる。
　(2)　原則として，先行する逮捕・勾留があり釈放された後，再び同一の被疑事実で逮捕・勾留を行うのは違法である。なぜなら，逮捕・勾留と釈放の繰り返しにより対象者の人身の自由が侵害されるからである。しかし，先行する逮捕・勾留が適法な場合，逮捕・勾留の繰り返しによる人身の自由の侵害を凌駕するほどに，再逮捕・再勾留をする合理的理由がある場合，すなわち，被疑事実に関する新たな重要な証拠や事実が発見された場合などは，例外的に再逮捕・再勾留は適法になる。
　(3)　そこで，以下①の逮捕と勾留につき，それぞれ検討する。
2　①の逮捕について
　(1)　先行する本件被疑事実による逮捕の後に，甲が３月５日にV方で盗まれた彫刻をL県の古美術店で売却していることが判明している。この事実は，V方での３月１日の窃盗の後すぐに甲が彫刻を持っていることを示し，甲がV方で

の窃盗にかかわっていることを疑わせる，本件被疑事実についての重要な事実である。そして，この事実は先行する逮捕・勾留が釈放により効力を失ってから発覚しているので，再逮捕をする合理的理由があると解される。
　(2)　したがって，前記の例外的場合にあたり，①の再逮捕は適法である。
3　①の勾留について
　(1)　本件では，2と同様に考えて再勾留が適法である例外的な場合にあたる。
　(2)　しかし，刑事訴訟法（以下法令名省略）２０８条１項，２項に定める延長も含めた２０日間を，先行する勾留で使い切っているため，本件では再勾留はできない。さらに，２０８条の２に規定する罪にあたる事件でもないので，①の再勾留は違法である。
第2　設問2について
1　判決書謄本の伝聞性
　(1)　本件の判決書謄本は公判廷外の供述を内容とするもので，その内容の真実性が問題となる伝聞証拠であるが，公務員たる裁判官が「職務上証明することができる事実について」作成した書面にあたるから，３２３条１号により伝聞例外に該当する。
　(2)　したがって，判決書謄本自体は証拠能力を有する。

● 本問の事案では，時を異にしての同一被疑事実についての再度の逮捕・勾留が許されないか（再逮捕・再勾留禁止の原則）が問題となっており，時を同じくして同一被疑事実についての2回の逮捕が許されるか（一罪一逮捕一勾留の原則）が問題となっているわけではないことに注意すべきである。本答案は，「再逮捕・再勾留」の問題として本問を検討できているので，問題ない。

● 本答案は，「逮捕・勾留の繰り返しによる人身の自由の侵害を凌駕するほどに，再逮捕・再勾留をする合理的理由がある場合」に再逮捕・再勾留が認められるとしているが，「被疑事実に関する新たな重要な証拠や事実が発見された場合」のみをもって合理的理由の存在を肯定する点で，問題がある。再逮捕・再勾留の可否については，再現答案①のような要件を提示して検討するのが一般的である。

● 本答案は，再勾留について，先行する勾留が10日の期間延長を経た上で期間満了により釈放された場合，その後の再勾留はもはや許されないとの見解を採用しているものと思われるが，そのように考えた理由が論述されておらず，不十分である。

● 判決書謄本については，323条1号所定の特信書面とする見解，同条3号所定の特信書面に当たるとする見解があるが，理由を摘示して端的に論述できれば，いずれでも良い。

2 前科証拠の許容性

(1) ②の判決書謄本は甲の前科についての証拠であるが，これを本件公訴事実における甲の犯人性を立証するために用いることが許されるかが問題になる。

(2) 前科証拠を被告人が公訴事実の犯人であることを立証するために用いることは，原則として許されないと解すべきである。なぜなら，前科証拠により被告人の悪性格を推認し，その推認された悪性格に基づき公訴事実の犯人であると推認するという，実証的根拠のない不確実な推認を行い，裁判官の事実認定を誤らせるおそれがあるからである。

(3) ただし，前科証拠にかかる前科事実がそれ自体として顕著な特徴を有し，公訴事実と相当程度類似している場合は，前記の不確実な推認を挟まないので，例外的に前科証拠を被告人の公訴事実における犯人性を立証するために用いることが許されると解される。

(4) 本件では，前科は美術品の彫刻を盗み，ウイスキー瓶にガソリンを入れた手製の火炎瓶を使用して放火したという事実であるが，これ自体として甲以外にこのような犯行を行うことはほとんど考えられないという程度に顕著な特徴を有するとはいえない。したがって，確かに前科事実と公訴事実は相当程度類似しているが，前記の例外の要件を満

たさず，本件で甲が公訴事実の犯人であるということを立証するために判決書謄本を用いることは許されない。

以　上

● 本答案は，出題趣旨でも言及されている判例（最判平24.9.7／百選［第10版］〔62〕）を踏まえたものといえる。なお，自然的関連性の有無についても言及できると，さらに良かった（再現答案①参照）。

● なぜ「顕著な特徴を有するとはいえない」と考えたのか，その理由が明確に述べられておらず，説得力に欠ける。

平成28年・予備

設問1

1　まず，①の逮捕が適法かを検討する。逮捕するには，「相当な理由」（199条1項）が必要である。「相当な理由」があるといえるには，有罪判決に至るまでの嫌疑の程度は不要だが，犯罪及び犯人であることの蓋然性が高くなければならない。

　本件では，平成28年3月1日にV方で美術品の彫刻が盗まれ，それと同一物が，甲により，同月5日に，古美術店に売却されている。事件日時と，売却の日時が近接している。そして，甲の合理的な弁解がないことから，近接所持の事実を認定でき，甲が犯人であることを強く推認させる。また，甲が同種前科を有し，Wが「……この男に間違いありません。」と述べていることからも，甲が犯人であることを推認できる。

　以上の事実を総合すると，甲が犯人であることの蓋然性は高いといえる。よって，①の逮捕の要件はみたされている。

2　もっとも，①の逮捕は再逮捕である。再逮捕は，人権保障の見地から許されないのが原則である。一方で，199条3項，刑訴規則142条1項8号は，再逮捕を前提とした定めをなし，法は一定の条件の下，再逮捕を許容しているといえる。そこで，新証拠，新事実の発見，事件の重大性等を考慮し，不当な逮捕の蒸し返しといえないのであれば，再逮捕は

許されると考える。

　本件では，近接所持の事実が発見されたのは，甲が釈放された後である。また，甲の被疑事実は，住居侵入，放火，窃盗という重大犯罪である。以上を考慮すれば，①の逮捕は不当な蒸し返しといえない。よって，①の逮捕は適法である。

3　①の勾留が適法かを検討する。①の勾留は，60条，207条，89条の要件を全てみたす。

4　以上より，①の逮捕・勾留は適法である。

設問2

1　②は，323条1号の書面として，伝聞例外の観点から，無条件に証拠能力が認められそうである。

2　もっとも，②は，前科証拠であるところ，①の逮捕の被疑事実と同種前科であるから，自然的関連性がある。

3　次に，前科証拠は，誤った人格評価をし，誤判のおそれがあるから，法律的関連性が否定されるのが原則である。もっとも，逮捕の被疑事実に照らし，顕著な特徴を有し，証拠採用の必要性がある場合に，例外的に証拠能力が認められると考える。

　本件では，②記載の事実と，被疑事実の態様は多くの点で重なっている。しかし，放火にウイスキー瓶にガソリンを入れた手製の火炎瓶が用いられることは，しばしばあることであり，放火の際に美術品が盗まれることもしばしばあること

● 　設問1において問われているのは，①の逮捕及び勾留の適法性であるところ，平成28年3月23日付けの甲の逮捕が刑訴法所定の要件を満たして適法であることは，本問の当然の前提であるといえる。そして，処分保留で釈放された甲の嫌疑が弱まるような事情も特に発生していない本問の事実関係の下では，前の逮捕と同一の被疑事実による①の逮捕も刑訴法所定の要件を満たすものと思われるため，あえて紙面を割いて検討する価値は乏しい。

● 　同一被疑事実による再逮捕・再勾留の可否が問題となることを把握できている。もっとも，再逮捕が原則として禁止される理由について，刑事訴訟法が被疑者の身体拘束期間を厳格に制限している（203〜205，208等）趣旨を踏まえた論述ができていないため，なぜ本答案のような規範が導かれるのか，論理的に明らかでない。

● 　本答案は，再逮捕・再勾留の可否を判断するに当たり，本問の具体的な事実を摘示することもなく，評価も十分に加えられていないため，説得力に欠ける。

● 　学説の一般的理解に基づいて，例外的に前科証拠の証拠能力が認められるための要件を提示することはできている。しかし，かかる例外的な処理を認める理由が何ら述べられていないため，出題趣旨にいう「基本的な学識」を十分に示すことができておらず，低い評価にとどまる。

である。
4　以上より，顕著な特徴を有しているとはいえない。よって，法律的関連性を欠き，②の証拠能力は否定され，立証のために用いることができない。

以　上

平成29年

[刑事訴訟法]

次の【事例】を読んで，後記〔設問1〕及び〔設問2〕に答えなさい。

【事　例】

平成２９年５月２１日午後１０時頃，Ｈ県Ｉ市Ｊ町１丁目２番３号先路上において，Ｖがサバイバルナイフでその胸部を刺されて殺害される事件が発生し，犯人はその場から逃走した。

Ｗは，たまたま同所を通行中に上記犯行を目撃し，「待て。」と言いながら，直ちに犯人を追跡したが，約１分後，犯行現場から約２００メートルの地点で見失った。

通報により駆けつけた警察官は，Ｗから，犯人の特徴及び犯人の逃走した方向を聞き，Ｗの指し示した方向を探した結果，犯行から約３０分後，犯行現場から約２キロメートル離れた路上で，Ｗから聴取していた犯人の特徴と合致する甲を発見し，職務質問を実施したところ，甲は犯行を認めた。警察官は，①甲をＶに対する殺人罪により現行犯逮捕した。なお，Ｖの殺害に使用されたサバイバルナイフは，Ｖの胸部に刺さった状態で発見された。

甲は，その後の取調べにおいて，「乙からＶを殺害するように言われ，サバイバルナイフでＶの胸を刺した。」旨供述した。警察官は，甲の供述に基づき，乙をＶに対する殺人の共謀共同正犯の被疑事実で通常逮捕した。

乙は，甲との共謀の事実を否認したが，検察官は，関係各証拠から，乙には甲との共謀共同正犯が成立すると考え，②「被告人は，甲と共謀の上，平成２９年５月２１日午後１０時頃，Ｈ県Ｉ市Ｊ町１丁目２番３号先路上において，Ｖに対し，殺意をもって，甲がサバイバルナイフでＶの胸部を１回突き刺し，よって，その頃，同所において，同人を左胸部刺創による失血により死亡させて殺害したものである。」との公訴事実により乙を公判請求した。

検察官は，乙の公判前整理手続において，裁判長からの求釈明に対し，③「乙は，甲との間で，平成２９年５月１８日，甲方において，Ｖを殺害する旨の謀議を遂げた。」旨釈明した。これに対し，乙の弁護人は，甲との共謀の事実を否認し，「乙は，同日は終日，知人である丙方にいた。」旨主張したため，本件の争点は，「甲乙間で，平成２９年５月１８日，甲方において，Ｖを殺害する旨の謀議があったか否か。」であるとされ，乙の公判における検察官及び弁護人の主張・立証も上記釈明の内容を前提に展開された。

〔設問1〕

①の現行犯逮捕の適法性について論じなさい。

〔設問2〕

1　②の公訴事実は，訴因の記載として罪となるべき事実を特定したものといえるかについて論じなさい。

2　③の検察官の釈明した事項が訴因の内容となるかについて論じなさい。

3　裁判所が，証拠調べにより得た心証に基づき，乙について，「乙は，甲との間で，平成２９年５月１１日，甲方において，Ｖを殺害する旨の謀議を遂げた。」と認定して有罪の判決をすることが許されるかについて論じなさい（①の現行犯逮捕の適否が与える影響については，論じなくてよい。）。

平成29年・予備

　本問は，殺人事件の犯行の目撃者が直ちに犯人を追跡し，約１分後，犯行現場から約２００メートルの地点で見失ったものの，通報により駆けつけた警察官が，同目撃者から犯人の特徴及び逃走方向を聞いて犯人を捜し，犯行から約３０分後，犯行現場から約２キロメートルの地点で，犯人の特徴と合致する甲を発見して職務質問したところ，甲が犯行を認めたため，甲を，現行犯逮捕した事例において，この逮捕が現行犯逮捕の要件（刑事訴訟法第２１２条第１項，同条第２項及び第２１３条）を充足するかを検討させるとともに，甲との共謀共同正犯が成立するとして殺人罪で起訴された乙の公判を題材に，起訴状に「甲と共謀の上」との記載及びそれに基づく実行行為が記載されていれば訴因の特定は足りるといえるのか，共謀の成立時期について検察官が求釈明に応じた場合，その内容は訴因の内容を構成することになるのか，証拠調べの結果，裁判所が検察官の釈明内容と異なる事実を認定して有罪判決をすることが許されるのか，すなわち，事実認定に先立っての訴因変更の要否，及び，訴因変更が不要であるとしても裁判所は何らかの措置を採るべきか，そうであるとすればその措置は何かを検討させることにより，現行犯逮捕・準現行犯逮捕の要件及び訴因に関連する各問題点について，基本的な学識の有無及び具体的事案における応用力を試すものである。

▶ **MEMO**

設問1
1　逮捕①は，令状（憲法３３条，刑事訴訟法（以下法名省略）
　１９９条１項）なくしてなされているから，現行犯逮捕（２１
　３条）として許容されない限り，令状主義に反し違法となる。
　　では，甲は「現行犯人」といえるか。
2　まず，２１２条１項の「現に罪を行い終った者」にあたるか
　検討する。
⑴　同条の趣旨は，現行犯人であれば犯罪と犯人が明らかで，誤
　認逮捕のおそれが少ない点にある。そこで，「現に罪を行い終
　った者」といえるためには，①時間的場所的近接性のほか，②
　犯罪と犯人の明白性も要件となると解すべきである。そして，
　上述の趣旨から，②の明白性は逮捕権者にとって明白であるこ
　とが必要であると解する。
⑵　甲を逮捕したのは，犯行から約３０分後と，１時間も経たな
　い時点であった。そして，逮捕現場も，犯行現場から約２キロ
　メートルと，人が約３０分で移動可能な距離しか離れていな
　い。それゆえ，①時間的場所的近接性は認められる。
　　また，Ｖが何者かによって刺殺されたことは判明しており，
　犯罪は明らかである。そして，甲は，犯行を目撃したＷから聴
　取していた犯人の特徴と合致することが警察官によって現認さ
　れている。Ｗが犯人及び被害者と何ら利害関係のない第三者で
　あり，その供述に信用性が認められることを考慮すると，犯人

● 現行犯逮捕が令状主義の例外であ
る根拠から，「現に罪を行い終った
者」の解釈を示すことができている
が，逮捕の必要性も現行犯逮捕の要
件とする理解が一般的である。

● 時間的場所的近接性につき，問題
文の事実を単に摘示するだけでな
く，評価もきちんと加えることがで
きている。

● 犯人の明白性において，Ｗによる
犯行の目撃証言の信用性も検討でき
ている。

の明白性も認められるようにも思える。
　　しかし，Ｗが犯行を目撃したのは一瞬のことであり，その間
　に得られる情報はそう多くない。すると，Ｗの認識した犯人の
　特徴と合致する者は複数人が該当すると考えられるから，当該
　特徴との一致のみをもって，逮捕権者の警察官にとって甲の犯
　人性が明らかであるとはいえない（②不充足）。
⑶　したがって，「現に罪を行い終った者」にあたらない。
3　また，上述の同条の趣旨から，同条２項の準現行犯人該当性
　も，同条１項と同程度の明白性が要件となると解されるから，
　同条２項の準現行犯人にもあたらない。
4　よって，甲は「現行犯人」といえず，逮捕①は違法である。
設問2
1　小問1
⑴　②の公訴事実のうち，実行共同正犯の甲による犯罪実行部分
　については，殺人罪の「罪となるべき事実」（２５６条３項）
　が明示され，日時・場所・方法の具体的記載もされている。
⑵　では，②の公訴事実のうち，「共謀の上」との記載部分につ
　いては，共謀共同正犯乙の「罪となるべき事実」を特定したも
　のといえるか。
　ア　確かに，共謀共同正犯における共謀を客観的な謀議行為と
　　捉えるならば，当該行為の日時・場所・方法の具体的記載を
　　必要とすべきとも思える。

● 準現行犯逮捕の検討も簡潔にでき
ている。なお，準現行犯逮捕は各号
該当性を踏まえて明白性を検討する
ものであり，条文の文言も「罪を行
い終ってから間がない」とされてい
るから，準現行犯逮捕の明白性が現
行犯逮捕と同程度とは必ずしもいえ
ない。

● 訴因のどの部分の特定が問題に
なっているか指摘できている。

　　しかし，共謀は黙示的なものでも足りると解されているから，必ずしも客観的な謀議行為があるとは限らない。加えて，そもそも同項の訴因の特定の趣旨は，裁判所に対する審判対象の明示を主眼と解すべきである。すると，客観的な謀議行為としての共謀の日時・場所・方法の記載がなくとも，「共謀の上」との記載さえあれば，共謀共同正犯を処罰すべきことは明らかとなり，裁判所に対する明示は十分である。そこで，客観的な謀議行為の日時・場所・方法の具体的記載は不要であり，「共謀の上」との記載で足りると解する。
　イ　したがって，「共謀の上」との記載部分も，乙の「罪となるべき事実」を特定したものといえる。
(3)　よって，②の公訴事実は，乙の「罪となるべき事実」を特定したものといえる。
２　小問２
　　上述のように，客観的な謀議行為の日時・場所・方法は乙の「罪となるべき事実」の特定のため不可欠な事項ではないから，③の検察官の釈明は，義務的釈明事項ではなく，被告人の防御の観点から任意になされたものにすぎない。
　　したがって，③の釈明事項は訴因の内容とならない。
３　小問３
(1)　②の公訴事実との関係
　　まず，②の公訴事実との関係では，甲乙間の謀議行為の日

時・場所・方法が新たに認定されていることとなる。上述のように，当該事項は訴因の特定のために不可欠な事項ではない。訴因の特定のために不可欠でない事実の認定は，検察官の設定した訴因の枠内にとどまり，裁判所の自由心証に委ねられる。そのため，当該事実を新たに認定したとしても，訴因変更の要否（３１２条１項）の問題は生じず，不告不理（３７８条３号）の違法も生じない。
(2)　③の釈明事項との関係
　　もっとも，③の釈明事項との関係では，甲乙間の謀議行為の日時が，平成２９年５月１８日から同月１１日に変更されている。そこで，裁判所が新たに当該事実を認定することは，争点逸脱認定として，訴訟手続の法令違反（３７９条）とならないか。
　ア　この点，被告人への不意打ち防止のため，裁判所には適切に争点を設定するよう配慮する義務がある（３１６条の２）。特に，検察官の釈明を通して事件の重要な争点となった場合には，当該争点から逸脱した認定をすることは，被告人への不意打ちとなるおそれがある。
　　そこで，(a)検察官の釈明事項が被告人の防御の観点から重要な事実である場合には，(b)具体的な審理経過に照らし被告人に不意打ちを与えず，かつ，より不利益でない限り，争点逸脱認定として訴訟手続の法令違反となると解する。

● 共謀の訴因の特定について，訴因の特定の趣旨から検討できている。なお，訴因の特定において実行行為の日時・場所が特定していることから，「共謀の上」との記載で足りるとする学説（識別説）に沿って記述をするならば，実行行為の特定がなされていることもここで記載すべきである。

● 求釈明には訴因の特定に不可欠な事項に関する釈明（義務的求釈明）とそうではない事項の釈明（裁量的求釈明）がある。本答案は，小問１で共謀の日時・場所は特定に不可欠な事項ではないとしたことを踏まえ，本件釈明が義務的釈明ではなく，ゆえに訴因の内容とならない旨結論付けており，模範的な論述といえる。

● 小問１で共謀の日時が訴因の特定に必要な事項ではないこと，小問２で求釈明の内容が訴因の内容とならないことを踏まえ，小問３において訴因変更の要否が問題とならないことを指摘できており，この点も模範的である。

● 争点逸脱認定がどのような場合に認められるか，裁判所に課される義務や争点逸脱認定により生じる不利益を踏まえて規範を定立できている。

イ ③の釈明事項は，乙にとっては，その日時におけるアリバイ事実を主張することで共謀共同正犯の成立を妨げることとなり，(a)乙の防御の観点から重要な事実である。

そして，③の釈明事項と同内容の事実の有無が本件の争点となっていることから，(b)具体的な審理経過に照らしても乙に不意打ちを与える。

ウ よって，訴訟手続の法令違反となるため，許されない。

以 上

※ 実際の答案は4頁以内におさまっています。

● 自らが定立した判断基準に照らして，本問の事情を摘示しつつ，一定の評価も加えた上で妥当な結論を導くことができている。また，設問2の出題の意図としては，小問1〜3を通して設問2の全体的な論理一貫性が取れるかどうかも問うているものと推察されるところ，本答案は小問1〜3の解答間に論理的な矛盾がなく，設問2全体で論理一貫した論述ができており，非常に優れた答案といえる。強いて指摘するとすれば，出題趣旨は「訴因変更が不要であるとしても裁判所は何らかの措置を採るべきか，そうであるとすればその措置は何か」をも問うものであり，この点に関する記述がない点で，パーフェクトとまではいえない。

▶ **MEMO** ───────────────────────

平成29年・予備

第1　設問1
1(1)　現行犯逮捕（213条, 212条1項）が認められるに
は, 「現に罪を……終った者」, つまり①犯罪と犯人が明白で
あり, ②犯行との時間的場所的接着性のあること, さらに明文
はないが, ③逮捕の必要性（刑事訴訟規則143条の3）のあ
ることが必要である。
　　　そして, ①犯罪と犯人の明白性について, そもそも本条の趣
旨は, 誤認逮捕のおそれのないことから令状主義の例外を認め
たもの（憲法33条）であることからすれば, その認定につい
て, 自白を含め逮捕者以外の供述を資料とすることはできない
というべきである。
(2)　本件においては, 殺人事件という被疑事実の重大性から, ③
逮捕の必要性は認められる。しかし, Wの供述と甲の自白を除
けば, 甲が犯人であると判断する根拠はないから, ①犯罪と犯
人の明白性があるとはいえない。また, 犯行から30分後, 現
場から2キロメートルという隔絶がある以上, ②時間的場所的
接着性があるとはいえない。
(3)　以上より, 本条に基づく現行犯逮捕は適法と認められない。
2(1)　次に, 甲を現行犯人に準ずる者として（213条, 212
条2項）, これを現行犯逮捕することが考えられる。その要件
は, ①212条2項各号の該当性, ②「罪を終ってから……認
められること」, すなわち（ⅰ）犯罪と犯人の明白性, （ⅱ）

時間的場所的接着性, そして③逮捕の必要性が認められること
である。
　　　そして, ②の（ⅰ）については, 本条が犯行と逮捕の間の時
間的隔絶を前提としている以上, 逮捕者以外の供述をその判断
材料とすることが許されると解する。また, （ⅱ）をどれほど
要するかは, ①や②（ⅰ）との相関関係において考えるべきで
ある。
(2)　これを本件についてみると, ①について, 甲に2号から4号
の事由は認められない。1号について, 確かに甲はWからの追
跡を一度は逃れているが, その追跡に引き続いて警察官の捜索
が直ちに行われているので, なお本号該当性を肯定することが
できる。そして, ②（ⅰ）について, Wの供述した犯人の特徴
が甲の特徴が一致していること, しかも甲が当該事件について
自白をしていることから, 犯罪と犯人の明白性を強く認めるこ
とができる。以上のことを考えれば, ②（ⅱ）について, 犯行
現場から2キロメートル, 犯行から30分という状況は, いま
だ接着したものということができる。そして, ③逮捕の必要性
を妨げる事情もない。
(3)　よって, 本条に基づく現行犯逮捕は, これを適法と認めるこ
とができる。
3　以上より, ①の現行犯逮捕は適法である。
第2　設問2　1について

● 逮捕の必要性が要件となることを論述できている。もっとも, ここにいう「逮捕の必要性」は, 明らかに逮捕の必要がないときは逮捕の必要性を欠くという消極的な要件にすぎないことに留意すべきである。

● 時間的接着性は具体的な犯罪の性質や態様, 場所的接着性, 逮捕時の状況によって一定の幅があるといわれるが, 私人が犯罪を現認しても自ら犯人を逮捕することは稀であり, 警察官が通報により現場に駆けつけて犯人を逮捕することが圧倒的に多い運用からすれば, 一般に警察官が現場に駆けつけるのにかかる程度の時間が経過していないときはまだ『現に罪を行い終った』を認めてよいと考えられ, その時間は30分〜40分とされている。そのため, 単に犯行後30分を経過したから時間的接着性がないという記述は, 説得力に欠ける。

● 「追呼」（212Ⅱ①）について, Wが甲を見失った後, Wに引き続いて警察官の捜索が直ちに行われていることを理由に, 本答案は「追呼」が認められるとしている。しかし, 本問の【事例】によれば, Wが見失った後, 警察官が甲を再発見したのは犯行から30分後のことであり, これらの事実に照らせば, 212条2項1号該当性は否定されると考えるのが素直である。

1　本件で訴因の記載として罪となるべき事実を特定したか（２５６条３項）について，そもそも訴因の趣旨は，当事者主義（２９８条１項，３１２条１項）の観点から裁判所の審理範囲を限定し，もって被告人の防御の範囲を示すところにある。そこで，①特定の構成要件に該当する事実を摘示し，かつ②他の被疑事実から公訴事実を識別できることを要するべきである。

　　この点，さらに③被告人の防御に十分となる程度の特定を要するという見解がある。しかし，それでは訴因の特定が認められる限界が曖昧になるし，そもそも公訴提起段階ではその要請は過剰である。よって，採り得ない。

2　本件についてこれを見ると，①犯行日時，場所，犯行主体，被害者の全てにおいて，殺人罪の構成要件に該当する具体的事実が指摘してあるといえる。なお，共謀の日時が示されていない点について，そもそも共謀とは実行行為の時にあれば足りる以上，構成要件に該当する具体的事実として共謀の日時が必要となるものではない。

　　そして，一人の殺害が２度以上あることはない以上，②他の被疑事実との識別も十分である。

3　以上より，②の公訴事実は，訴因の記載として罪となるべき事実を特定したものといえる。

第３　設問２　２について
1　検察官の釈明事項が訴因の内容になる場合について，これはその事項が訴因の特定に不可欠である場合に限られるというべきである。なぜなら，そもそも訴因とは第２に掲げた趣旨に出るものであるから，①②に掲げられた事項が満たされれば十分であるといえる。また，訴因の内容となる事項を広く認めてしまうと，些細な事実認定のズレでも訴因変更（３１２条１項）を要することになりかねず，ひいては「迅速な公開裁判」（憲法３７条１項）の要請に背くことになりかねないからである。

2　本件でも，検察官は共謀の日時について釈明を行っているが，第２に述べた通り，共謀の日時は訴因の特定にとって必要ではない。

3　よって，本件釈明事項は，訴因の内容とはならない。

第４　設問２　３について
1　本件では，裁判所は，当事者が平成２９年５月１８日の共謀の存否を釈明し，この存否を争っているのに，同月１１日の共謀を認定して有罪判決を下している。この点，第３の通り，共謀の日時を釈明したとしてもこれが訴因の内容を構成することはないから，右認定のために訴因変更は不要であるし，訴因逸脱認定（３７８条３号）の問題も生じず，許されそうである。

2　しかし，当事者が争点として認識し，これを争っている事項について，何らの釈明もなしにかかる争点から逸脱した事項を認定し，有罪判決を下せば，当事者にとって不意打ちとなり，ひいては「公平な裁判所」（憲法３７条１項）の要請に背くこ

● 本答案は，訴因の機能からいわゆる識別説を論述した上で，「２」において，「共謀とは実行行為の時にあれば足りる以上，構成要件に該当する具体的事実として共謀の日時が必要となるものではない」旨論述し，妥当な結論を導いている。なお，本答案の「２」の立場は，いわゆる主観的謀議説（「共謀」とは「犯罪の共同遂行の合意」であり，共謀は実行行為時に存在すれば足りると解し，謀議行為は実行行為時の「犯罪の共同遂行の合意」を推認させる間接事実にすぎないから，謀議行為の日時・場所・内容は，訴因の特定にとって不可欠ではないとする立場）である。

● 検察官の釈明事項が訴因の内容となるかについて，訴因の機能だけでなく，釈明事項を訴因とした場合に些細な事実認定のズレで訴因変更が必要とされる結果，迅速な公開裁判の実現が妨げられるという実質的な理由付けを，条文の根拠を交えて論述することができている。

● 小問２において，検察官の釈明事項であった共謀の日時が本件訴因の内容にならないことを踏まえ，小問３では訴因変更の要否の問題とならないことを示しており，小問１〜３の間で矛盾が生じない論理一貫した記述ができている。

とになりかねない。

　そこで，当事者が争点として争っている事項とは別の事項を認定して有罪判決を下すためには，適宜釈明（刑事訴訟規則２０８条１項）などの措置をとるべきであり，これを怠って独自の認定をすることは，訴訟指揮権の濫用であるとして，２９４条に反し許されないと解するべきである。

　本件でも，本件の争点は平成２９年５月１８日の共謀の存否とされ，検察官・弁護人ともにこのことを前提に弁論を展開したのであるから，裁判所が同月１１日の共謀を認定するには，当事者に釈明などの措置をとるべきであったのに，これをした形跡はない。

3　よって，裁判所が平成２９年５月１１日の共謀を認定して有罪判決を下すことは，許されない。

以　上

※　実際の答案は４頁以内におさまっています。

● 　出題趣旨によれば，小問３は，「訴因変更が不要であるとしても裁判所は何らかの措置を採るべきか，そうであるとすればその措置は何かを検討させる」ことを題意とするものであるところ，本答案は，共謀の日時が本件の主要な争点であったことを踏まえた上で，裁判所が採るべき措置まで指摘することができており，この部分では再現答案①よりも優れていると評価できる。

平成29年・予備

第１　設問１について
1　「現に罪を行い終った者」（刑事訴訟法（以下法名省略）２
１２条１項）にあたるとして現行犯逮捕（２１３条）すること
ができるか。
(1)　そもそも，現行犯逮捕において要件が緩やかになっているの
は，誤認逮捕のおそれが小さく令状主義（憲法３３条，１９９
条１項）を害するおそれが小さいからである。そこで，同文言
に当たるためには，犯罪と犯人の明白性と犯行と逮捕の時間的
場所的接着性が必要であると解する。そして，明白性について
は逮捕者にとって明白であれば足り，目撃者や被害者等の供述
を加味してよいものと解する。
(2)　本問についてこれをみるに，逮捕者である警察官（以下
「Ｋ」とする。）は目撃者Ｗから聞いた特徴や逃走方向を聞い
て甲を見つけ出している。また，甲は犯行をＫに対して自認し
ている。以上より，犯罪と犯人は明白であるといえる。
　　　もっとも，現行犯逮捕が行われたのは犯行から約３０分後，
犯行現場から２キロメートルほども離れた場所であり，Ｗも２
００メートルという追跡を始めてから近距離で甲を見失ってい
る。よって，時間的場所的接着性は認められない。
(3)　よって，甲は「現に罪を行い終った者」とはいえず，現行犯
逮捕をすることはできない。
2　以上より，①の現行犯逮捕は違法である。

● 現行犯逮捕が令状主義の例外であ
る根拠から，「現に罪を行い終った
者」の解釈を示すことができている
が，逮捕の必要性も現行犯逮捕の要
件とする理解が一般的である。

● 目撃証言と犯人の特徴が一致して
いたことなど，甲の犯人性が明白で
あることを根拠付ける事実をより丁
寧に挙げるべきであった。

● ①の逮捕が準現行犯逮捕（212
Ⅱ）として適法とならないかについ
ても検討できると良かった。

第２　設問２について
1　小問１について
　　訴因は共謀の日時，態様について具体的な記載を欠くとこ
ろ，「罪となるべき事実」（２５６条３項）を特定したといえ
るか。特定の程度が問題となる。
(1)　そもそも，「罪となるべき事実」の特定が要求される趣旨
は，他の犯罪事実から被疑事実を画し（識別機能），被告人に
防御の範囲を示す（防御機能）ことにある。そして，識別機能
が果たされれば，防御機能も果たされるから，識別機能が一次
的な趣旨と解する。かかる趣旨に鑑みれば，「罪となるべき事
実」はできる限り具体的に記載されるのが望ましい。もっと
も，常に厳格な記載を要求すると自白の強要や捜査の遅れ，真
実発見（１条）を害するといった弊害が生じ，妥当でない。
　　　そこで，「罪となるべき事実」を具体的に記載できない特殊
事情があり，具体的な記載がなくても識別機能が果たされてい
るといえれば，十分特定されていると解する。
(2)　本問についてこれをみるに，共謀というのは秘密裏に行われ
るものであるから，具体的にいつ，どこで，どのような態様で
行われたかについて証拠が乏しいことが多い。よって，具体的
に記載できない特殊事情があるといえる。また，共謀について
は具体的な記載を欠くものの，甲の実行行為については日時，
場所，態様が具体的に示されており，他の犯罪事実からは十分

● 訴因の特定のためには，一般的
に，⑴被告人の行為が特定の犯罪構
成要件に該当するかどうかを判定す
るに足る程度に具体的事実を明らか
にしていること，⑵他の犯罪事実と
識別できることが必要であると解さ
れている。そして，白山丸事件（最
大判昭37.11.28／百選［第10版］
〔Ａ17〕）や吉田町覚せい剤事件
（最決昭56.4.25／百選［第10版］
〔43〕）は，上記⑵が問題となった
ものであるところ，本答案も，【事
例】②の公訴事実は⑵が問題となっ
ていると考えているように読める。
しかし，【事例】②の公訴事実は，
上記⑴が問題となる場合である（最
決平14.7.18，再現答案①参照）。

に区別することができる。よって，識別機能は果たされているといえる。

(3) 以上より，②の公訴事実は，訴因の記載として罪となるべき事実を特定したものといえる。

2 小問2について

訴因変更については，３１２条１項の手続を経る必要がある。よって，かかる手続を経ていない以上，釈明した事項は訴因の内容とはならない。

3 小問3について

(1) 裁判所は争点になっていた平成２９年５月１８日の共謀ではなく，同年同月１１日の共謀を認定して判決をしようとしているところ，かかる判決をするためには訴因変更の手続が必要であり，許されないのではないか。

(2) この点，訴因とは，当事者主義的訴訟構造（２５６条３項，２９８条１項，３１２条１項）の下，一方当事者たる検察官の主張する具体的犯罪事実であるから，事実に変化があった場合には訴因変更を要すると解する。もっとも，些細な事実の変化の場合にまで訴因変更を要するとするのは現実的ではないから，一定の重要な事実に変化があった場合には，訴因変更を要すると解する。

そこで，まず①犯罪を画する事実について変化があった場合には，訴因変更を要すると解する。また，そうでなくとも②訴

因の内容となっている被告人の防御にとって重要な事項につき変化がある場合には，訴因変更を要すると解する。もっとも，③被告人にとってかかる変化が不利ではなく，不意打ちとはならない場合には，不要と解する。

(3) 本問についてこれをみるに，共謀の日時が変化しても犯罪が変わるわけではないから，犯罪を画する事実に変化があったとはいえない（①）。また，上述のように検察官の釈明は訴因の内容とはなっていないから，共謀の日時は訴因の内容ではない。よって，②の要件も満たさない（②）。

(4) よって，訴因変更は不要である。

4 そうだとしても，１１日の共謀を認定して判決を出すことは争点逸脱認定に当たるにもかかわらず，適切な訴訟指揮（２９４条）を欠くとして許されないのではないか。

(1) この点，被告人の防御権保護の観点から，一定の重要な争点について適切な訴訟指揮を執ることなく，争点と異なる認定をして判決を出すことは違法となると解する。

(2) 本問についてこれをみるに，争点となっている１８日の共謀があったかなかったかが争点になっているところ，かかる共謀の存否は，乙が殺人罪の共同正犯しての罪責を負うかに直結している。よって，かかる争点は重要なものといえる。それにもかかわらず，裁判所は何ら訴訟指揮を執っていない。

(3) したがって，かかる判決は２９４条に反し許されない。 以 上

● 出題趣旨によれば，小問2では，「共謀の成立時期について検察官が求釈明に応じた場合，その内容は訴因の内容を構成することになるのか」が問われていた。本答案は，小問2の題意を把握できていない（再現答案①参照）。

● 本答案は，小問2において，共謀の日時等は訴因の内容とはならない旨解答しているのであるから，訴因変更の要否について本答案のように長々と論述するのはバランス感覚に欠け，答案政策上不当である（再現答案①との対比）。

● 争点逸脱認定について，条文を摘示し，争点逸脱認定がなされたときに当事者に生じる不利益を踏まえて具体的に検討することができており，この点に関する論述としては適切である。ここでは，裁判所が認定しようとしている平成29年5月11日の共謀について一切公判では触れられていなかった点を指摘できると，なお良かった。

第1　設問1
1　警察官による下線部①の逮捕は，無令状で行われているところ，現行犯逮捕（刑事訴訟法（以下，法名略）２１２条１項）として適法か。
　そもそも令状主義の趣旨は，逮捕が重大な人権侵害を伴う行為であるから，司法による事前審査を要するとした点にある。そして，現行犯逮捕について無令状逮捕が許容される趣旨は，現行犯逮捕においては誤認逮捕が生じないため司法による事前審査が不要である点にある。そうであるとすれば，現行犯逮捕が許されるための要件として，逮捕者が犯罪と犯人の結びつきの明白性を現認していることを要する。
　本件で，逮捕者である警察官は犯罪を現認していない。また，犯罪を現認した目撃者Ｗも，犯人を追跡中に見失ったので，甲と犯罪の結びつきを現認したとはいえず，警察官はＷの逮捕の補助者としても上記要件を充たさない。
　よって，現行犯逮捕は許されない。
2　もっとも，準現行犯逮捕（２１２条２項）は許されるか。
　同項各号該当性についてみるに，Ｗは犯行直後は「待て」と言って犯人を追いかけたが，約１分後に見失ったから，逮捕時において「犯人として追呼」（１号）していたとはいえない。
　また，犯人が犯行に用いたサバイバルナイフはＶの胸部に突き刺さったままで，甲は凶器などを有していないから，２号に

もあたらない。
　よって，２１２条２項各号に該当しないため，準現行犯逮捕は許されない。
3　では，緊急逮捕（２１０条１項）は許されるか。
(1)　緊急逮捕が許される犯罪の法定刑は「死刑又は無期若しくは長期３年以上の懲役若しくは禁錮」であるところ，本件で甲が犯したと疑われる殺人罪（刑法１９９条）の法定刑は「死刑又は無期若しくは５年以上の懲役」であり，上記要件を充たす。
(2)　「充分な理由」とは，犯罪が行われたことの高度な嫌疑をいう。本件では，甲はＷが現認した犯人の特徴と一致している。また，甲が発見されたのは犯行から約３０分後で，約２キロメートル離れた地点であるところ，これは成人男性が徒歩で歩く時間・距離としてちょうどよい。加えて，Ｗが目撃した犯人の逃走方向と甲が発見された地点は合致している。さらに，甲は警察官の職務質問に対し，犯行を認めた。よって，上記高度な嫌疑があるといえ，「充分な理由」がある。
(3)　したがって，緊急逮捕は許される。
第2　設問2
1　問1について
　訴因（２５６条３項）とは，罪となるべき事実に日時，場所，方法等を加えたものをいう。訴因は，審判対象識別機能と，防御範囲明示機能を有する。かかる機能からして，訴因が

● 現行犯逮捕の要件は，一般的に，①犯罪と犯人の明白性，②時間的・場所的接着性，及び③逮捕の必要性であるとされているが，本答案は，上記①しか摘示できておらず，不十分である。

● 犯罪と犯人の明白性に関する当てはめは，簡潔ながら適切であり，現行犯逮捕は許されないとの結論も妥当である。

● ２１２条２項１号に関する当てはめは，再現答案②よりも適切である。

● 設問1は，「①の現行犯逮捕の適法性」について問うているのであって，緊急逮捕に関する検討を求めていない。出題趣旨も，設問1は甲の「逮捕が現行犯逮捕の要件（刑事訴訟法第２１２条第１項，同条第２項及び第２１３条）を充足するかを検討させる」問題としていることから，緊急逮捕は問題となっておらず，本答案の「3」は全体として余事記載である。

特定されたといえるためには，①他の犯罪事実との識別が可能であり，②構成要件該当性を判断しうる程度に具体的にされていることが必要である。

本件では，下線部②の記載より殺人罪と他罪を識別できる（①充足）。また，②も充たす。

もっとも，「できる限り」（２５６条３項）訴因を明示する要請を充たすには，訴因を詳細に明示できない特段の事情があり，かつ，被告人の防御に実質的に不利益を与えないといえない限り，日時，場所，方法等を具体的に記載する必要がある。

本件では，乙と甲の共謀につき，「甲と共謀の上」としか記載されておらず，共謀の日時，場所，方法等が明らかでない。もっとも，犯罪の共謀は密室で行われることが多いから，共謀の日時，場所，方法を客観的証拠により明らかにすることは困難であり，捜査機関に無理を強いることになる。よって，上記特段の事情がある。また，乙は，事件前に甲と接触していないことを示すアリバイや，通話記録を示すことで，甲乙間に共謀がなかった点について防御できる。ゆえに，被告人の防御に実質的に不利益はない。

よって，訴因は特定している。

2 問2について

検察官は，公判前整理手続において共謀の日時，場所を具体化する内容の釈明をしているが，これは訴因の内容となるか。

３１６条の５第２号によれば，公判前整理手続において，訴因の追加を許すことができる。そこで，裁判官が上記の検察官の釈明を受けて訴因の追加許せば，訴因の内容となる。

3 問3について

訴因変更の要否について，①訴因の特定に不可欠な事実の変更であれば，当然に訴因変更が必要である。②①にあたらなくとも，一般的に被告人の防御にとって重要な事実の変更でなければ，原則として訴因変更は不要である。③②にあたる場合でも，具体的な訴訟経過に照らして，被告人にとって重要である場合には，例外的に訴因変更が必要となる。

本件では，裁判所は，検察官が主張した５月１８日とは異なり，５月１１日に共謀が成立したと認定しようとしている。これは日付の変更であるところ，日付は訴因の特定にとって不可欠とはいえないため，①は満たさない。また，一般的にみて，共謀の日付は被告人の防御にとって重要とはいえないため，②も充たす。もっとも，公判前整理手続を経て，本件の争点は５月１８日に甲方で共謀が成立したかとなっており，弁護人も１８日の共謀の不成立を主張するため，アリバイ等を主張している。かかる場合に共謀成立日が１１日とされれば，被告人及び弁護人が具体的訴訟経過に照らして全く防御していないことを認定されることになり，不利益である。

よって，訴因変更が必要である。　　　　　　以　上

● 訴因が特定されるための要件を正しく摘示している。

● 本答案は，何の理由もなく「②も充たす」としているが，小問1では，まさに「甲と共謀の上」との記載とそれに基づく実行行為が記載されていれば訴因の特定は足りるといえるのかが問題となっていた。

● 本答案は，アリバイや通話記録を示すことで防御できるため，被告人の防御に実質的に不利益はない旨論述している。しかし，公訴事実が「共謀の上」としか記載されておらず，謀議の具体的な日時・場所等が明らかになっていない中では，いつのアリバイやいつの通話記録を示せば防御できるのかは不明なはずである。

● 再現答案③と同様，本答案も小問2の題意を把握できていない（再現答案①と対比）。

● 本答案は，「単なる日付」の変更について論述しているが，小問3で問題となっているのは「共謀の日付」である。また，本答案は，「一般的にみて，共謀の日付は被告人の防御にとって重要とはいえない」としているが，何もその理由が示されておらず，説得力に欠ける。

平成30年

[刑事訴訟法]

次の【事例】を読んで，後記〔**設問１**〕及び〔**設問２**〕に答えなさい。

【事例】

警察官ＰとＱが，平成３０年５月１０日午前３時頃，凶器を使用した強盗等犯罪が多発している
Ｈ県Ｉ市Ｊ町を警らしていたところ，路地にたたずんでいた甲が，Ｐと目が合うや，急に慌てた様
子で走り出した。そこで，Ｐが，甲に，「ちょっと待ってください。」と声をかけて停止を求めた
ところ，甲が同町１丁目２番３号先路上で停止したため，同所において，職務質問を開始した。

Ｐは，甲のシャツのへそ付近が不自然に膨らんでいることに気付き，甲に対し，「服の下に何か
持っていませんか。」と質問した。これに対し，甲は，何も答えずにＰらを押しのけて歩き出した
ため，甲の腹部がＰの右手に一瞬当たった。このとき，Ｐは，右手に何か固い物が触れた感覚があ
ったことから，甲が服の下に凶器等の危険物を隠している可能性があると考え，甲に対し，「お腹
の辺りに何か持ってますね。服の上から触らせてもらうよ。」と言って，①そのまま立ち去ろうと
した甲のシャツの上からへそ付近を右手で触ったところ，ペンケースくらいの大きさの物が入って
いる感触があった。

Ｐは，その感触から，凶器の可能性は低いと考えたが，他方，規制薬物等犯罪に関わる物を隠し
持っている可能性があると考え，甲の前に立ち塞がり，「服の下に隠している物を出しなさい。」
と言った。すると，甲は，「嫌だ。」と言って，腹部を両手で押さえたことから，②Ｑが，背後か
ら甲を羽交い締めにして甲の両腕を腹部から引き離すとともに，Ｐが，甲のシャツの中に手を差し
入れて，ズボンのウエスト部分に挟まれていた物を取り出した。

Ｐが取り出した物は，結晶様のものが入ったチャック付きポリ袋１袋と注射器１本在中のプラス
チックケースであり，検査の結果，結晶様のものは覚せい剤であることが判明した（以下「本件覚
せい剤」という。）。そこで，Ｐは，甲を覚せい剤取締法違反（所持）の現行犯人として逮捕する
とともに，本件覚せい剤等を差し押さえた。

その後，検察官は，所要の捜査を遂げた上，本件覚せい剤を所持したとの事実で，甲を起訴し
た。

第１回公判期日において，甲及び弁護人は無罪を主張し，検察官の本件覚せい剤の取調べ請求に
対し，取調べに異議があるとの証拠意見を述べた。

〔**設問１**〕

下線部①及び②の各行為の適法性について論じなさい。

〔設問2〕

　本件覚せい剤の証拠能力について論じなさい。

（参照条文）　覚せい剤取締法

第41条の2第1項　覚せい剤を，みだりに，所持し，譲り渡し，又は譲り受けた者（略）は，
　10年以下の懲役に処する。

　本問は，深夜，強盗等犯罪の多発する地域を警ら中の警察官が，甲に停止を求めて職務質問した際，①立ち去ろうとした甲のシャツの上からへそ付近に触れるとの方法，及び②背後から甲を羽交い締めにした上，甲のシャツの中に手を差し入れ，ズボンのウエスト部分に挟まれていたプラスチックケースを取り出すとの方法により所持品検査を実施したところ，同ケース中に覚せい剤を発見したことから，甲を覚せい剤取締法違反（所持）の現行犯人として逮捕するとともに，上記覚せい剤を差し押さえ，その後，甲を同所持の事実により起訴したとの事例において，上記各所持品検査の適法性及び上記覚せい剤の証拠能力について検討させることにより，基本的な学識の有無及び具体的事案における応用力を試すものである。

　設問1においては，最高裁判所の判例（最判昭和53年6月20日刑集32巻4号670頁等）に留意しつつ，対象者の承諾のない所持品検査が許容されることがあるか否かについて，その根拠も含めて検討した上，これが肯定されるとして，いかなる態様の行為がいかなる状況において許容されるのか，その基準を提示し，本問における各所持品検査の適法性について論述することが求められる。

　設問2においては，本件覚せい剤の発見をもたらした上記②の方法による所持品検査が違法であることを前提に，最高裁判所の判例（最判昭和53年9月7日刑集32巻6号1672頁等）に留意しつつ，違法に収集された証拠物の証拠能力が否定される場合があるか否か，否定される場合があるとしていかなる基準により判断されるべきかを提示した上，本件覚せい剤の証拠能力について論述することが求められる。

▶ MEMO ─────────────────────

平成30年・予備

第一　設問1について

1　下線部①・②は職務質問に伴う所持品検査として適法か。甲は，Pと目が合うや急に慌てた様子で走り出すなど不審な挙動をしており，「異常な挙動……理由のある者」（警察官職務執行法2条1項）にあたるため，職務質問は適法である。

　　そして，所持品検査はかかる職務質問に伴う付随的処分の法的性質を有する。

2　では，行為①は適法か。

　(1)ア　職務質問は任意処分であり，所持品検査においても強制処分を用いることはできない。そこで，捜索に当たらない行為については強制にあたらない限り許される。

　　　　強制処分とは，相手方の明示又は黙示の意思に反し，重要な権利利益を実質的に侵害する処分を指す。

　　　イ　これを本件についてみるに，行為①は，シャツの上から右手で身体に手を触れる行為にとどまり，甲の意思の自由に対する侵害があるとはいえない。また，内容物も判然としないためプライバシー侵害もあるといえない。以上より，行為①は，強制処分に当たらない。

　(2)ア　所持品検査が強制処分に当たらない場合であっても，行政警察活動である行為①は警察比例の原則（警職法1条2項）の制約に服する。

　　　　そこで，必要性・緊急性・被処分者の利益と公益の権衡を考慮した上，具体的状況において相当と認められる場合は適法と解する。

　　　イ　これを本件についてみるに，甲は不自然な挙動をしており，またシャツのへそ付近が不自然に膨らんでおり，その感触は固いものであった。また，甲はPを押しのけるなどPからシャツの中身を知られることを拒むそぶりをしており，内容物が凶器などの危険物である蓋然性があり捜査の必要性があった。危険物であれば被害を防ぐためそれを検査する緊急の必要もある。

　　　　一方で得られる公益に比して，シャツの上から目的物に触れられることによる甲の法益侵害は小さく，行為は具体的状況の下で相当であった。以上より，行為①は適法である。

3　では，行為②は適法か。

　(1)　行為②は捜索に当たり違法か。前述の強制処分の定義に従って判断する。

　(2)　これを本件についてみるに，Qは甲を羽交い絞めにして甲の両腕を腹部から引き離しており，これは，甲の明示の意思に反して甲の身体の自由を侵害する行為である。また，シャツの内部の捜査はプライバシーに対する侵害の度合いが極めて強い。

● 所持品検査の前提となる職務質問が適法であることを簡潔に論述できている。

● 出題趣旨によれば，判例（最判昭53.6.20／百選［第10版］〔4〕）に留意しつつ，対象者の承諾のない所持品検査が許容されることがあるか否かについて，その根拠も含めて論述することが求められていた。

　本答案は，所持品検査の根拠について端的に言及し，所持品検査の判断枠組みを2段階（強制処分かどうか→任意処分の限界を超えるかどうか）で提示した上で，具体的な事実を摘示して検討できている。

　もっとも，所持品検査がどうして職務質問の付随行為として許容されるのか，その理由（口頭による質問と密接に関連し，かつ，職務質問の効果をあげる上で必要性，有効性の認められる行為であるから）についても言及できれば，より丁寧な論理展開として高く評価されたものと思われる。

● 下線部①の所持品検査が行われた場所は，凶器を使用した強盗等犯罪が多発していた場所であるという事情が問題文中に示されているため，この事実も指摘して検討できるとなお良かった。

● 明示の意思に反するか否かを検討するに当たっては，甲が「嫌だ。」と言っている事情も踏まえて検討できれば，より説得的であった。

よって，行為②は捜索に当たり違法である。
第二　設問2について
1　本件覚せい剤の証拠能力は，違法収集証拠排除法則により
　否定されるか。
　(1)　適正手続，将来の違法捜査抑止，司法の廉潔性の見地か
　　ら，①証拠の収集手続に令状主義の趣旨を潜脱する重大な
　　違法があり，②将来の違法捜査抑止の見地から，証拠とし
　　て使用することが相当でないと認められる場合，同法則に
　　より証拠能力が否定される。
　(2)　これを本件についてみるに，確かに本件覚せい剤の差押
　　行為は，甲の現行犯逮捕に伴う無令状捜索差押え（法22
　　0条1項）として適法であり，重大な違法はないとも思え
　　る。
　　　しかし，本件差押えは，前述の違法な行為②によって獲
　　得された覚せい剤を検査することにより行われた現行犯逮
　　捕（212条1項）に伴いなされた差押えであり，両手続
　　は密接に関連している。そこで，行為②の違法性が，差押
　　えにも承継され，違法となると解する。
　　　また，その違法は，無令状で所持品を捜索しこれにより
　　逮捕に及ぶもので，令状主義を潜脱する重大な違法がある
　　といえる（①充足）。
　　　確かに，覚せい剤の使用に関する罪は重大で，本件覚せ

● 違法収集証拠排除法則に関する判例（最判昭53.9.7／百選［第10版］〔90〕）を意識した規範が定立されており，適切である。

● 本答案は，本件覚せい剤の差押えが逮捕に伴う無令状差押え（220Ⅰ②）として適法だとしても，これに先行する所持品検査が違法であり，その違法が本件覚せい剤の差押えにも承継されるという構成（違法性の承継）をとっている。そして，違法性の承継に関しては，判例（最判平15.2.14／百選［第10版］〔92〕）を意識した論理を展開している。
　これに対して，本問【事例】に類似する事案の判例（最判昭53.9.7／百選［第10版］〔90〕）は，明確に違法性の承継に関する判示をしておらず，「違法な所持品検査及びこれに続いて行われた試薬検査によってはじめて覚せい剤所持の事実が明らかとなった結果，被告人を覚せい剤取締法違反被疑事実で現行犯逮捕する要件が整った本件事案においては，右逮捕に伴い行われた本件証拠物の差押手続は違法といわざるをえない」と判示しているにとどまる。

い剤は甲の被疑事実の直接証拠として決定的な証拠価値を
　　有する。
　　　しかし，行為②による差押えをし，無令状逮捕に及ぶ本
　　問のような過程での証拠の使用を認めると，実質的に令状
　　を要せずして逮捕・それに伴う差押えを容認することにな
　　り，捜査機関によって同様の行為が繰り返されるおそれが
　　ある。
2　したがって，証拠としての使用が将来の違法捜査抑止の見
　地から相当でないということができ，本件覚せい剤の証拠能
　力は，違法収集証拠排除法則により，否定される。
　　　　　　　　　　　　　　　　　　　　　　　　　以　上

第1 設問1
1 下線部①及び②の各行為は所持品検査にあたるところ, 所持品検査を行うことができるか, 明文なく問題となる。
2 所持品検査は, 職務質問（警察官職務執行法（以下,「警職法」とする。）2条1項）に付随する行為であり, かつ職務質問の実効性を確保するために必要不可欠な行為であるから, 警職法2条1項により許容されると解する。

　そうすると, 所持品検査は行政警察活動であるため, 有形力の行使は認められないのが原則である。もっとも, 一切の有形力の行使を認めないとすると, 所持品検査ひいては職務質問の実効性を確保することができない。

　そこで, 捜索に至らない行為で, 強制にわたらないこと, 必要性, 緊急性なども考慮に入れた上で, 害される個人の利益と得られる公益を比較衡量した上で社会通念上相当と認められる限度において許容される。
3 ①について
⑴ Pは, 甲のシャツの上からへその付近を右手で触ったのみであり, 捜索に至ってない。また, とっさに触れただけであるため, 意思を制圧するような態様ではない。さらに, Ｊ町では, 凶器を使用した強盗等犯罪が多発しており, 必要性が認められ, かつ甲が服の下に凶器等の危険物を隠している可能性があると考えていることから, 緊急性

も認められる。

　そうすると, 強盗等犯罪の社会的悪性の高さも考慮に入れ, 甲の害される利益より得られる公益の方が優越すると評価できる。
⑵ 以上より, ①の行為は適法である。
4 ②について
⑴ Pは, 甲のシャツの中に手を差し入れて, ズボンのウエスト部分に挟まれていたものを取り出しているところ, これは捜索に至っていると評価できる。
⑵ また, 強制にわたっていないか。
　ア 「強制の処分」（197条1項但書）とは, 令状主義と強制処分法定主義の両面にわたり厳格な法的制約に服されるものに限定される。そこで, 「強制の処分」とは個人の意思を制圧して身体, 住居, 財産等の重要な権利利益に対する制約を加えて強制的に捜査目的を実現する行為など特別の根拠規定がなければ許容することが相当でない行為を指す。
　イ 本件では, Pが甲を後ろから羽交い締めにしており, 完全に甲の意思を制圧している。さらに, 甲の反対意思の形成機会を与えずにズボンから物を取り出しており, 意思を制圧しているものと評価できる。
　ウ したがって, 「強制の処分」にあたる。

● 本答案は, 所持品検査の根拠のみならず, 所持品検査がどうして職務質問の付随行為として許容されるのかについても端的に言及できており, 出題趣旨に合致する。
　なお, 所持品検査の前提となる職務質問が適法であることについて, 端的に論述できるとより丁寧な論理展開となった（再現答案①参照）。

● 所持品検査の適法性は, ①「捜索に至らない程度の行為」,「強制にわたらない」行為かどうか, ②「必要性, 緊急性, これによって害される個人の法益と保護されるべき公共の利益との権衡などを考慮し, 具体的状況のもとで相当と認められる」かどうか, という2段階に分けて検討すべきである（再現答案①参照）。本答案は, これを同じレベルで検討しており, 不適切である。

● 下線部②の行為が「捜索」に至っていると評価した場合には, その時点で下線部②の行為は当然違法であるから, もはや「強制の処分」に当たるかどうかを検討する意味はない。にもかかわらず, 本答案は「強制の処分」の意義や【事例】への当てはめを行っており, 判例の規範を正しく理解しているとはいえない。

（3）　以上より，②の行為は違法である。

第2　設問2

1　違法な捜査により収集された証拠の証拠能力が認められるか，明文なく問題となる。

2（1）この点について，違法に収集された証拠であっても証拠自体の価値，性質には変わりがないため，真実発見の見地（1条）から，直ちに証拠能力を排除することはできない。

　　　そこで，司法の廉潔性，将来の違法捜査の抑制と真実発見の調和の見地から，令状主義の精神を没却するような重大な違法があり，将来の違法捜査の抑止の観点から排除しないことが相当でない場合には証拠能力が排除される。

（2）本件では上述のように，甲を後ろから羽交い締めにしており，不法な有形力の行使であると評価でき，重大な違法であると評価できる。

　　　また，②の行為により収集した証拠であっても証拠能力が認められると解すると，違法な捜査を助長する危険性さえあり，将来の違法捜査の抑制の観点から排除するのが相当であると評価できる。

（3）以上より，本件覚せい剤の証拠能力は認められない。

以　上

● 判例（最判昭53.9.7／百選［第10版］〔90〕）を正しく理解していることが伝わる一文である。

● 違法収集証拠排除法則に関する判例（最判昭53.9.7／百選［第10版］〔90〕）を意識した規範が定立されており，適切である。

● 下線部②の行為は，あくまで所持品検査（捜索）であり，これによって直接本件覚せい剤が収集されたわけではないことに注意すべきである。また，ＰＱらに令状主義に関する諸規定を潜脱しようとの意図があったことを示す事情が本問において特に示されていない点にも言及できると，なお良かった。

平成30年・予備

第1　設問1　行為①の適法性
1　行為①は，行政警察活動としての，いわゆる所持品検査にあたるところ，その根拠について明文なく問題となる。
　⑴　この点，所持品検査は，警察官職務執行法（以下「警職法」という。）2条1項による職務質問の実効性を確保するため，職務質問に付随する行為として，同項を根拠に認められると解する。
　⑵　本件では，警察官Pを目視するや否や逃げ出したという「何らかの犯罪を……犯そうとしていると疑うに足りる相当な理由」のある甲に対してなされた職務質問は適法である。
　　　したがって，適法な職務質問に付随する行為として所持品検査自体は可能である。
2　もっとも，任意処分である職務質問（同2条1項）に付随して行われる以上，所持品検査も任意処分であり，承諾を得て行うのが原則であるところ，行為①は甲の承諾を得ずに行われている。そこで，承諾を得ずに行われた所持品検査の限界が問題となる。
　⑴　この点，行政警察活動の目的（同1条1項）の実効性の担保のため，承諾を得ずに行われた所持品検査であっても，捜索に至らない場合に強制にわたらない限りにおいて許容されると解する。

　　　ただし，人権侵害のおそれは否定できず，警察比例の原則（同1条2項）は及ぶから，所持品検査をする必要性，緊急性と，被処分者の受ける不利益とを比較衡量して，具体的状況の下で相当といえる場合に限り許容されると解する。
　⑵　本件では，Pが甲に服の下に何があるのか声をかけたのに対して，甲はおもむろに歩き出し明らかに不審な行動をしている。また，服の下にあるのが凶器であった場合には，PとQの身体に危険が及ぶ可能性あったから，所持品検査の必要性は高度であったといえる。
　　　他方，甲はシャツという衣服の上から，右手という片手で，へそ付近を触られたのみであり，甲に羞恥心を抱かせる態様でもなく，プライバシーの侵害の程度も低いといえる。
　　　したがって，所持品検査を行う必要性と緊急性に比して，甲の受ける不利益が大きい場合とはいえない。
　⑶　よって，所持品検査の限界を超えず，適法である。
第2　設問1　行為②の適法性
1　行為②が所持品検査にあたり，適法な職務質問に付随する行為として許されるのは行為①と同様である。
2　では，行為②も承諾を得ない所持品検査であるところ，所持品検査の限界を超えていないか。前述の基準で判断する。

● 本答案は，所持品検査の根拠のみならず，所持品検査がどうして職務質問の付随行為として許容されるのかについても端的に言及できており，出題趣旨に合致する。
　また，本答案は，所持品検査の前提となる職務質問が適法であることも端的に論述できており，丁寧な論理展開といえる。

● 所持品検査は職務質問の付随行為である以上，所持人の承諾を得て行うことが原則であるという点をきちんと押さえられている。

● 「捜索に至らない程度の行為は，強制にわたらない限り，所持品検査においても許容される場合がある」（最判昭53.6.20／百選［第10版］〔4〕参照）とするのであれば，その検討が必要である。本答案は，この点を検討できておらず，不適切である。

● 当てはめるべき事情を多く指摘できている。なお，下線部①の所持品検査が行われた場所は，凶器を使用した強盗等犯罪が多発していた場所であるという事情が問題文中に示されているため，この事実も指摘して検討できるとより良かった。

まず，Ｑが，甲を羽交い締めにした行為は一瞬ではあるものの，甲の身体の自由を奪う行為である。

また，Ｐは，シャツの中に手を無理やり差し入れており，甲の生身の身体に触れているし，ズボンのウエスト部分に手を入れる行為は甲に差恥心を抱かせる行為であり，プライバシー侵害の程度が極めて大きい。

したがって，行為②は甲の「身体」に対する「捜索」（刑事訴訟法（以下法令名略）２２２条１項・１０２条１項）と同視しうる行為といえる。

よって，所持品検査の限界を超え，違法である。

第３　設問２

1　本件覚せい剤は，違法な行為②，それに続く逮捕及び差押えによって得られた証拠であり，違法収集証拠として証拠能力が否定されないか。いわゆる違法収集排除法則の肯否及びその判断基準が問題となる。

(1)　この点，適正手続の保障（憲法３１条）の見地，将来の違法捜査の抑制の見地から，違法収集証拠の証拠能力は否定されるべきである。

もっとも，軽微な違法にすぎない場合にまで証拠能力を否定するのは真実発見の見地（1条）から妥当でない。

そこで，①令状主義の精神を没却するような重大な違法が手続にある場合に，②将来の違法捜査の抑止の見地から

その証拠を排除することが妥当といえる場合に限り，違法収集証拠として証拠能力が否定されると解する。

(2)　①違法の重大性について

この点，たしかに，前述のとおりＰとＱの行為は甲の受ける不利益がきわめて大きく手続の違法は重大といえる。

しかし，服の下に隠しているものをＰに聞かれておもむろに歩きだすなど明らかに，何らかの犯罪を犯していると疑うに足りる不審な行為をしており，加えて，Ｐが行為①によって甲の服に触れた段階で，Ｐは甲が薬物犯罪にかかわる何かを所持していると考えている。

それが，覚せい剤だった場合には覚せい剤所取締法４１条の２第１項違反となり，長期１０年という重大犯罪をＰとＱは放置することになってしまう。

このような状況の下，やむをえずＰとＱは行為②に出たのであり，令状主義を潜脱するような重大な違法は認められない。

2　よって，覚せい剤の証拠能力は認められる。

以　上

● 本答案は，下線部②の行為が「捜索」ないし「強制の処分」に該当するかどうかの検討をし，「行為②は甲の『身体』に対する『捜索』……と同視しうる行為といえる」と論述しており，これ自体は適切である。

しかし，「所持品検査の限界を超えていないか」と問題提起したり，「所持品検査の限界を超え，違法である」と結論付けるなど，強制処分該当性の問題と任意処分の限界の問題を混同して理解しているように思われる。

● 違法収集証拠排除法則に関する判例（最判昭53.9.7／百選［第10版］〔90〕）を意識した規範が定立されている。

● 違法の重大性の判断について，違法の重大性を否定する要素（事件の重大性・違法行為の困難性）については具体的に検討できているが，肯定する要素は「甲の受ける不利益がきわめて大きく手続の違法は重大」と述べるにとどまり，具体的な検討（令状主義違反など）ができていない点で，説得力を欠く。

第1　設問1
1　Pが，甲が服の下に凶器等の危険物を隠している可能性が
　あると考え，立ち去ろうとした甲のシャツの上からへそ付近
　を右手で触った行為は適法か。所持品検査の可否及び限界が
　問題となる。
　(1)　所持品検査は，口頭による質問と密接に関連し，職務質
　　問の効果を上げるうえで必要性・有効性の認められる行為
　　であることからすれば，職務質問に付随してこれをなし得
　　る。
　　　そして，所持品検査は承諾を得てその限度においてこれ
　　を行うのが原則であるが，承諾が得られない場合でも，捜
　　索に至らない程度であれば強制にわたらない限りこれを許
　　容できる場合があると解される。もっとも，それは，①所
　　持品検査の必要性，②緊急性，③所持品検査によって失わ
　　れる個人の法益と，④保護されるべき公共の利益との均衡
　　から，具体的状況の下で相当と認められる限度において許
　　容される。
　(2)　これを本問について見ると，甲はPの「服の下に何か
　　持っていませんか。」との質問に対し何も答えていないこ
　　とから，甲の承諾は得られていない。そのため，上述の4
　　要件から所持品検査が適法かを検討する。
　　　まず，Pは右手に何か固い物が触れた感覚があり，危険

物を隠し持っている可能性もあることから，所持品検査の
必要性が認められる（①）。次に，甲はPらを押しのけて
歩き出しているが，Pらが警ら中に甲を発見したとき，甲
は急に慌てた様子で走り出していることから，再び逃走す
るおそれがある。そのため，所持品検査をする緊急性も認
められる（②）。また，Pは甲のシャツの上から触ったに
とどまり，シャツを無理矢理まくって確認するのに比べ
て，甲の侵害されるプライバシー権（憲法13条参照）は
小さい（③）。これに対して，甲が危険物を所持していた
場合，平穏な生活という公益が侵害されるため，これを保
護すべき要請は大きい（④）。
　(3)　よって，Pの上記行為は適法である。
2　Qが，甲の背後から甲を羽交い締めにして甲の両腕を腹部
　から引き離した行為は適法か。職務質問に伴う有形力行使の
　可否及び限界が問題となる。
　(1)　この点について，犯罪の予防鎮圧という行政警察活動の
　　目的に鑑み，職務質問に伴う有形力行使もなし得る。
　　　もっとも，それは無制約ではなく，比例原則から必要か
　　つ相当と認められる限度において許容されると解する。
　(2)　これを本問について見ると，甲は規制薬物等犯罪に関わ
　　る物を隠し持っている可能性があり，甲の抵抗に対して有
　　形力を行使する必要性は認められる。しかしながら，甲を

● 　本答案は，所持品検査の根拠のみ
ならず，所持品検査がどうして職務
質問の付随行為として許容されるの
かについても端的に言及できてお
り，出題趣旨に合致する。もっとも，
根拠条文（警察官職務執行法2条1
項）は摘示すべきである。
　なお，所持品検査の前提となる職
務質問が適法であることについて，
端的に論述できるとより丁寧な論理
展開となった（再現答案①参照）。

● 　「捜索に至らない程度の行為は，
強制にわたらない限り，所持品検査
においても許容される場合がある」
（最判昭53.6.20／百選［第10版］
〔4〕参照）とするのであれば，ま
ずは，強制処分該当性の検討が必要
である。本答案は，再現答案③と同
様，この点の検討を行っておらず，
不適切である。

● 　「平穏な生活という公益」の内容
は曖昧であり，甲のプライバシーの
利益との関係で優越するのかの判断
に窮する。

● 　出題趣旨によれば，下線部②の方
法により実施された所持品検査の適
法性について検討することが求めら
れているところ，本答案は，下線部
②の行為を2つに細分化し，別々の
論点として検討しており，出題趣旨
に合致しない不適切な論述となって
いる。
　この点，Qが甲を背後から羽交い
締めにして甲の両腕を腹部から引き

羽交い絞めにしなくとも，腹部を押さえている甲の両手を
はらうなど他の穏当な手段によることもできたのであり，
有形力行使の相当性は認められない。

(3) よって，Ｑの上記行為は違法である。

3 そして，Ｑの上記行為が違法である以上，Ｑが甲を羽交い
絞めにしている間になされた，Ｐが甲のズボンのウエスト部
分に挟まれていた物の取り出し行為も違法である。

第2 設問2

1 本件覚せい剤に証拠能力（刑事訴訟法（以下略）３１７
条）が認められるか。本件覚せい剤は，上記違法な取り出し
行為によって覚せい剤所持が発覚し，覚せい剤所持の現行犯
として逮捕（２１３条）された結果，逮捕に伴う無令状差押
え（２２０条1項2号）として差し押さえられた物である。
そこで，違法収集証拠排除法則の肯否及び判断基準が問題と
なる。

(1) この点について，適正手続（憲法３１条），司法の廉潔
性，将来の違法捜査抑止の観点から，違法に収集された証
拠の証拠能力は原則として否定される。

もっとも，すべてを排除すると，真実発見（1条）の観
点から妥当でない。

そこで，令状主義の精神を没却する重大な違法があり，
将来の違法捜査抑止の観点から相当でないと認められる場

合には，証拠の証拠能力が否定されると解する。

(2) これを本問についてみると，差押えは２１８条1項によ
り原則として令状が必要であるところ，違法な現行犯逮捕
に基づき逮捕に伴う差押えとして無令状でなされること
は，令状主義の潜脱にあたるといえ，重大な違法がある。
また，かかる行為を容認してしまっては，将来の違法捜査
抑止の観点からも相当でない。

2 よって，本件覚せい剤の証拠能力は否定される。

以 上

離したのは，Ｐが，甲のシャツの中
に手を差し入れてズボンのウエスト
部分に挟まれていた物を取り出すた
めであるから，これらを細分化せ
ず，一連の行為として検討すべきで
あった。

● 違法収集証拠排除法則に関する判
例（最判昭53.9.7／百選［第10版］
〔90〕）を意識した規範が定立され
ている。

● 将来の違法捜査抑制の見地に関す
る当てはめが抽象的で説得力に欠け
る。ここでは，ＰＱらに令状主義に
関する諸規定を潜脱しようとの意図
があったことを示す事情が本問にお
いて特に示されていない点等にも言
及しつつ，具体的に検討すべきで
あった。

平成30年・予備

令和元年

[刑事訴訟法]

　次の【事例】を読んで，後記〔設問〕に答えなさい。

【事例】

　令和元年６月５日午後２時頃，H市L町内のV方において，住居侵入，窃盗事件（以下「本件事件」という。）が発生した。外出先から帰宅したVは，犯人がV方の机の引出しからV名義のクレジットカードを盗んでいるのを目撃し，警察に通報したが，犯人はV方から逃走した。

　警察官PとQは，同月６日午前２時３０分頃，V方から８キロメートル離れたL町の隣町の路上を徘徊する，人相及び着衣が犯人と酷似する甲を認め，本件事件の犯人ではないかと考え，警察官の応援要請をするとともに，甲を呼び止め，「ここで何をしているのか。」などと尋ねたところ，甲は，「仕事も家もなく，寝泊りする場所を探しているところだ。」と答えた。また，Pが甲に，「昨日の午後２時頃，何をしていたか。」と尋ねたのに対し，甲は，「覚えていない。」旨曖昧な答えに終始した。Pは，最寄りのH警察署で本件事件について甲の取調べをしようと考え，同月６日午前３時頃，「事情聴取したいので，H警察署まで来てくれ。」と甲に言ったが，甲は，黙ったまま立ち去ろうとした。その際，甲のズボンのポケットから，V名義のクレジットカードが路上に落ちたため，Pが，「このカードはどうやって手に入れたのか。」と甲に尋ねたところ，甲は，「散歩中に拾った。落とし物として届けるつもりだった。」と述べて立ち去ろうとした。そこで，Pらは，同日午前３時５分頃，応援の警察官を含む４名の警察官で甲を取り囲んでパトカーに乗車させようとしたが，甲が，「俺は行かないぞ。」と言い，パトカーの屋根を両手でつかんで抵抗したので，Qが，先にパトカーの後部座席に乗り込み，甲の片腕を車内から引っ張り，Pが，甲の背中を押し，後部座席中央に甲を座らせ，その両側にPとQが甲を挟むようにして座った上，パトカーを出発させ，同日午前３時２０分頃，H警察署に到着した。

　Pは，H警察署の取調室において，本件事件の概要と黙秘権を告げて甲の取調べを開始した。甲は，取調室から退出できないものと諦めて取調べには応じたものの，本件事件への関与を否認し続けた。Pは，同日午前７時頃，H警察署に来てもらったVに，取調室にいた甲を見せ，甲が本件事件の犯人に間違いない旨のVの供述を得た。Pらは，甲の発見時の状況やVの供述をまとめた捜査報告書等の疎明資料を直ちに準備し，同日午前８時，H簡易裁判所に本件事件を被疑事実として通常逮捕状の請求を行い，同日午前９時，その発付を受け，同日午前９時１０分，甲を通常逮捕した。

　甲は，同月７日午前８時３０分，H地方検察庁検察官に送致され，送致を受けた検察官は，同日午後１時，H地方裁判所裁判官に甲の勾留を請求し，同日，甲は，同被疑事実により，勾留された。

〔設問〕

　下線部の勾留の適法性について論じなさい。ただし，刑事訴訟法第６０条第１項各号該当性及び勾留の必要性については論じなくてよい。

　本問は，民家で発生した窃盗事件について，翌日の未明に，警察官ＰとＱが，路上で，人相及び着衣が犯人と酷似する甲を認め，職務質問を開始したところ，甲のズボンのポケットからＶ名義のクレジットカードが路上に落ちたことから，抵抗する甲をパトカーに押し込んでＨ警察署に連れて行き，その後，甲を通常逮捕して，勾留したとの事例において，甲の勾留の適法性の検討を通じ，刑事訴訟法の基本的な学識の有無及び具体的事案における応用力を試すものである。

　刑事訴訟法上，逮捕と勾留は別個の処分であるが，先行する逮捕手続（さらに，同行の過程）に違法がある場合，引き続く勾留の適法性に影響を及ぼすことがあるとの理解が一般的であり，甲の勾留の適法性を検討するに当たっては，先行手続の違法が問題となる。もっとも，この点については，勾留の理由や必要（刑事訴訟法第２０７条第１項，第６０条第１項，第８７条）と異なり，明文で要件とされているわけではなく，逮捕手続の違法についても，逮捕後の時間的制限の不遵守がある場合に勾留請求を却下すべきとする（刑事訴訟法第２０６条第２項，第２０７条第５項）にとどまるため，なぜ先行手続の違法が勾留の適法性に影響を及ぼすのかについて，具体的根拠を示して論ずることが求められる。他方，先行手続の違法が軽微であっても直ちに勾留が違法となるとすれば，被疑者の逃亡や罪証隠滅を防いだ状態で捜査を続行することが困難となるのであって，先行手続の違法が勾留の適法性に影響を及ぼすと考えるとしても，いかなる場合に勾留が違法となるか，その判断基準を明らかにすることも必要である。

　本問では，先行手続として，警察官が甲をパトカーに押し込んでＨ警察署に連れて行った行為について，実質的な逮捕であり違法ではないかが問題となる。ここでは，任意同行と実質的な逮捕とを区別する基準を示した上で，警察官の行為が実質的逮捕であるか否かを判断することが求められる。そして，警察官の上記行為が実質的な逮捕であり違法と評価される場合，その違法が勾留の適法性に影響するのか，影響するのであれば，勾留が違法となる場合に当たるかについて，判断基準を示して検討することが求められる。また，この点について，先行手続の違法の程度（重大か否か）に着目するのであれば，【事例】において侵害された法益の質・程度や本来可能であった適法行為からの逸脱の程度（例えば，実質的な逮捕がなされた時点において緊急逮捕の要件を実質的に満たしていたか，満たしていたとして，その時点から起算して被疑者が検察官に送致され，また勾留を請求するまでの時間的制限を超過していないか，また，実質的な逮捕から約５時間後，甲の取調べ等を挟んで通常逮捕の手続が取られていることをどう評価するか）などに関わる具体的事情を考慮した上で，先行手続の違法の程度を吟味し，勾留が違法と評価されるか否かについて論述することが求められる。

▶ MEMO

1　下線部の勾留は適法か。先行する逮捕手続との関係で問題となる。

2　そもそも，本来的には逮捕と勾留は性質を異にする別個の手続である。しかし，逮捕前置主義を採用する以上，先行する逮捕手続の違法は，これに密接な関係性を有する後続の勾留手続に影響するといえる。したがって，司法の廉潔性，適正手続の要請の観点から，重大な違法が逮捕手続にある場合には，後続する勾留手続も違法となると考える。

3(1)　まず，本件の逮捕の違法性について検討する。

ア　本件で，PとQが甲を無理やりパトカーに乗せた時点で，甲を実質的に逮捕したといえる場合であれば，令状主義違反となるため，本件の甲の任意同行が実質的逮捕といえるかが問題となる。

イ　そもそも，現行刑事訴訟法に規定されている強制処分の規定にかんがみれば，「強制の処分」（刑事訴訟法（以下省略する）１９７条１項但書）とは，個人の意思に反し，相手方の重要な権利・利益を制約する行為をいうと考える。

本件についてみると，応援の警察官を含む４名の警察官で甲を取り囲んでパトカーに乗車させようとしているが，甲は「俺はいかないぞ」と言っており，任意同行が甲の意思に反していたといえる。

そして，甲は無理やりパトカーに乗車させられたことで移動の自由に制約を加えられている。かかる自由は憲法上も令状なく制限できるものではない性質であり（憲法３３条），極めて重要な権利である。それに対して，PとQらは甲を力ずくで無理やりパトカーに乗せている。甲は，Pが甲について取調べをするために「事情聴取したいので，H警察署まで来てくれ」と甲に言ったことに対して，黙って立ち去ろうとしている。また，上述の通り，甲は「俺は行かないぞ」とPらに言っており，パトカーに乗車することを強く拒んでいた。それにもかかわらず，PとQは甲を警察署に連れていくために，Qがまず先にパトカーの後部座席に乗り込み，甲の片腕を車内から引っ張り，Pが甲の背中を押して，後部座席の中央に甲を座らせるようにして，有形力を用いて強制的にパトカーに乗車させている。さらに，甲はPとQとに挟まれて後部座席に座っており，パトカーから降りられないようにされ，圧力を感じるような座席配置でもあった。これらを考慮すれば，Pらが甲を無理やりパトカーに乗車させた行為は，甲の重要な権利を実質的に制約しているといえる。

したがって，Pらの行為は「強制の処分」に該当する。

よって，令和元年６月６日午前３時５分の時点で，Pらは甲を実質的に逮捕しているといえ，令状なく逮捕行為がなされているので，令状主義違反として，先行する逮捕に違法性が認められる。

● 出題趣旨によれば，逮捕と勾留は別個の処分であるにもかかわらず，逮捕手続に違法があれば，勾留の適法性に影響を及ぼすとの理解が一般的であり，その具体的根拠を示すことが求められている。本答案は，この点について，具体的根拠（司法の廉潔性等）を示すことができており，出題趣旨に合致する。もっとも，勾留が違法となる逮捕手続の違法性が「重大」なものに限られる理由については明確に述べられていない（再現答案②③参照）。

● 出題趣旨によれば，任意同行と実質的逮捕とを区別する基準を示すことが求められるところ，本答案は，実質的逮捕に当たるかどうかの判断は，強制処分該当性の判断と同様であると考えた上で，強制処分の意義を述べており，出題趣旨に合致する。

この点においては，さらに，実質的逮捕に当たるかどうかの判断要素として，①同行を求めた場所・時間帯，②同行の具体的方法・態様，③同行後の状況等の諸事情を提示した上で，本問を検討できれば，より的確な分析が可能になったものと思われる（東京高判昭54.8.14／百選〔第10版〕〔14〕参照）。

● 本問の具体的事実を摘示・分析し，適切に評価を加えることができている。

(2) 次に，かかる逮捕の違法性は重大な違法といえるか。
ア 確かに，上記の逮捕行為は令状主義に違反するものであり，重大な違法ともいえそうである。
イ しかし，本件では，令和元年６月６日午前３時５分になされた実質的逮捕の時点では，緊急逮捕（２１０条１項）の要件を満たしていたといえる。
　具体的に検討すると，令和元年６月５日午後２時ごろ，H市L町内のV方において，本件事件が発生しており，その翌日にPらは甲に職務質問（警察官職務執行法２条１項）している。甲は人相及び着衣が犯人と酷似している人物であった。さらに，V方から，甲を発見した場所までは８キロメートルあるが，本件事件の翌日であるので，十分移動できる圏内であり時間的・場所的に近接している。加えて，Pが甲に対して「事情聴取したいので，H警察署まで来てくれ」と言い，甲がその場から立ち去ろうとした際に，甲のズボンのポケットから，本件事件の盗品であるV名義のクレジットカードが路上に落ちた。これは盗品を持っている甲が犯人であることを強く推認させる事情であるといえる。したがって，甲が「罪を犯したことを疑うに足りる充分な理由がある場合」といえる。また，本件事件の犯人はいまだに逮捕されておらず，上述のように甲が罪を犯したことを疑うに足りるに充分な理由があることからも，甲の逮捕には「急を要」する場合

であるともいえる。本件事件は「長期三年以上の懲役」にあたる罪でもある。以上より，本件では，令和元年６月６日午前３時５分になされた実質的逮捕の時点では，緊急逮捕（２１０条１項）の要件を満たしていたといえる。
ウ また，甲の実質的逮捕は令和元年６月６日午前３時５分になされており，H地方検察庁検察官に送致されたのが同月７日午前８時３０分なので，４８時間以内（２０３条１項）に送致されている。さらに，同日午後１時に甲は勾留請求をされているので，７２時間以内（２０５条２項）に勾留請求もなされている。したがって，刑事訴訟法が規定する身柄拘束の期間の制限は守られている。
エ また，令和元年６月６日午前８時には，本件事件を被疑事実として甲の通常逮捕状の請求がなされている（１９９条２項）。甲を実質的に逮捕した時点から約５時間を経過しているが，「直ちに逮捕状を求める手続」をしているといえる。
オ これらを考慮すれば，PとQは取るべき逮捕手続を間違えたという手続的な瑕疵に過ぎず，意図的に令状を取らずに甲を逮捕したとはいえず，上述の甲の逮捕手続は重大な違法があるとはいえない。
4 よって，先行する逮捕手続に重大な違法は認められないので，下線部の勾留は適法である。

以 上

● 出題趣旨によれば，勾留の違法性を判断するに当たり，逮捕手続の違法の重大性に着目する場合には，①実質的な逮捕がなされた時点において緊急逮捕の要件を実質的に満たしていたか，②満たしていたとして，その時点から起算して被疑者が検察官に送致され，また勾留を請求するまでの時間的制限を超過していないか，③実質的な逮捕から約５時間後，甲の取調べ等を挟んで通常逮捕の手続が取られていることをどう評価するか，などについて具体的に考慮することが求められていた。本答案は，出題趣旨に全面的に合致する論述ができている。

● 実質的逮捕の時点で緊急逮捕の実体的要件が具備されていた場合でも，緊急逮捕が適法となるためには，逮捕後，「直ちに」（210Ⅰ），逮捕状を求める手続をしなければならない。そのため，実質的逮捕後に通常逮捕の手続が取られていることは，緊急逮捕の手続的要件に相当するものとして位置付けられる。本答案は，その旨を表現しているものと思われる。

令和元年・予備

1 勾留が適法といえるためには，逮捕前置主義と適正手続の保障（憲法３１条）の観点から，原則として，先行する逮捕が適法に行われる必要がある。

この点，たしかに，逮捕前置主義を定めた明文の規定はない。しかし，刑事訴訟法（以下略）２０７条１項が「前３条において」とし，２０４条，２０５条，２０６条がそれぞれ，逮捕を前提にしていることから，法はかかる原則を認めていると解される。そして，その趣旨は，比較的短期の身体拘束である逮捕を比較的長期の勾留に先行させ，そのそれぞれにおいて裁判官による司法審査を及ぼすことで不当な身体拘束の恐れを可及的に防ぐことにある。

そこで，本件における逮捕が適法であるかが問題となる。まず，令和元年６月６日午前９時の逮捕は，甲が犯人であるというＶの証言や甲発見時の状況等を疎明資料として適法に発付された逮捕令状（１９９条１項）に基づきなされた逮捕であり，通常逮捕として適法である。

もっとも，それ以前の身体拘束に違法はないか。ＰＱは令和元年６月６日午前３時頃から甲に任意同行を求めてＨ警察署で取調べを行っているが，かかる任意同行は適法か。

この点，任意同行は，相手の真の同意に基づく限りこれを禁止する必要はなく，任意処分（１９７条１項本文）として許される。しかし，実質的に逮捕と同視できる場合は，令状

なき逮捕として違法となると解するべきである。そして，その区別の判断方法は，逮捕は，相手の意思を制圧してその身体を拘束する処分であることから，相手の意思の制圧があったか否かによるべきである。具体的には，任意同行を求めた，時間，場所，相手の対応，任意同行の態様等を総合して客観的に判断する。

本件では，午前３時頃という一般人であれば，仕事に疲れて家に帰って休みたいと思うのが通常の深夜の時刻であり，また，その路上という場所も，周囲の人々の目があることから仕方なく警察の言う通りにするという判断に傾きやすい場所といえる。そして，甲は，「俺は行かないぞ」といい，パトカーの屋根をつかんで抵抗しており，任意同行に応じないという意思を示している。さらに，同行の態様は，Ｑが先にパトカーの後部座席に乗り込み，甲の片腕を車内からひっぱり，Ｐが甲の背中を押して，後部座席の座席中央部に座らせ，その両側にＰとＱが甲を挟むようにして座ったというのであるから，甲の同行に応じないという意思を制圧する態様であったといえる。

以上を総合すると，本件の任意同行は，甲の意思を制圧してなされた実質的な逮捕にあたるといえる。よって，逮捕状なき逮捕として違法である。

2 先行する逮捕が違法であったとしても，逮捕の違法が軽微

● 「先行する逮捕手続に違法があれば，勾留の適法性に影響を及ぼす」という一般的な理解の具体的根拠として，学説上，①逮捕手続に違法がある場合には，身柄拘束の法的根拠がなくなり，被疑者は直ちに釈放されるべきであり，引き続く勾留請求も当然に許されないこと，②刑訴法は逮捕を準抗告の対象としておらず（429Ⅰ参照），勾留請求の段階で逮捕に関する違法性も含めて司法審査することが予定されていること，③逮捕に重大な違法が認められる場合，引き続く勾留請求を適法とすることは，司法の廉潔性（司法への信頼の保護）や将来の違法捜査抑止の観点から妥当でないこと，等が挙げられている。

この点，逮捕前置主義が上記「具体的根拠」として挙げられていない理由については，再現答案③コメント参照。

● 本答案は，実質的逮捕に当たるかどうかの判断要素として，「任意同行を求めた，時間，場所，相手の対応，任意同行の態様等」を提示しており，裁判例（東京高判昭54.8.14／百選［第10版］〔14〕）を踏まえた検討ができている。

● 本問の具体的事実を摘示・分析し，適切な評価を加えることができている。

であった場合にも常に勾留が違法となると解するのでは，真実発見（1条）を著しく害する。

　そこで，身体拘束時に緊急逮捕（２１０条１項）の要件を満たし，かつ，２０３条以下の身体拘束の時間制限内に勾留請求がなされた場合には，その違法は令状主義（憲法３３条，３５条）を潜脱するような重大な違法はないものとして，勾留は適法と解するべきである。

　本件では，甲は，本件事件が発生した令和元年６月５日午後２時からわずか１２時間程しか経っていない近接した時間に，事件現場から８ｋｍしか離れていない近接した場所で，本件事件の被害物品であるＶのクレジットカードを所持しており，また，犯人の人着と酷似するのであるから，甲は本件事件の犯人であると推認できる。

　よって，甲には，長期１０年を定める窃盗罪（刑法２３５条）という「長期３年以上」の罪を「犯したことを疑うに足りる充分な理由」が認められる。よって，緊急逮捕の要件は認められる。

　さらに，違法な身体拘束である本件同行から，勾留請求までは，わずかに３４時間ほどしか経過しておらず，これは，２０３条以下の身体拘束の制限時間のいずれにも抵触しない。

　以上から，勾留は適法である。

以　上

● 　再現答案①と異なり，勾留が違法となる逮捕手続の違法性が「重大」なものに限られる理由について，簡潔ながら論述できている。この点，出題趣旨は，「先行手続の違法が軽微であっても直ちに勾留が違法となるとすれば，被疑者の逃亡や罪証隠滅を防いだ状態で捜査を続行することが困難となる」としている。

● 　本答案は，「実質的な逮捕から約５時間後，甲の取調べ等を挟んで通常逮捕の手続が取られていることをどう評価するか」（出題趣旨参照）という点について，具体的な検討ができていない。

令和元年・予備

　Ｑが車内から引っ張り、Ｐが車外から押すことで甲をパトカーに乗車させた行為が無令状の実質逮捕に当たり、それに続く本件下線部の勾留が違法となるか。違法逮捕に続く勾留の適法性が問題となる。
1　逮捕前置主義（２０３条１項、２０５条）の趣旨は、捜査初期段階における身体拘束の必要性の浮動性にかんがみ、比較的短期の身柄拘束である逮捕を前置することにより、勾留の前に裁判官による判断の機会を設定し、不要な身柄拘束を防止する点にある。
　　そして、違法な逮捕に引き続く勾留を適法と解すると、本来釈放されるべき被疑者を不当に勾留させることになり前述の趣旨に反する。
　　一方で、軽微な違法があったにすぎない場合にも勾留を認めないと捜査の実効性を害する。そこで、先行逮捕に重大な違法のある場合、続く勾留も違法となる。
2　では、前述の甲をパトカーに乗せた行為に重大な違法があるか。
⑴　上記行為に違法はあるか。
　ア　まず上記行為が実質逮捕といえるか。任意同行の限界が問題となる。
　　㋐　相手方の名誉・プライバシー保護の見地から、同意に基づく任意同行は適法である。しかし、同行の時

間・態様・被疑者の態度を総合的に考慮し、任意同行が実質逮捕に当たる場合は、許されない。
　　㋑　本問では、上記行為がなされたのは午前２時３０分で、通常同行には応じない時間帯である。そして、Ｑが車内から引っ張り、Ｐが車外から押すことで甲をパトカーに乗車させる行為は半強制的な態様である。さらに「俺は行かないぞ」と、甲は同行に応じない旨を表明し、パトカーの屋根につかまりこれを激しく拒んでいる。
　　　以上より、上記行為が実質逮捕に該当する。
　イ　しかし、上記行為が実質逮捕であるとしても、現行犯逮捕、準現行犯逮捕、緊急逮捕に該当し例外的にこれを無令状で行っても適法とならないか。
　　㋐　現行犯逮捕とみることができるか。
　　　本件事件と、本件実質逮捕は時間にして１２時間距離にして８キロの差があり、時間的場所的接着性が弱い。また、Ｐらが甲の犯行を現認しているわけでもなく、甲が犯人であることが明らかとも言えない。以上より、「現行犯人」（２１２条１項）に当たらず現行犯逮捕とは言えない。
　　㋑　準現行犯逮捕とみることができるか。
　　　甲はＰらの質問に答えず立ち去ろうとしており、

●　本答案は、「先行する逮捕手続に違法があれば、勾留の適法性に影響を及ぼす」という一般的な理解の具体的根拠として、「逮捕前置主義」を挙げている。しかし、「逮捕前置主義」から論理必然的に、先行する逮捕手続が適法でなければならないと考えることにはならない。なぜなら、「逮捕前置主義」の趣旨について、「短期間の拘束である逮捕を先行させ、その間に捜査を尽くさせ、なお犯罪の嫌疑及び身体拘束の必要性がある場合に初めて勾留を認めることにより、被疑者の人身の保護を全うする」と理解した場合、逮捕手続が違法であっても、これを先行させ、その間に捜査が行われれば、身体拘束の必要性が減少することになり、逮捕前置主義の趣旨は充足されるからである（なお、「逮捕前置主義」の趣旨について、いわゆる二重の司法的チェックにより身体の拘束に慎重を期するという見解は、司法審査を経ない現行犯逮捕の場合を説明できず、逮捕と勾留とで身体拘束期間に大きな差異があることも説明できないと批判されている）。
　したがって、出題趣旨にいう「具体的根拠」について、「逮捕前置主義」のみを挙げるのは不十分である。

●　本問では、甲が現行犯や準現行犯に該当するような事実は一切存在しないため、現行犯逮捕や準現行犯逮捕について検討しても、評価の対象にならない余事記載として扱われたものと考えられる。

●　「誰何されて逃走しようとするとき」（212Ⅱ④）には、呼び止められて逃げ出した場合や、制服警官の

「誰何されて逃走しようとするとき」に当たる（21
2条1項4号）。そして、前述のとおり、時間的場所
的近接性が希薄で「罪を行い終わってから間がない」
とは認められない。そのため、準現行犯逮捕の要件も
満たさない。
　(ウ)　緊急逮捕とみることができるか。
　　　甲は深夜に街を徘徊しており、犯人と人相及び着衣
　　　が犯人に酷似している。また、警察からの質問に曖昧
　　　に応じるにとどまり、立ち去ろうとするなど捜査協力
　　　姿勢を見せない。また、甲のポケットからV名義の
　　　カードが落ちており、これは短時間に転々流通する性
　　　格のものではないため、甲が本件事件の犯人であるこ
　　　とを強く推認させる。そのため、「罪を犯したと疑う
　　　に足りる充分な理由」があるといえる。しかし、急速
　　　を要する旨の告知や逮捕後の直ちになされる逮捕状の
　　　請求が行われていないため、緊急逮捕の要件を満たさ
　　　ない。
　　　　以上より、上記行為が令状のない実質逮捕であり、
　　　令状主義に反し違法である。
　(2)　ではかかる違法が重大な違法といえるか。
　　　確かに、前述のとおり、本件実質逮捕において「罪を犯
　　　したと疑うに足りる充分な理由」の要件を満たすといえ、

後に通常逮捕の請求が行われ発付されている以上、上記違
法は手続的なものにとどまるとも思える。
　さらに、本件実質逮捕時を逮捕開始ととらえても期間制
限における違法も存在しない（203条1項、205条1
項、2項）。
　しかしながら、緊急逮捕における逮捕状請求の場合、そ
の審判対象は、身柄拘束自体の適法性に限られず、緊急逮
捕の要件該当性にも及ぶ。そこで、実際になされた通常逮
捕状とは審査対象が異なるため、これがなされたとして
も、事後的な逮捕状請求の欠缺の瑕疵は治癒されない。ま
た、かかる逮捕状は実質逮捕からおよそ6時間後になされ
ており、「直ちに」なされたものとは評価できない。
　以上より、上述の違法は重大なものである。したがって
これに続く勾留は違法である。
　　　　　　　　　　　　　　　　　　　　　　　以　上

姿を見て逃げ出した場合等がこれに
該当するが、本問の甲は、Pらに呼
び止められて質問に応じているので
あり、立ち去ろうとしたことをもっ
て「誰何されて逃走しようとすると
き」に該当すると考えるのは、誤り
である。

●　本問では、理由の告知等、緊急逮
捕の形式的要件が満たされないこと
は明らかであるから、単に緊急逮捕
の要件充足性について検討しても、
あまり意味はない。出題趣旨によれ
ば、先行する逮捕手続が違法であっ
ても、その重大性について、本来可
能であった適法行為（緊急逮捕）か
らの逸脱の程度等を検討することが
求められていた。したがって、緊急
逮捕に関しては、緊急逮捕ができた
にもかかわらず通常逮捕の手続を選
択したという点で、警察官が手続の
選択を誤ったにすぎないということ
ができないか、という枠組みの中で
検討することが求められていた。

●　緊急逮捕状の発付は、事前の逮捕
を追認するとともに、その後の身柄
拘束を承認するものである。他方、
本問でなされた通常逮捕状の請求
は、事前の逮捕の追認を求めるもの
ではないから、その意味で令状主義
違反が存在するといえる。その意味
で、本答案の「実際になされた通常
逮捕状とは審査対象が異なる」との
論述は適切である。なお、本問と事
案が類似する裁判例（東京高判昭
54.8.14／百選［第10版］〔14〕）
は、実質的逮捕の違法性の程度は、
その後の勾留を違法とするほど重大
とはいえない旨判示している。

令和元年・予備

1　勾留をするには，勾留の理由及び必要が要件となる（60条1項，87条1項）。
2　では，本件では甲が本件事件により「罪を犯したことを疑うに足りる相当な理由がある」（勾留の理由）といえるか。
　　甲がPとQに見つかった場所は，本件事件の現場があるH市L町のすぐ隣の町の路上であり，現場から8キロメートルしか離れていなかったこと，発見された時間も事件発生時から約12時間後であり移動距離と時間が矛盾しないこと，クレジットカードは通常慎重に保管され他人が所持する可能性は低いにもかかわらず甲は被害者Vのクレジットカードを所持しており，しかも被害品と一致していること，犯行を目撃した被害者Vが甲が犯人であると証言していることにかんがみると，甲が本件事件により「罪を犯したことを疑うに足りる相当な理由がある」（勾留の理由）といえる。
3　以上に照らすと，下線部の勾留は適法であるようにも思われる。
　　しかし，勾留の判断時には逮捕の適法性も併せて検討すべきである。なぜなら，逮捕については準抗告ができない（429条1項参照）ため，身体拘束の適法性については勾留の判断時に初めて検討されるからである。
　　では，本件逮捕は適法であったか。
⑴　まず，甲の発見時の状況やVの供述をまとめた捜査報告

書等の疎明資料によって逮捕状を得ていること（令状主義，199条1項），上述したように身体拘束をすべき理由があること，被害品のクレジットカードを処分して罪証隠滅を図る主観的・客観的可能性があるため身体拘束の必要性もあったことにかんがみると，適法な逮捕がなされているようにも思われる。
⑵　もっとも，甲は，令和元年6月6日午前3時5分頃に任意同行の形でパトカーに乗せられているが，これは，実質的に「強制の処分」にあたり令状主義に反しないか。
ア　国民の権利保護の観点からは有形力を用いない方法でも権利を侵害する可能性があることに配慮すべきである一方，真実発見の見地からはいかなる権利侵害も令状がなければならないと解することは相当でない。
　　そこで，「強制の処分」とは，相手方の明示又は黙示の意思に反してその重要な権利利益を侵害するものをいうと解する。
イ　PとQが任意同行を求めた際，甲は「俺は行かないぞ」というのみならず，パトカーの屋根を両手でつかんで乗車を拒否するなどしており，同行を明示的に拒否している。
　　また，甲は上述したようにパトカーの屋根をつかむなどして乗車を拒否しているにもかかわらず，PとQは二

● 本問では，先行する逮捕手続の違法が，引き続く勾留の適法性に影響を及ぼすかどうかが主に問題となるのであり，勾留それ自体の適法性は論点の前提にすぎない。にもかかわらず，本答案はこの点について比較的厚く検討しており，バランスを失しているものと思われる。

● 本答案の論述は，「先行する逮捕手続に違法があれば，勾留の適法性に影響を及ぼす」という一般的な理解の具体的根拠の1つを示すものであり，適切である（詳細は，再現答案②コメント参照）。

● 出題趣旨は，「本問では，先行手続として，警察官が甲をパトカーに押し込んでH警察署に連れて行った行為について，実質的な逮捕であり違法ではないかが問題となる」としている。したがって，甲の通常逮捕の要件充足性について検討する実益はない。

● 警察官が甲をパトカーに押し込んでH警察署に連れて行った行為が実質的な逮捕に当たるかどうかについて，具体的な事実を摘示し，評価を加えることができている。
　　この点においては，さらに，実質的逮捕に当たるかどうかの判断要素

人がかりで甲の両腕をつかむなどして無理やり車内に引きずり込んでおり、その後も甲の両側にPとQが座って甲が一切動けないようにしている。これは、甲の移動の自由（憲法２２条２項）に対する重大な侵害行為であり、甲の重要な権利が制約されている。
　よって、上記任同行は、甲の明示の意思に反しその重要な権利を侵害するものである。
ウ　したがって、上記任意同行は「強制の処分」にあたる。
(3)　ここで、上記任意同行は、甲の身体拘束を目的とする点で上記逮捕と目的を同じくする一連一体のものであるといえる。このような場合、先行する違法な任意同行の瑕疵が上記逮捕に影響しないか。
ア　国民の権利保護、適正手続、令状主義、将来の違法捜査抑止の観点から違法な手続きを規制する必要がある。
　一方で、真実発見（１条）の観点から、軽微な瑕疵に過ぎない場合にまで規制すべきではない。
　そこで、先行する手続きに令状主義の精神を没却する重大な違法があり、将来の違法捜査抑止の観点からもかかる手続きの効力を容認することが妥当でない場合には、先行する手続きの違法を理由に逮捕も違法になると解する。

イ　上述したように、上記逮捕に先行する任意同行は強制処分に当たるにもかかわらず令状なく行われていることから、令状主義の精神を没却する重大な違法が認められる。
　また、本件は、一旦違法な任意同行によって身体拘束した後に被害者の供述を得ており、このような捜査活動を容認してしまうと、任意同行の名を借りた違法な身体拘束を助長してしまう。このような手続きを容認することは、将来の違法捜査抑止の観点からも妥当でない。
ウ　よって、上記逮捕は違法となる。
4　以上から、下線部の勾留に先行する逮捕は違法となるので、勾留も違法となる。
　　　　　　　　　　　　　　　　　　以　上

として、①同行を求めた場所・時間帯、②同行の具体的方法・態様、③同行後の状況等の諸事情を提示した上で、本問を検討できれば、より的確な分析が可能になったものと思われる（東京高判昭54.8.14／百選［第10版］〔14〕、再現答案②参照）。

●　本答案は、甲に対する任意同行が「強制の処分」に当たるとしている。この点、甲に対する任意同行が実質的逮捕であり、違法であると評価したのであれば、次にその違法が勾留の適法性に影響するかについて検討すべきである（出題趣旨参照）。しかし、本答案は、「先行する違法な任意同行の瑕疵が上記逮捕に影響しないか」としており、甲に対する任意同行を実質的逮捕として違法と評価したことの意味を正しく理解できておらず、出題趣旨に合致しない。

●　出題趣旨によれば、先行する逮捕手続の違法の重大性を検討するに当たっては、①実質的な逮捕がなされた時点において緊急逮捕の要件を実質的に満たしていたか、②満たしていたとして、その時点から起算して被疑者が検察官に送致され、また勾留を請求するまでの時間的制限を超過していないか、③実質的な逮捕から約５時間後、甲の取調べ等を挟んで通常逮捕の手続が取られていることをどう評価するか、などについて具体的に考慮することが求められていた。本答案は、これらの点についてほとんど検討できていない（再現答案①と対比されたい）。

令和元年・予備

司法試験&予備試験
論文５年過去問 再現答案から出題趣旨を読み解く。刑事訴訟法

2020年6月5日　　第1版　第1刷発行
2021年10月15日　　　　　第2刷発行
　　　　　編著者●株式会社　東京リーガルマインド
　　　　　LEC総合研究所　司法試験部

　　　　発行所●株式会社　東京リーガルマインド
　　　　〒164-0001　東京都中野区中野4-11-10
　　　　　　　　　アーバンネット中野ビル
　　　　LECコールセンター　☎ 0570-064-464
　　　　　　　受付時間　平日9:30 ～ 20:00／土・祝10:00 ～ 19:00／日10:00 ～ 18:00
　　　　　　　※このナビダイヤルは通話料お客様ご負担となります。
　　　　書店様専用受注センター　TEL 048-999-7581 / FAX 048-999-7591
　　　　　　　受付時間　平日9:00 ～ 17:00／土・日・祝休み
　　　　www.lec-jp.com/

　　　　印刷・製本●株式会社シナノパブリッシングプレス

©2020 TOKYO LEGAL MIND K.K., Printed in Japan　　　　　　　ISBN978-4-8449-6196-3

LEC Webサイト ▷▷▷ **www.lec-jp.com/**

🖱 情報盛りだくさん！

 資格を選ぶときも、
講座を選ぶときも、
最新情報でサポートします！

最新情報
各試験の試験日程や法改正情報、対策講座、模擬試験の最新情報を日々更新しています。

資料請求
講座案内など無料でお届けいたします。

受講・受験相談
メールでのご質問を随時受付けております。

よくある質問
LECのシステムから、資格試験についてまで、よくある質問をまとめました。疑問を今すぐ解決したいなら、まずチェック！

書籍・問題集（LEC書籍部）
LECが出版している書籍・問題集・レジュメをこちらで紹介しています。

🖱 充実の動画コンテンツ！

 ガイダンスや講演会動画、
講義の無料試聴まで
Webで今すぐCheck！

動画視聴OK
パンフレットやWebサイトを見てもわかりづらいところを動画で説明。いつでもすぐに問題解決！

Web無料試聴
講座の第1回目を動画で無料試聴！気になる講義内容をすぐに確認できます。

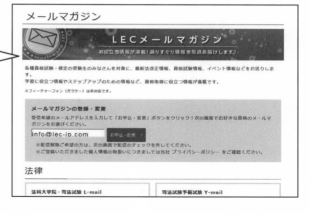

LEC 全国学校案内

＊講座のお問合せ、受講相談は最寄りのLEC各校へ

LEC本校

■ 北海道・東北

札 幌本校　☎ 011(210)5002
〒060-0004 北海道札幌市中央区北4条西5-1　アスティ45ビル

仙 台本校　☎ 022(380)7001
〒980-0021 宮城県仙台市青葉区中央3-4-12
仙台ＳＳスチールビルⅡ

■ 関東

渋谷駅前本校　☎ 03(3464)5001
〒150-0043 東京都渋谷区道玄坂2-6-17　渋東シネタワー

池 袋本校　☎ 03(3984)5001
〒171-0022 東京都豊島区南池袋1-25-11　第15野萩ビル

水道橋本校　☎ 03(3265)5001
〒101-0061 東京都千代田区神田三崎町2-2-15　Daiwa三崎町ビル

新宿エルタワー本校　☎ 03(5325)6001
〒163-1518 東京都新宿区西新宿1-6-1　新宿エルタワー

早稲田本校　☎ 03(5155)5501
〒162-0045 東京都新宿区馬場下町62　三朝庵ビル

中 野本校　☎ 03(5913)6005
〒164-0001 東京都中野区中野4-11-10　アーバンネット中野ビル

立 川本校　☎ 042(524)5001
〒190-0012 東京都立川市曙町1-14-13　立川MKビル

町 田本校　☎ 042(709)0581
〒194-0013 東京都町田市原町田4-5-8　町田イーストビル

横 浜本校　☎ 045(311)5001
〒220-0004 神奈川県横浜市西区北幸2-4-3　北幸GM21ビル

千 葉本校　☎ 043(222)5009
〒260-0015 千葉県千葉市中央区富士見2-3-1　塚本大千葉ビル

大 宮本校　☎ 048(740)5501
〒330-0802 埼玉県さいたま市大宮区宮町1-24　大宮GSビル

■ 東海

名古屋駅前本校　☎ 052(586)5001
〒450-0002 愛知県名古屋市中村区名駅3-26-8
ＫＤＸ名古屋駅前ビル

静 岡本校　☎ 054(255)5001
〒420-0857 静岡県静岡市葵区御幸町3-21　ペガサート

■ 北陸

富 山本校　☎ 076(443)5810
〒930-0002 富山県富山市新富町2-4-25　カーニープレイス富山

■ 関西

梅田駅前本校　☎ 06(6374)5001
〒530-0013 大阪府大阪市北区茶屋町1-27　ABC-MART梅田ビル

難波駅前本校　☎ 06(6646)6911
〒542-0076 大阪府大阪市中央区難波4-7-14　難波フロントビル

京都駅前本校　☎ 075(353)9531
〒600-8216 京都府京都市下京区東洞院通七条下ル2丁目
東塩小路町680-2　木村食品ビル

京 都本校　☎ 075(353)2531
〒600-8413　京都府京都市下京区烏丸通仏光寺下ル
大政所町680-1 第八長谷ビル

神 戸本校　☎ 078(325)0511
〒650-0021 兵庫県神戸市中央区三宮町1-1-2　三宮セントラルビル

■ 中国・四国

岡 山本校　☎ 086(227)5001
〒700-0901 岡山県岡山市北区本町10-22　本町ビル

広 島本校　☎ 082(511)7001
〒730-0011 広島県広島市中区基町11-13　合人社広島紙屋町アネクス

山 口本校　☎ 083(921)8911
〒753-0814 山口県山口市吉敷下東 3-4-7　リアライズⅢ

高 松本校　☎ 087(851)3411
〒760-0023 香川県高松市寿町2-4-20　高松センタービル

松 山本校　☎ 089(961)1333
〒790-0003 愛媛県松山市三番町7-13-13　ミツネビルディング

■ 九州・沖縄

福 岡本校　☎ 092(715)5001
〒810-0001 福岡県福岡市中央区天神4-4-11　天神ショッパーズ
福岡

那 覇本校　☎ 098(867)5001
〒902-0067 沖縄県那覇市安里2-9-10　丸姫産業第2ビル

■ EYE関西

EYE 大阪本校　☎ 06(7222)3655
〒530-0013　大阪府大阪市北区茶屋町1-27　ABC-MART梅田ビル

EYE 京都本校　☎ 075(353)2531
〒600-8413　京都府京都市下京区烏丸通仏光寺下ル
大政所町680-1 第八長谷ビル

LEC提携校

＊提携校はLECとは別の経営母体が運営をしております。
＊提携校は実施講座およびサービスにおいてLECと異なる部分がございます。

■ 北海道・東北

北見駅前校【提携校】　☎0157(22)6666
〒090-0041　北海道北見市北1条西1-8-1　一燈ビル　志学会内

八戸中央校【提携校】　☎0178(47)5011
〒031-0035　青森県八戸市寺横町13　第1朋友ビル　新教育センター内

弘前校【提携校】　☎0172(55)8831
〒036-8093　青森県弘前市城東中央1-5-2
まなびの森　弘前城東予備校内

秋田校【提携校】　☎018(863)9341
〒010-0964　秋田県秋田市八橋鯲沼町1-60
株式会社アキタシステムマネジメント内

■ 関東

水戸見川校【提携校】　☎029(297)6611
〒310-0912　茨城県水戸市見川2-3092-3

熊谷筑波校【提携校】　☎048(525)7978
〒360-0037　埼玉県熊谷市筑波1-180　ケイシン内

所沢校【提携校】　☎050(6865)6996
〒359-0037　埼玉県所沢市くすのき台3-18-4　所沢K・Sビル
合同会社LPエデュケーション内

東京駅八重洲口校【提携校】　☎03(3527)9304
〒103-0027　東京都中央区日本橋3-7-7　日本橋アーバンビル
グランデスク内

日本橋校【提携校】　☎03(6661)1188
〒103-0025　東京都中央区日本橋茅場町2-5-6　日本橋大江戸ビル
株式会社大江戸コンサルタント内

新宿三丁目駅前校【提携校】　☎03(3527)9304
〒160-0022　東京都新宿区新宿2-6-4　KNビル　グランデスク内

■ 東海

沼津校【提携校】　☎055(928)4621
〒410-0048　静岡県沼津市新宿町3-15　萩原ビル
M-netパソコンスクール沼津校内

■ 北陸

新潟校【提携校】　☎025(240)7781
〒950-0901　新潟県新潟市中央区弁天3-2-20　弁天501ビル
株式会社大江戸コンサルタント内

金沢校【提携校】　☎076(237)3925
〒920-8217　石川県金沢市近岡町845-1　株式会社アイ・アイ・ピー金沢内

福井南校【提携校】　☎0776(35)8230
〒918-8114　福井県福井市羽水2-701　株式会社ヒューマン・デザイン内

■ 関西

和歌山駅前校【提携校】　☎073(402)2888
〒640-8342　和歌山県和歌山市友田町2-145
KEG教育センタービル　株式会社KEGキャリア・アカデミー内

■ 中国・四国

松江殿町校【提携校】　☎0852(31)1661
〒690-0887　島根県松江市殿町517　アルファステイツ殿町
山路イングリッシュスクール内

岩国駅前校【提携校】　☎0827(23)7424
〒740-0018　山口県岩国市麻里布町1-3-3　岡村ビル　英光学院内

新居浜駅前校【提携校】　☎0897(32)5356
〒792-0812　愛媛県新居浜市坂井町2-3-8　パルティフジ新居浜駅前店内

■ 九州・沖縄

佐世保駅前校【提携校】　☎0956(22)8623
〒857-0862　長崎県佐世保市白南風町5-15　智翔館内

日野校【提携校】　☎0956(48)2239
〒858-0925　長崎県佐世保市椎木町336-1　智翔館日野校内

長崎駅前校【提携校】　☎095(895)5917
〒850-0057　長崎県長崎市大黒町10-10　KoKoRoビル
minatoコワーキングスペース内

沖縄プラザハウス校【提携校】　☎098(989)5909
〒904-0023　沖縄県沖縄市久保田3-1-11
プラザハウス　フェアモール　有限会社スキップヒューマンワーク内

※上記は2021年9月1日現在のものです。

書籍の訂正情報の確認方法とお問合せ方法のご案内

このたびは、弊社発行書籍をご購入いただき、誠にありがとうございます。
万が一誤りと思われる箇所がございましたら、以下の方法にてご確認ください。

1 訂正情報の確認方法

発行後に判明した訂正情報を順次掲載しております。
下記サイトよりご確認ください。

www.lec-jp.com/system/correct/

2 お問合せ方法

上記サイトに掲載がない場合は、下記サイトの入力フォームより
お問合せください。

http://lec.jp/system/soudan/web.html

フォームのご入力にあたりましては、「Web教材・サービスのご利用について」の
最下部の「ご質問内容」に下記事項をご記載ください。

- ・対象書籍名（○○年版、第○版の記載がある書籍は併せてご記載ください）
- ・ご指摘箇所（具体的にページ数の記載をお願いします）

お問合せ期限は、次の改訂版の発行日までとさせていただきます。
また、改訂版を発行しない書籍は、販売終了日までとさせていただきます。

※インターネットをご利用になれない場合は、下記①〜⑤を記載の上、ご郵送にてお問合せください。
①書籍名、②発行年月日、③お名前、④お客様のご連絡先（郵便番号、ご住所、電話番号、FAX番号）、⑤ご指摘箇所
　送付先：〒164-0001 東京都中野区中野4-11-10 アーバンネット中野ビル
　　　　　東京リーガルマインド出版部 訂正情報係

- ・正誤のお問合せ以外の書籍の内容に関する質問は受け付けておりません。
　また、書籍の内容に関する解説、受験指導等は一切行っておりませんので、あらかじ
　めご了承ください。
- ・お電話でのお問合せは受け付けておりません。

講座・資料のお問合せ・お申込み

LECコールセンター 0570-064-464

受付時間：平日9：30〜20：00／土・祝10：00〜19：00／日10：00〜18：00

※このナビダイヤルの通話料はお客様のご負担となります。
※このナビダイヤルは講座のお申込みや資料のご請求に関するお問合せ専用ですので、書籍の正誤に関する
　ご質問をいただいた場合、上記「②正誤のお問合せ方法」のフォームをご案内させていただきます。